ROBERTO DAMATTA

Um mundo dividido
A estrutura social dos índios Apinayé

ROCCO

Copyright © 2023 by Roberto DaMatta

Direitos desta edição reservados à
EDITORA ROCCO LTDA.
Rua Evaristo da Veiga, 65 – 11º andar
Passeio Corporate – Torre 1
20031-040 – Rio de Janeiro – RJ
Tel.: (21) 3525-2000 – Fax: (21) 3525-2001
rocco@rocco.com.br
www.rocco.com.br

Printed in Brazil/Impresso no Brasil

Preparação de originais
PEDRO KARP VASQUEZ

CIP-BRASIL. CATALOGAÇÃO NA PUBLICAÇÃO
SINDICATO NACIONAL DOS EDITORES DE LIVROS, RJ

D162m

    Damatta, Roberto, 1936-
        Um mundo dividido : a estrutura social dos índios Apinayé / Roberto Damatta. - 1. ed. - Rio de Janeiro : Rocco, 2023.

    ISBN 978-65-5532-390-0
    ISBN 978-65-5595-229-2 (recurso eletrônico)

    1. Índios Apinayé - Condições sociais. 2. Índios Apinayé - Parentesco. I. Título.

23-86168   CDD: 980.41
                                CDU: 316.7(=87)(81)

Gabriela Faray Ferreira Lopes - Bibliotecária - CRB-7/6643

O texto deste livro obedece às normas do
Acordo Ortográfico da Língua Portuguesa.

PREFÁCIO QUASE BIOGRÁFICO PARA
UM MUNDO DIVIDIDO

Há exatos quarenta e sete anos, em 1976, a Editora Vozes publicava este livro. Com quarenta anos (hoje tenho oitenta e sete), eu era professor-associado e — absolutamente a contragosto — coordenador do Programa de Pós-graduação em Antropologia Social do Museu Nacional, cuja incorporação ao Ministério da Educação e Cultura tornava-me funcionário público federal. Um papel que não combinava com o meu trabalho de investigador social e que, pelo menos por duas vezes, impediu-me de participar de seminários internacionais na Inglaterra e nos Estados Unidos, porque para sair do país era obrigado a ter uma licença do departamento, do Museu, do Ministério e do próprio Presidente da República.

Para coroar essa estúpida burocracia e obsessão centralizadora estatizante, havia o peso da ditadura militar que, entre surtos de fascismos, nos levava a tribunais militares na defesa de alguns de nossos alunos.

Eram anos de tormenta. Uma época na qual estudar culturas tribais era quase um capricho, e não foram poucas as vezes em que alguma das muitas polícias nacionais me deteve no Eixo Monumental, em Brasília, para inspecionar minhas bagagens nas quais trazia coleções de artefatos indígenas para o museu. Um museu que depois pegou fogo.

Minha penosa ascensão à direção do programa foi motivada pela saída do Prof. Roberto Cardoso de Oliveira para a Universidade de Brasília. Chegado de um doutorado em Harvard, coube a mim a coordenação de um grupo de esplêndidos pesquisadores, financiado pela Fundação Ford, o que contrariava meu propósito de investigar esses Apinayé, porque parte dos meus colegas e o público em geral considerava uma espécie de "alienação" falar de "índios" quando o nosso compromisso seria o de investigar as opressões que ocorriam em nossa volta...

Tal ambiente explica, como verá o leitor, o meu prefácio original a esta obra, concluída em meio a esquizofrenias internas e externas porque, no livro, eu também não assumia o papel absoluto de defensor populista dos nativos brasileiros que rendia assentos na elite governamental ou eleição para o Senado.

Enfim, não é tranquilo prefaciar uma obra escrita por um jovem num ambiente — sejamos generosos — tão complicado. Daí a minha tímida justificativa do valor desse conhecimento antropológico do "outro" realizado no livro.

Em meio a esse ambiente, eu pelejava para que o Programa de Antropologia do Museu fosse integrado à UFRJ, liquidando a nossa dependência da Fundação Ford (e nos livrando dos implacáveis e muitas vezes antipáticos burocratas ianques) — uma dependência generosa, mas com tempo delimitado. Graças à Campanha de Aperfeiçoamento de Pessoal do Ensino Superior — a CAPES — e à generosidade de seu então diretor Celso Barroso Leite e de Lynaldo Cavalcanti de Albuquerque, os professores do programa que eu coordenava no museu, mais o excepcional musicólogo Anthony Seeger, foram todos contratados pela UFRJ.

Era nesse fio de navalha, quando substituí o excepcional fundador do Programa, que terminei as pesquisas deste livro e, simultaneamente, ministrei cursos sobre otimização social, parentesco, simbolismo e cosmologia — cursos, é preciso mencionar, muitas vezes acolhidos com desconfiança e má vontade por alguns alunos e colegas, porque eles não seguiam a linhagem política do momento. Logo percebi que era fundamental livrar o meu ensino do paroquialismo vigente. Pra isso, era preciso organizar um programa de traduções, e foi graças ao prestígio do professor Luiz de Castro Faria que iniciamos uma coleção na Editora Vozes, e, assim, pela primeira vez no Brasil, futuros antropólogos puderam ler, em português, Arnold van Gennep, Peter Berger, Malinowski, Radcliffe-Brown, Victor Turner e o extraordinário *As estruturas elementares do parentesco*, de Lévi-Strauss. Tal relação com a Vozes, intermediada pelo espírito progressista de Rose Marie Muraro, certamente ajudou na edição deste livro e foi crucial na concepção do meu *Relativizando: uma introdução à antropologia social*, publicado em 1981.

Como disse, quando *Um mundo dividido* veio a publico, eu estava com quarenta anos, era casado e tinha dois meninos e, entre os dois, uma linda menina. Não tinha casa própria e o dinheiro era curto. Em dias de pagamento, havia o luxo de tomar cerveja e comer ovos cozidos num botequim da Cancela, em São Cristóvão, com Roque Laraia e Júlio Cezar Melatti, companheiros de trabalho e destino. À noite, saía para jantar com minha mulher no restaurante Le Petit Paris, em Niterói, onde moro até hoje. Éramos servidos por Jonas, um garçom perfeito com sotaque francês, que explicava o menu.

Quando acabava o meu expediente no Museu, eu ministrava cursos de Antropologia na Faculdade Fluminense de Filosofia como assistente do Professor Luiz de Castro Faria, que foi, faço o registro com o coração grato, responsável pela minha entrada como estagiário da Divisão de Antropologia, em 1959. Fui o primeiro estagiário de Roberto Cardoso de Oliveira, que me guiou com firmeza nos labirintos da vida intelectual.

Ao finalizar este livro, minha intenção era continuar analisando os Apinayé, complementando o estudo de sua organização social com ensaios centrados na cosmologia desse grupo Timbira de língua Jê, focalizando sua mitologia em suas ligações com a organização social e vida doméstica. Lembro que, na década de 1970, ainda era uma novidade sem dúvida tardia, tendo em vista o paroquialismo da antropologia brasileira e os trabalhos sobre as "mitologias ameríndias" de Claude Lévi-Strauss iniciados com *O cru e o cozido*, divulgado em 1964. Um livro que — não posso deixar de mencionar — pegou os estudos antropológicos de surpresa, ao revelar que os mitos constituíam uma autêntica filosofia instigada por paradoxos e dilemas de um pensamento que nada tinha de bárbaro ou primitivo, mas era — como o de alguns de nossos idolatrados pensadores — igualmente "selvagem" no inusitado de suas temáticas e escopo.

A sequência de visitas de campo para pesquisar os Apinayé foi suprida pelo exasperante exercício de estranhar e, da trincheira deste estranhamento, estudar antropologicamente o Brasil. Tal mudança de rumo ocorreu pela minha perturbação com a ditadura militar e pelo que observava como um óbvio preconceito de raça, etnia, gênero e idade veementemente negado no Brasil.

Foram minha vivência americana, os cursos de Thomas Beidelman em Harvard e o estilo americano de vida, bem como os estudos de rituais e símbolos realizados por Victor Turner, os responsáveis por esse "desvio". Realmente, assim que me familiarizei com o modo pelo qual Turner aprofundava os insights de Van Gennep sobre os "ritos de passagem", eu fui tentado a submeter o Carnaval e outras instituições brasileiras — como o "Você sabe com quem está falando?", a saudade, a comida mestiça (arroz branco com feijão-preto) e a casa e a rua; bem como a morte — a novos pontos de vista.

Passei a estranhar o familiar, realizando o exato oposto dos meus estudos Apinayé, quando, como procura mostrar este livro, meu esforço era aproximar-me do diferente, tornando-o familiar para compreender suas engrenagens e sentidos.

Minha primeira experiência de campo foi realizada em 1960, sob a orientação de um jovem e carismático Roberto Cardoso de Oliveira no Curso de Especialização em Antropologia Social, cujas inovações pedagógicas devem ser mencionadas. Primeiro, o fato de ser profissionalizante e lecionado em tempo integral — todos os seus alunos tinham aquilo que naquele tempo era uma novidade: uma bolsa de estudo. Em segundo lugar, o mestre era um professor-pesquisador que havia realizado trabalho de campo intensivo entre os indígenas Terena na região de Aquidauana e Campo Grande (hoje no Mato Grosso do Sul) e tinha como alvo o estudo da integração de uma sociedade cujo miolo era englobado pelo parentesco, na sociedade nacional brasileira, cuja dinâmica se ordenava territorialmente por meio de uma economia de dominação de classe. Descrever esse processo de destribalização num meio urbano era a tarefa dessa pesquisa da qual nós, alunos, trabalhávamos como aprendizes e auxiliares.

Essa foi a minha primeira experiência com "índios" que, até então, só existiam em lata de biscoito e filmes de faroeste onde morriam aos montes. Ao vê-los em carne e osso e entrevistá-los na periferia de centros urbanos do então estado de Mato Grosso, eu percebi concretamente o que meu professor apontou em seu hoje clássico livro *O processo de assimilação dos Terena* (Museu Nacional, 1960): à medida que os povos originais viravam gente fora do lugar, tornavam-se "pobres".

Realizado o curso e no cargo de "naturalista auxiliar" da então Divisão de Antropologia do Museu Nacional, fui convocado pelo nosso professor a participar de um estudo comparativo da organização social das sociedades tribais do Brasil. Meu colega, Roque Laraia, pesquisaria um grupo Tupi, os Suruí do Pará, e a mim coube o estudo dos Gaviões, um povo de língua Jê que ocupava a mata fronteiriça da, então, vila de Itupiranga. Esses Parkatêjê foram escolhidos porque seriam o último grupo Jê-Timbira a ter contato regular com a sociedade regional, conforme assinalava Darcy Ribeiro na publicação fundamental de "Culturas e línguas indígenas do Brasil" (publicado em *Educação e Ciências Sociais*, nº 6, 1957). Ensaio no qual

Darcy Ribeiro produz um panorama completo das sociedades indígenas localizadas no Brasil, e em que esses Gaviões surgem como "isolados" — sem contato, reitero, com o sistema regional, razão pela qual eu deveria estudá-los.

Convivi com uma parcela desolada e deprimida desses Gaviões, de agosto a novembro de 1961, tendo como companheiro de trabalho, angústia, solidão, fome e perplexidade Júlio Cezar Melatti, burocraticamente meu "assistente de pesquisa", mas, de fato, um etnólogo muito mais claro e preciso do que eu.

Ali, na mata das nascentes do rio Praia Alta, testemunhamos o esfacelamento de um grupo tribal que vivia dois insólitos problemas: o contato com a nossa sociedade em paralelo a um conflito interno causado por uma animosidade mortal ocorrido no que eles chamavam de "aldeia grande", mortalmente fragmentada.

Hoje vejo claramente que, com minha parca experiência profissional somada à minha juventude, seria um milagre ir além das obviedades das páginas que publiquei, ao lado da elegante exposição de Roque Laraia, no livro *Índios e castanheiros* (divulgado na coleção Corpo e Alma do Brasil — Difusão Europeia do Livro, em 1967). Aos vinte e cinco anos e com parca sabedoria sociológica, nesse livro eu regurgitei a vulgata esquerdista daquela época, reafirmando o que todos sabiam ou julgavam saber: que o sistema de aviamento amazônico no âmbito da exploração da castanha, como era o caso em Marabá, promovia exploração nos regionais e era letal para os indígenas. Entretanto, para meu alívio, a previsão de uma anunciada extinção não ocorreu, e hoje esse grupo vive na Terra Indígena de Mãe Maria.

Relendo, por culpa deste prefácio, esse pequeno livro, vejo que realizei uma descrição compatível e razoável para um leitor condescendente, como é sempre o caso para um autor então novato.

– II –

Quero escrever um prefácio, mas o peso de chumbo da memória e do meu coração proíbem-me de burocratizar academicamente a experiência vivida no processo de me profissionalizar como "antropólogo".

Pois foram essas primeiras expedições que me fizeram sair totalmente do conforto emocional "de casa". De deixar Titia, que contava histórias em dias de chuva, de abandonar o mágico piano de Mamãe e perder os recitais que ela produzia um pouco antes do jantar, quando meus cinco irmãos, minha irmã, minha avó Emerentina, além da Ilma, nossa empregada e apêndice da família, e — é claro — um silencioso e orgulhoso Pai ouviam enlevados. De fato, lá em casa a hora da Ave Maria confundia-se com as músicas do piano de Mamãe.

Foi desta casa, na qual um pai soturno amava a mãe pianista, que parti (ou fugi) para "estudar índios" e, quem sabe, fazer justiça ao meu nome ("da matta") e viver na "selva". Na Amazônia da qual meus pais haviam saído, donde o impacto causado pela minha escolha profissional. Uma escolha que meus pais encorajavam, mas não entendiam.

Penso hoje ter uma maior compreensão deste gesto do qual resultou este relato e mais um punhado de livros. É que, com a exótica profissão que me envelopou, eu fazia uma viagem reversa, voltando ao mundo das selvas e rios que minha família havia abandonado quando, na década de 1930, vieram com meu avô Raul Augusto da Matta para uma Niterói que, imagino, deveria ter algo da Manaus idolatrada de Mamãe.

Todas essas "escápulas" foram penosas e deixaram cicatrizes. Os Trópicos não foram alegres para Lévi-Strauss, um cosmopolita, nem para um niteroiense caipira. Pois cada viagem para estudar ao vivo esses povos indignos que conheci no coração do Brasil provocou angústia e desespero — "blues antropológicos", conforme escrevi num ensaio — simultâneo a um esplêndido sentimento de conquista. Vitória sobre a ignorância e o preconceito; vitória de ter certeza da excepcionalidade da variedade humana.

E, em paralelo, a inevitável observação antropológica do fato de que nós, brasileiros, não somos criados para sermos indivíduos isolados e sós. Somos relacionais e colados uns nos outros. Por isso eu ficava tão ansioso nas vésperas de cada viagem de campo. Roque Laraia, que cedo saiu de Pouso Alegre, Minas, para Belo Horizonte, São Paulo e Rio de Janeiro, trouxe à luz o termo "destrambelhar" para definir e conjurar esse sentimento insuportável de solidão que pode nos envolver quando — sós e mal acompanhados por nossos egos transbordantes de saudade — partimos para ficar por meses a fio numa não mapeada aldeia indígena sem compreender a sua língua e costumes, sem água encanada, saneamento básico ou luz elétrica. Se tivéssemos levado uma picada de cobra, morreríamos. Não foi o caso, embora tenha pegado uma malária que me infestou o sangue, mas, como compensação, aprendi a dar injeção porque era o melhor remédio para a gripe que estava dentro de nós e que os Gaviões sabiam ser a melhor cura.

Vivemos num universo relacional — da casa à turma —, e as viagens nos isolavam dessa poderosa teia-cadeia. Desse conforto de ter com quem falar, reclamar ou simplesmente sentir a presença das pessoas — no que surge em nosso inconsciente como um espaço acalentador. Uma dimensão definida emocionalmente como o lugar "onde eu posso cair morto", ou seja, onde eu possa "abrir o meu coração" e "lavar a minha alma".

Roque olhava para mim quando, em 1961, a nossa "equipe" de pesquisadores chegou numa Marabá que era uma aldeia atijolada. Seu olhar dizia: é certo que vamos "destrambelhar"; a questão é saber quem vai primeiro...

PREFÁCIO QUASE BIOGRÁFICO PARA *UM MUNDO DIVIDIDO*

"A saudade mata a gente, morena; a saudade é dor pungente, morena", diz o poema de Antônio Almeida e João de Barro. A saudade, que abordei num ensaio publicado em 1993, traduz o osso dessa emoção que — desossada — situa-se entre o encanto do reencontro, o enlevo da lembrança inesquecível e a amargura da perda irremediável. Seria a saudade a consciência dessa ambiguidade sentimental? Seria ela a rede capaz de trazer de volta a dor do que partiu para sempre, ao lado de um recordar com amor aquilo que foi embora para sempre?

Não posso dizer. Mas lembro, com Joaquim Nabuco, que a saudade marca as lápides dos cemitérios e as cartas de amor...

– III –

Eu havia maturado os problemas discutidos neste livro desde 1963 quando, de setembro a agosto de 1964, e de agosto de 1967 a janeiro de 1970, frequentei no Peabody Museum da Universidade Harvard (inicialmente como "special-student" ligado às pesquisas de Maybury-Lewis e, em seguida, como candidatado ao título de doutor em filosofia) cursos de Antropologia Social e Cultural como requisitos para o tal PhD, que provocou inveja e ressentimento em tanta gente graúda e miúda no Brasil.

Evocando a memória, como demandam os prefácios, este livro que a Editora Rocco reedita foi redigido primeiramente em Cambridge, Massachusetts, num elegante escritório professoral de William James Hall, em Harvard, e num humilde porão da casa de número 105, no conjunto residencial harvardiano Holden Green, onde residia. Foi terminado em Harvard por obra de Celeste, minha falecida mulher, porque conforme por ela fui alertado, eu jamais terminaria a tese diante dos meus afazeres didáticos e burocráticos no Museu. Segui seu conselho, e voltamos apenas quando concluí o trabalho.

Trata-se, portanto, de um texto originalmente desenhado como escolar e, pior, acadêmico, porque seu objetivo era provar minha capacidade de dissertar de modo competente sobre uma questão relevante na minha área profissional. Tal questão era esclarecer a excecionalidade de um sistema de preferências matrimoniais que teria vigência na sociedade Apinayé e que o meu orientador, mentor e amigo, David Maybury-Lewis, ao lado de outros renomados autores, como Alfred Kroeber e Robert H. Lowie, havia notado e denunciado como singular. Aliás, não posso deixar de mencionar que meu orientador foi autor de um livro exemplar sobre os Xavante, *Akwē-Shavante Society* (Oxford: Clarendon Press, 1967, publicado no Brasil como *A sociedade Xavante* pela Editora Francisco Alves, em 1974, na perfeita tradução de Aracy Lopes da Silva, com minha revisão e orelha).

Essa, sem dúvida, foi certamente a monografia mais elegante de quanto se fez em termos de etnologia dos indígenas brasileiros. Foi esse padrão que eu procurei inutilmente imitar.

– IV –

Vale esclarecer para o leigo, para os críticos e, sobretudo, para meus jovens colegas e estudantes que — *data venia* — não sabem o que é "sororato" ou "levirato", não conseguem distinguir um primo cruzado de um primo paralelo, ou o que significa politicamente um sistema de metades exogâmicas, que o parentesco e a organização social são áreas nobres (e fundacionais) da Antropologia Cultural e Social por um motivo óbvio. O fato de que não existe ordem humana sem troca matrimonial, filiação, descendência, consanguinidade e afinidade, com os seus componentes de aversão e ciúme entre cunhados, e sem as obrigações para aqueles que, bem ou mal, nos facultaram esposas e namoradas. Como que a confirmar tal importância, diz o povo: "afinal, todo mundo tem mãe!", ao lado da hoje finada advertência segundo a qual "toda donzela tem um pai que é uma fera!". Não há sociedade sem parentesco.

Terminologias de parentesco, portanto, foram e ainda são temas centrais da Antropologia Social e Cultural. Seu estudo sistemático teve início quando o gênio de Lewis Henry Morgan confirmou e sintetizou, em 1871, em seu clássico *Systems of Consanguinity and Affinity of the Human Family*, que os termos designativos de parentesco eram variáveis. A universalidade patriarcal que distinguia o pai do tio, os irmãos dos primos e os sobrinhos dos netos e, consequentemente, o tio do avô não era encontrada em muitas terminologias nas quais irmãos de sangue casavam-se entre si, além disso, os termos para tios e primos variavam contrariando a moralidade ocidental e a lógica daquilo que seria esperado em todas as famílias humanas: idade e gênero. Para espanto dos etnólogos, em muitas sociedades, o casamento era preferencial e deveria ocorrer com uma filha do irmão da mãe, o que contrariava a ideologia individualista romântica do Ocidente porque postulava um casamento sem romance e escolha individual.

Por outro lado, para complicar ainda mais, irmãos do pai e irmãs da mãe não eram "tios", e sim "pais" e "mães", e o mesmo ocorria com "primos", classificados em muitos sistemas, como o dos Timbira, como "tios" e "avôs". Tudo isso era e ainda é mumbo jumbo de antropólogo, porque contrariam o modelo ocidental numa área que toda sociedade (e a nossa disso não escapa) considera "natural" e/ou "sagrada".

Ao se deparar com tais terminologias, Morgan postulou uma "promiscuidade primitiva" e uma ausência de propriedade, uma "coletivização original". Engels e Marx ficaram eufóricos com essa prova contra a propriedade e muita massa cinzenta foi gasta na interpretação de tais sistemas em função de uma ordem social e familiar diferente da família nuclear vigente entre nós, cujo modelo é o de pai, mãe e filho. Em poucas palavras: o modelo da Sagrada Família. Entre os Apinayé, há um sistema de parentesco semelhante aos dos nativos norte-americanos Crow de Montana, e Omaha do Missouri e de Ohio. Robert Lowie chamou estes sistemas terminológicos de Crow-Omaha e esse foi um dos problemas que este livro assentou porque, entre os Apinayé, eles variavam.

Outra questão teórica foi verificar a existência de um suposto sistema matrimonial prescritivo baseado numa descendência paralela, na qual as filhas herdavam direitos de casamento pela linha materna e os filhos pela linha paterna. Algo jamais encontrado nos anais etnográficos.

Neste livro, eu resolvi essas questões e normalizei teoricamente a organização social Apinayé, descrevendo-a como coerente com o seu pensamento sobre as bases cosmológicas de suas noções de família e parentesco, que eram compatíveis com aquelas encontradas entre os outros grupos Jê-Timbira.

É de lamentar que os meus mais ardentes e incompetentes críticos jamais tenham tocado nesses assuntos, já que era o objetivo do livro. Outro ponto a ser mencionado é que essa monografia teve a distinção de ser traduzida por Alan Campbell e publicada, depois de passar por três leituras críticas de especialistas, pela Harvard University Press na série Harvard Studies in Cultural Anthropology, em 1982.

Nesse contexto e depois de um penoso exercício de releitura do que escrevi, penso que o livro peca pela ausência do exotismo que, curiosamente, os estudos antropológicos queriam evitar. Estou convencido de que na minha tradução do regime de vida Apinayé eu não abordei ou simplesmente deixei de lado aspectos locais importantes como os adereços, cânticos e a descrição de certos rituais. Dessa ausência eu só tenho o caminho da penitência.

– V –

Finalmente, cabe mencionar a questão central do "dualismo" — da polaridade e da contrariedade ou oposição que constitui o núcleo cosmológico dessas sociedades Timbira.

Esse tema fascinou o seu primeiro etnólogo, o pioneiríssimo Curt Nimuendajú, que estudou com afinco, sacrífico e minúsculo apoio institucional os Apinayé e seu congênere, os Ramkokamekrá--Canela do Maranhão, e que com Robert Lowie como editor, publicou o clássico e exemplar *The Eastern Timbira* pela University of California Press, em 1946.

Nesse livro, como em todas as anotações etnográficas sobre os Timbira, encontra-se uma dualidade substantiva, primordial, real, original e instituída. Uma explícita ênfase segundo a qual o sistema social e o universo estão categorizados em conjuntos e grupos opostos. E o mais surpreendente para o nosso olhar é que tal contrariedade não é "resolvida" em termos finais ou transcendentais, do tipo "no fim, você verá que o Bem vencerá o Mal"; ela não produz conflito ou exige, repito, uma "solução", definitiva e transcendental. Trata-se, portanto, de um dualismo indispensável, como os dois lados sem os quais uma moeda não existe; ou a polaridade entre a mão direita e a esquerda (estudada por Robert Hertz em 1909). Trata-se de um dualismo concebido como absolutamente complementar, o qual é acidentalmente neutralizado ou temporariamente englobado por um "dualismo concêntrico" na antiga sugestão de Lévi-Strauss. Dou um exemplo, as mãos estão em oposição, mas os juramentos são realizados com a mão direita. Seria um despropósito contrastar esses dualismos quando, na verdade, eles têm uma gramática óbvia: os polos são englobados, como diz Louis Dumont, por um lado ou outro, dependendo do contexto, como, por exemplo, um indiano jamais usa a mão direita no sexo ou na limpeza de certas partes do seu corpo. Uma gradação hierárquica, portanto, aparece em certos momentos mostrando como a famosa proeminência da direita é subordinada pela esquerda em determinadas situações.

Do meu ponto de vista, o que essas sociedades indígenas revelam é que o dualismo engendra equilíbrio, harmonia e perfeição, porque tudo tem dois lados e, como me dizia Grossinho Katam Kaag, um sábio professor Apinayé, "tudo tem o seu contrário". É, pois, esse o axioma que sustenta e melhor expressa o dualismo Timbira.

O "dividido" do título resume pobremente a ordem social Apinayé. Entre eles, uma sociedade se integra reconhecendo os opostos (ou os paradoxos) existentes e os que surgem como consequência de sua dinâmica — no dia e na noite, na terra e na água, no sólido e no evanescente, no homem e na mulher, no manso e no brabo, no cru e no cozido, no bonito-bom, e no feio-mau, no "karon" (alma, imagem, reflexo) e no corpo de um ser vivo.

Os Jê-Timbira revelam um modo de ser ou uma cultura na qual o fim e o início são perpétuos. Entre eles não há uma eternidade como promessa e sinônimo de salvação como entre nós, cristãos. O reconhecimento das oposições é a primeira etapa de um pensamento que leva à unidade e à harmonia. Trata-se, como menciono no livro, da antiquíssima máxima *divide et impera* aplicada na prática social, onde cada pessoa tem muitas referências ou divisões — genitores, pais sociais, pais adotivos, nominadores, amigos formais e muitos coletivos rituais e rotineiros — que constituem seu cotidiano e sua subjetividade. Desse modo, quando ocorre uma discórdia ou um conflito, esses elos e categorias interferem de modo a evitar um confronto direto entre os interessados.

O resultado, ouso palpitar, é que os Timbira têm menos conflitos faccionais do que sociedades ordenadas na base de clãs e linhagens patri ou matrilaterais. No livro, em consequência, eu menciono que um modelo africano, ou capitalista, centrado respectivamente em clãs ou capital — em estruturas dominantes — diverge do modelo Apinayé.

PREFÁCIO QUASE BIOGRÁFICO PARA *UM MUNDO DIVIDIDO*

Uma das minhas maiores surpresas e aprendizados entre os Apinayé foi a descoberta de que eles não professavam vida eterna para seus mortos, que também não eram julgados. Assim, morria-se e, na grande mas fraca, e por isso invisível, aldeia dos que se foram, a imagem do falecido vivia por um longo tempo uma pálida existência, pois os mortos não têm sangue nem energia pulsante. Em seguida, descobri um tanto perplexo que esses mortos morriam e, sem sofrimento ou dor, sua segunda alma, muito mais tênue do que primeira, entrava num toco de pau ou animal e desaparecia. Não havia julgamento nesse materialismo sereno e generoso, no qual a finitude, e não uma desesperada busca de eterna salvação (ou danação), selava o destino entre os Apinayé.

Fiquei intensamente feliz ao ouvir essa concepção. Nela, este mundo e o outro não são inimigos, mas complementam-se e o fim é tão infinito quando o começo. Não há o que pagar ou castigar porque a sociedade não demanda, como a nossa, uma tolerância desmedida para o irracional, o cruel e a indiferença para com os outros.

O dualismo se mantém no plano "sobrenatural". A vida e a morte não são inimigas, mas integradas numa oposição concêntrica ou gradativa. Um dualismo do mais ou menos, pois a vida entre os mortos é, reitero, fraca e sem sangue. Mas isso não é um sinal de queda, e sim um fato da existência, já que em todo lugar os mortos, mesmo indo para o Céu, são esquecidos.

Diferentemente de nós, que vivemos num mundo partido, injusto e desigual, a ser permanentemente modificado e corrigido, os Apinayé estão em plena harmonia com a sua ordem social constituída. Assim, eles nascem de parentes verdadeiros e próximos, cujo sangue (ao lado do suor, da saliva, do calor e do permanente reciprocar) colabora para uma densa e concreta solidariedade. Fora deste círculo ligado pela forte presença do sangue estão as pessoas mais distantes, que se religam por meio de "afinidades" concretizadas e assinaladas pelas trocas de adereços e de fluidos sexuais, como a saliva, o suor, o esperma e o sangue menstrual (que, para eles, cessa na gravidez). Esses elementos se ligam uns aos outros por meio da invencibilidade dos rituais nos quais as pessoas se eternizam pelos nomes que carregam e lhes dão prerrogativas cerimoniais.

Eu diria que este parágrafo eloquente e certamente exagerado é a semente do "dualismo", bem como a parcela infraestrutural que sustenta a superestrutura da vida social no seu sentido mais objetivo, mais motivado e repleto de propósito da cultura Timbira e Apinayé.

Com essas palavras eu libero o eventual leitor para o livro. Mas não posso deixar de compartilhar a maior lição de vida que me foi dada pelos Apinayé, nas preleções que recebi do Grossinho, do Pedro Viado, do Xavito, do Chiquinho (meu pai adotivo), do Kimkim, do Moisés e do Kangró: a capacidade de aceitar e acolher o outro lado das coisas. Essa descoberta, repito, de que tudo tem o seu contrário.

Este livro, escrito com tanta luta e muita esperança no espírito compreensivo da Antropologia, talvez lhe fale, leitor ou leitora, dessa ordem humana que tem como base uma serena aceitação da finitude — esse outro lado inexorável do mundo. E mesmo nesses tempos de mudanças drásticas, quando a nossa presença se revela como impossível de ser contida, o espírito de tolerância e acolhimento da cultura Apinayé triunfa.

Roberto DaMatta
Jardim Ubá, 14 de outubro de 2023

PREFÁCIO

JULIO CEZAR MELATTI

ROBERTO DAMATTA PEDIU-ME PARA ESCREVER ALGUMAS LINHAS como preâmbulo da nova edição deste livro, o que me deixa muito honrado e envaidecido. Mas *Um mundo dividido*, muito lido e conhecido,[1] não precisa de apresentação. Muito menos seu autor, com tantas obras publicadas e admiradas. Mas certamente ele quis lembrar uma amizade de seis décadas, pois nos víamos diariamente no Museu Nacional ou então trocávamos notícias e ideias por correspondência ao longo dos anos 1960 e 1970. Também fui auxiliar de pesquisa de Roberto na sua primeira experiência de campo com um povo Timbira, os gaviões do Pará (autodenominados Parkatejê), em 1961. No ano seguinte, ele iniciaria a pesquisa com os Apinayé, e eu, com os Krahô, ambos os povos igualmente Timbira, mas do norte do estado de Goiás (hoje Tocantins).

A pesquisa com os Parkatejê foi realizada em 1961 em um núcleo de três ou quatro casas sem paredes e cobertas de palha em torno de um pequeno pátio, a algumas horas de caminhada a partir da margem direita do rio Tocantins, na altura de Itupiranga, que fica na margem oposta e ao norte de Marabá, no Pará. Encontramos inicialmente apenas meia dúzia de pessoas: um homem com

---

[1] Lembro, a quem possa interessar, que há também uma edição em inglês: *A Divided World* (Harvard Studies in Cultural Anthropology, 6, Harvard University Press 1982, com nova impressão em 2014).

sua esposa, outro com duas mulheres, uma delas grávida, e um jovem solteiro. Ficamos com eles mais da metade do tempo vivido na aldeia até começarem a chegar pouco a pouco os demais habitantes, completando um total de cerca de vinte e cinco. Inicialmente dependíamos apenas daqueles poucos que encontramos. Roberto inquiria sobretudo Aprororenum, apelidado de Zanôi (Zarolho) pelos não índios; eu ficava com Kaututuré, chamado por outro pejorativo: Doidão. Às vezes me socorria uma das esposas deste, Krepoire. Todos com pouco conhecimento do português. Obviamente tomávamos bastante do tempo destinado a suas atividades, cansando-os. Algumas respostas dadas a Roberto pareciam indicar que eles se dividiam em dois grupos: Pane (Arara) e Hok (Gavião). Ele decidiu que deveríamos averiguar se eles constituíam metades matrilineares exogâmicas, tal como Curt Nimuendaju admitira estarem divididos os Canelas, povo Timbira do Maranhão. Passamos então a lhes perguntar a que metade pertencia cada indivíduo constante das genealogias que tomávamos. Porém as respostas não apontavam nem matrilinearidade, nem exogamia. No dia seguinte fazíamos a mesma coisa, sem a confirmação do que procurávamos com respostas diferentes daquelas do dia anterior. E assim insistíamos todos os dias. Até que uma manhã, quando levantávamos, ouvimos nossos interlocutores repetirem em voz alta a partir de suas casas: Pane, Hok! Pane, Hok! Pane, Hok! Pane, Hok! Pane, Hok! Pane, Hok!... Achamos que era tempo de parar. Felizmente a chegada dos demais moradores e do líder Krohokrenum (apelidado pelos não índios de Baleado) aumentou o número de nossos interlocutores. Porém as metades matrilineares exogâmicas nunca se confirmaram. Os moradores da pequena aldeia eram parte daqueles Gaviões que tinham aceitado viver em paz com os brancos. Mas, começando por viver em Itupiranga, as moléstias que os contaminaram os tinham reduzido a um quarto da população.

PREFÁCIO

A pesquisa de DaMatta com os Gaviões e depois com os Apinayé, bem como a minha com os Krahô, estava prevista por dois projetos de Roberto Cardoso de Oliveira: "Estudo Comparativo das Sociedades Indígenas do Brasil" e "Estudo de Áreas de Fricção Interétnica no Brasil". Além disso, os cursos de especialização em Antropologia no Museu Nacional eram da iniciativa do mesmo pesquisador. Cada curso desses tinha a duração de um ano completo, de 1º de março a 28 de fevereiro do ano seguinte. E o curso incluía uma experiência guiada em pesquisa de campo. Na primeira realização do curso, começada em 1960, os seis alunos matriculados, entre os quais Roberto DaMatta, Roque Laraia e Alcida Ramos, acompanharam Cardoso de Oliveira na sua pesquisa sobre os Terena moradores das cidades de Mato Grosso do Sul. Na segunda, com quatro alunos, coube a Roberto DaMatta, já então no quadro do Museu Nacional, como interino, levar-me como auxiliar aos Gaviões. Na sua terceira e última, entre os três alunos, Sílvio Coelho dos Santos e Cecília Helm foram destacados para acompanhar Cardoso de Oliveira aos Ticuna.

Dada a semelhança de objetivos entre seus projetos, que tinham por tema a organização social, David Maybury-Lewis e Cardoso de Oliveira concordaram em juntá-los mediante um convênio entre suas instituições. E assim foi criado o Harvard Central Brazil Research Project, que absorveu o "Estudo Comparativo das Sociedades Indígenas do Brasil". Por isso, em 1962, começaram a chegar os doutorandos de Harvard, apresentando-se no Museu Nacional Terence Turner e sua então esposa Joan Bamberger, também pesquisadora, para estudarem os Kayapó. Algum tempo depois chegaram Jean Carter (depois Lave) e Dolores Newton, para pesquisar os Gaviões do Maranhão (Kinkati e Pukobyê), a segunda mais interessada em cultura material. Finalmente veio Jon Christopher Crocker para ficar com os Bororo. Portanto, o projeto conveniado abarcou as pesquisas referentes aos Jê do Norte Timbira-Apinayé, Timbira-Krinkati, Timbira-Krahô e Kayapó, Jê Centrais (Xavante, já realizada por Maybury-Lewis) e Bororo, do tronco Macro-Jê como os demais.

Este foi o ambiente institucional em que DaMatta produziu *Um mundo dividido*, sem dizer do seu estágio e depois o doutorado em Harvard. Aliás, já na graduação, na Universidade Federal Fluminense, em Niterói, onde Luís de Castro Faria, antropólogo do Museu Nacional, lecionava, Roberto tinha contato com a Antropologia.

Depois de tantos anos que o li e o usei em minhas aulas, voltei a *Um mundo dividido* e a releitura só me fez admirar ainda mais a pesquisa que Roberto fez com os Apinayé. Ele tinha como que uma missão: esperava-se que averiguasse a existência ou não dos quatro grupos exogâmicos e de descendência paralela (de pai para filho e de mãe para filha) que Curt Nimuendaju admitiu existirem na estrutura social Apinayé. Algo tão estranho que deu notoriedade aos Apinayé entre os etnólogos, mesmo fora do Brasil. David Maybury-Lewis analisara o caso e concluíra que tais grupos seriam inviáveis. Se não existiam, Roberto DaMatta teria de substituí-los pela descrição correta, o que conseguiu. Primeiro, manteve o par de metades, já descrito por Nimuendaju, nas quais o ingresso numa ou noutra se faz conforme o nome pessoal recebido. Quanto aos duvidosos quatro grupos, mostrou que dois deles eram apenas duplicação dos dois outros; portanto, tratava-se de outro par de metades. A entrada em cada uma está ligada à transmissão da amizade formalizada, num procedimento mais complexo. Portanto, há dois pares de metades e nenhum dos dois regula o matrimônio. Operam apenas na área cerimonial.

Para compreender as linhas mestras da estrutura social Apinayé, tem prioridade outra distinção mais abrangente com que trabalha Roberto. É a que destaca a família nuclear dos parentes que a envolvem. Pai, mãe, filhos e filhas partilham a mesma substância. Seus corpos afetam uns aos outros, como indicam os resguardos por parto, doenças e outros estados de fragilidade. Aí o social é afetado pela natureza, na intimidade sexual dos pais, na procriação.

Aos parentes que ficam em torno desse núcleo cabe a transmissão de nomes pessoais e de amigos formais, aos quais estão relacionados os pares de metades mais acima referidos (a Figura 10, no final do Capítulo II, ilustra a distinção). Outros povos Timbira fazem distinção semelhante, porém os Apinayé deles diferem por mais um detalhe: o irmão do pai e a irmã da mãe, tratados em português como "pai adotivo" e "mãe adotiva", têm o encargo de escolher, para o "filho adotivo" ou "filha adotiva", respectivamente, entre aqueles ou aquelas que podem transmitir seu próprio nome, quem o fará. Escolhem também o amigo ou amiga formal em um procedimento um pouco mais complexo (no Capítulo III, uma figura sem número mostra essa diferença modificando a Figura 10).

Excelente é o capítulo sobre o sistema político, que analisa as disputas entre facções em uma das aldeias Apinayé. Roberto procura identificar as facções com segmentos residenciais. É um trabalho que exige um conhecimento derivado de muita conversa com os principais moradores de cada casa.

Aliás, DaMatta, na Introdução do livro, falando de Nimuendaju (a quem a etnografia dos indígenas do Brasil deve uma enorme e inestimável contribuição), comenta que ele deu uma grande ênfase à vida cerimonial Apinayé e Canela, e a tudo o que alguns informantes de confiança lhe contavam, descrevendo regras e ações estereotipadas, deixando em segundo plano a vida política e cotidiana da tribo. Em outro ponto do livro, repara que também os informantes preferem falar de ritos, em que todos os atos são previstos, do que daquelas situações sujeitas a acasos e escolhas.

DaMatta vai dando sua contribuição em cada tema tocado. Por exemplo, no capítulo dedicado à situação atual dos Apinayé e contato interétnico, afirma que, em vez de falar em diferentes frentes pioneiras, prefere levar em conta o valor do produto nelas predominante para caracterizar sua ação para com os indígenas. Assim, na região dos Apinayé, predomina a extração do coco babaçu, de valor modesto, de preço estável, que pode ser apanhado durante o ano todo, consumido em mercados nacionais. Já a castanha, que motiva outra frente extrativa, é sazonal, exportada, sujeita a maior oscilação de preço, tornando-se um produto mais valioso, o que torna a frente mais agressiva, como no caso da que envolve os Gaviões do Pará.

Enfim, não cabe aqui um resumo nem uma resenha. O leitor saberá apreciar um livro escrito com clareza e elegância, fundamentado em intenso e cuidadoso trabalho de campo, atento à bibliografia teórica e à etnografia relativa a outros povos, especialmente os vizinhos Timbira.

AGRADECIMENTOS

Todo trabalho intelectual é produto de um grupo e eu estou bastante consciente do meu enorme débito para com os colegas e amigos da antiga Divisão de Antropologia do Museu Nacional: Miriam Lemle, Yonne de Freitas Leite, Maria Heloísa Fénelon Costa, Roque de Barros Laraia (hoje na Universidade de Brasília) e os professores Luiz de Castro Faria e Roberto Cardoso de Oliveira (também na Universidade de Brasília). Do primeiro, então diretor da Divisão e meu professor de Antropologia Cultural em Niterói, recebi o apoio para iniciar minha carreira de estudante pós-graduado numa época em que eram raros os centros de formação de pesquisadores em Etnologia em nosso país. Pelas mãos do segundo fui introduzido nas teorias antropológicas e apresentado ao estudo dos grupos tribais brasileiros. De todos, tenho recebido, ao longo dos anos em que temos colaborado, o encorajamento e a amizade que tornam o caminhar na trilha da carreira científica motivo de orgulho e alto enriquecimento.

Meu débito, porém, talvez seja maior ainda para com os antropólogos que, como eu, trabalharam com outros grupos de língua Jê do Brasil Central, sob a orientação de David Maybury-Lewis, como membros do Harvard-Central Brazil Research Project, realizado em convênio com o Museu Nacional: Terence Turner, Joan Bamberger, Jon Christopher Crocker, Jean Carter Lave, Dolores Newton e, muito especialmente, Julio Cezar Melatti (hoje na Universidade de Brasília), pois foi graças ao seu constante apoio, amizade e crítica intelectual que pude desenvolver um melhor entendimento da realidade social das sociedades Jê-Timbira. Realmente são tantas as nossas afinidades intelectuais que eu estou certo de que todos eles irão reconhecer aqui muitas de suas ideias. Minha esperança é que possam me desculpar quando eu as usei de modo improdutivo, ao longo deste livro.

Ao Prof. David Maybury-Lewis quero expressar os meus profundos agradecimentos. Sem sua amizade, exemplo e confiança dificilmente este trabalho teria sido escrito. Ele não só me revelou os mistérios da Antropologia Social britânica, como também foi um guia exemplar nas profundezas ainda tenebrosas do Peabody Museum, onde eu o tive como orientador acadêmico.

Em Harvard, vários amigos e colegas foram uma fonte permanente de encorajamento: Cecil Cook Jr., Patrick Menget, Renato Rosaldo e Peter Rivière de Oxford discutiram partes do livro. Evon Vogt e James Fox leram todo o manuscrito na forma de uma dissertação e sugeriram correções e modificações muito úteis. O mesmo ocorreu com o Dr. Rodney Needham, do Instituto de Antropologia Social da Universidade de Oxford, Inglaterra, que leu e apresentou inúmeras correções — algumas, obviamente, incorporadas ao texto. Dick Franke, Paul Camardo e Francesco Pellizzi, amigos leais e constantes, ajudaram-me a enfrentar a neve, o frio e, muito especialmente, os exames.

Minhas viagens aos Apinayé foram financiadas pela Divisão de Antropologia do Museu Nacional, Conselho de Pesquisas da Universidade Federal do Rio de Janeiro e por fundos do Harvard--Central Brazil Research Project. O Milton Fund da Universidade de Harvard, a Fundação Ford e o Conselho Nacional de Pesquisas contribuíram financeiramente para a conclusão dos meus estudos e

AGRADECIMENTOS

deste trabalho. O Peabody Museum, por meio de Francesco Pellizzi, teve a generosidade de me conceder uma bolsa de pesquisa que me permitiu terminar este manuscrito. Do mesmo modo, tenho recebido apoio da Financiadora de Estudos e Projetos (FINEP) e da Fundação Ford. O mesmo ocorre em relação à Sub-Reitoria de Ensino para Graduados e Pesquisa da UFRJ, pois são estes órgãos que têm estimulado o desenvolvimento do Programa de Pós-Graduação em Antropologia Social do Museu Nacional e nele permitido criar o clima propício à pesquisa científica produtiva. Tenho recebido confiança e respeito dos meus colegas e alunos deste Programa, bem como do diretor do Museu Nacional, e por isso fico muito grato. A secretária-executiva do Programa, Anna Maria Ribeiro Ramos, tem acompanhado, desde 1970, minhas elaborações do material Apinayé e sido uma colaboradora das mais exemplares por seu entusiasmo e lealdade. Sou grato também a ela por tudo isso.

    Durante minhas visitas aos Apinayé contei com a colaboração de várias pessoas. Quero agradecer a todos, na pessoa de Jonas Bonfim, ex-encarregado do Posto Indígena Apinayé, que inúmeras vezes me recebeu na Aldeia de São José. Na Aldeia de Mariazinha, Cícero Coelho de Castro e Aldírio Pereira da Silva foram exemplares como cicerones sertanejos. O mesmo ocorreu com José Izidio Vilanova e Raimundo P. da Silva.

    Todos os índios Apinayé foram colaboradores excepcionais. Eles me receberam em suas comunidades, adotaram-me, deram-me o melhor que podiam me oferecer. Foi certamente deles que aprendi a maior lição de Antropologia. Meu débito para com todos eles é o maior e o mais dramático, pois quem fui eu senão o último representante da sociedade que deles tudo devorou?

Roberto DaMatta

PREFÁCIO DA PRIMEIRA EDIÇÃO (1976)

Este livro, originalmente escrito como um dos requisitos para a obtenção do grau de Doutor em Filosofia (Ph. D) em Antropologia Social no Peabody Museum da Universidade de Harvard, reúne os resultados de pesquisas iniciadas em 1961 no Departamento de Antropologia do Museu Nacional da Universidade Federal do Rio de Janeiro, sob a orientação dos professores Roberto Cardoso de Oliveira (hoje na Universidade de Brasília) e David Maybury-Lewis (de Harvard).

Nestes anos que separam os primeiros preparativos para o projeto de pesquisa e a dissertação acadêmica que se transforma em livro, não foram poucas as vezes que perguntei a mim mesmo se valia a pena publicá-lo. Isso porque, numa era de desenvolvimento, de tecnologia, de ciência e, sobretudo, de soluções globais, que valor poderia ter — exceto para aqueles poucos humanistas e românticos — um estudo de Antropologia Social que focaliza o modo de existência de uma pequena sociedade tribal do Norte de Goiás, os Apinayé, e discute o seu sistema de relações sociais e valores?

De fato, que mérito pode ter o estudo de uma sociedade diferente, ainda mais quando se considera que o seu foco é um sistema provavelmente sem nenhum futuro, pois os Apinayé correm o grave risco da descaracterização cultural completa? Fosse esse trabalho sobre economia, política ou história do Brasil, talvez não houvesse necessidade de tal colocação, já que existem pouquíssimos a duvidar da relevância de estudos sistemáticos de sua própria sociedade. Mas quando se trata de outro sistema, de índios, parece válido perguntar: afinal, para que serve? Afinal, o que ajuda a solucionar?

Gostaria — como todos os etnólogos — de ter uma resposta certa e fulminante para essas questões. A verdade, porém, é que não tenho. Mas estou convencido de que o mundo de hoje, informado pelos valores da alta tecnologia, é um mundo que corre o sério risco das generalizações. E generalizar não é apenas universalizar o particular (como deseja a Ciência), como também impingir alguns particulares no fluxo central da vida social, seja ela nossa ou alheia (como quer o poder). Tudo, assim, se passa como se o esforço generalizador da Ciência tivesse como contrapartida a vontade de tudo resolver (por bem ou por mal) por meio de fórmulas únicas.

Foi deste modo que o Ocidente abriu caminho em busca de todos os *outros* deste planeta. E assim se impôs ao mundo uma ordem; e a ele se impingiu uma fórmula única. Estava o Ocidente não só generalizando, mas sobretudo *generalizado* e confirmado: na Coca-Cola, na racionalidade, na eficiência. No dever de cristianizar e transformar o mundo pela indústria.

Mas na Antropologia Social tudo se passa de modo inverso. E num certo sentido isso pode parecer a alguns um monstruoso paradoxo, pois como é possível que essa disciplina, "filha dileta do colonialismo", possa revelar aos seus patrões que a terra dos homens não é, afinal, chata! Que ela tem as mais variadas formas, cada qual infinita na sua profundidade e na sua riqueza. Assim, em vez de a Etnologia servir para ajudar a sufocar, ela tem servido muito mais na busca de ar puro, especialmente na medida em que revela — no

PREFÁCIO DA PRIMEIRA EDIÇÃO (1976)

seio mesmo das Ciências Sociais — a terrível ameaça das "generalizações científicas", onde o outro desaparece no modelo e na fórmula capaz de tudo englobar.

E englobar tudo num esquema, repito, é impingir ao mundo os nossos particulares e assim deixar de perceber as diferenças entre os universos humanos, passo básico para reconhecer — num segundo momento e num plano mais sofisticado — que os homens são sempre os mesmos. Mas afirmar isso não significa assumir a posição ingênua, senão grosseira, segundo a qual os homens são substantivamente iguais. Tal posição não poderia estar mais enganada. Porque a postura que hoje está mais ou menos em moda criticar como sendo "estruturalista" assume apenas — e como uma hipótese viável de trabalho — que os homens sofrem as mesmas limitações, têm as mesmas fragilidades e, consequentemente, apresentam soluções semelhantes para problemas comuns. Ora, afirmar que toda a sociedade humana terá que dar conta da descontinuidade fundamental existente entre os sexos não significa em absoluto afirmar que o masculino e o feminino terão o mesmo peso nem que serão vistos como estando em cooperação ou conflito, em igualdade ou em hierarquia em todos os sistemas sociais. O que o ponto de vista estrutural espera é alguma forma de elaboração institucional em torno do problema da descontinuidade sexual, não uma resposta idêntica no viver e no conceber.

Mas, esperando tais limitações e universalidades, parece que um grande passo pode ser dado. Porque num passado próximo (que ainda sobrevive entre nós) dizia-se que a descontinuidade entre os sexos era ignorada em alguns dos seus aspectos mais básicos em algumas sociedades e, com isso, pretendia-se conhecer profundamente suas elaborações institucionais relativas ao homem e à mulher, sobretudo no que diz respeito às suas relações mais sistemáticas como o casamento e a troca de direitos que o matrimônio implica. O problema, assim, não é o de assumir nem uma igualdade substantiva, verdadeiramente absurda; nem uma igualdade demagógica (onde o superior sabe o que é bom para o inferior); mas — e isso parece impossível para muitos — simplesmente reconhecer a *igualdade na diferença*. Numa palavra, procurar perceber o outro como tendo soluções, ideias e valores que valem tanto quanto os nossos. Se não for muito pomposo dizer que essa é a mensagem do chamado estruturalismo, diria que é esse o ponto mais básico do "movimento antropológico".

Neste livro não se pretende evidentemente sacudir os alicerces das Ciências Humanas. Antes, a pretensão é a de procurar seguir a mensagem da igualdade na diferença de acordo com o que se julga ter aprendido na obra de Claude Lévi-Strauss. E aqui isso pode ter um significado especial, porque é com inspiração em seus trabalhos mais técnicos e mais essenciais que a pesquisa foi desenhada, realizada e elaborada.

Outra pretensão é a de revelar o modo de vida de um povo que corre o sério risco de desaparecer. E sempre pareceu tremendo tomar consciência disso, porque as sociedades humanas não se ordenam para assistir ao seu desaparecimento. Realmente, cada sociedade que morre indica o caminho terrível, possível e hoje altamente provável de um planeta vazio de homens. E nunca se assistiu a tantos desaparecimentos de sociedades quanto nessa era de grandes soluções e esperanças; pois, enquanto se sonha com um futuro fantástico, destrói-se paradoxal e impiedosamente o presente!

Dentro desta perspectiva, é minha pretensão revelar um lado pouco visto da chamada "realidade indígena brasileira". Pois enquanto tomamos contato com a invasão de suas terras de modo global, através dos diversos e mais genuínos equacionamentos do problema indígena, corremos o risco de perder de vista que os índios só existem concretamente em sociedades. Isto é, em totalida-

PREFÁCIO DA PRIMEIRA EDIÇÃO (1976)

des organizadas, onde existe um sistema de parentesco, um sistema político, crenças religiosas e necessidades humanas profundas e legítimas. Em outras palavras, há realmente uma ordem tribal, mas para reconhecê-la integralmente é preciso deixar o ponto de vista generalizador para revelar o concreto e o específico desta ordem.

E realizar esta tarefa — que parece essencial e absolutamente complementar aos estudos globais do problema — é revelar a operação específica de certas sociedades tribais. É esse o desafio básico que este livro aceita e traz ao leitor.

Já não se fala mais em *índio* (que é uma categoria ideológica, social e historicamente determinada) para se falar em Apinayé, em Canela, em Krahô, em Kayapó... Abandona-se o "bom selvagem" para se tentar mostrar o homem Apinayé concreto, enquanto membro de uma totalidade organizada de homens que ordenam o mundo do mesmo modo. Deixa-se de lado a ficção sobre o mundo tribal, para se descrever como uma sociedade indígena opera no terreno, com suas regras, seus ideais e suas contradições.

Em resumo, troca-se o índio de papel, o índio dos folhetins e dos missionários, o índio dos políticos e dos demagogos, para se falar num índio inserido num sistema objetivo de necessidades e valores. Fala-se, pois, de um índio que vale tanto quanto nós. Não é nem melhor nem pior, nem mais estúpido nem mais sábio, nem mais mesquinho nem mais generoso. É simplesmente diferente de nós. Nós temos que tentar salvar essas sociedades não porque reconhecemos uma bondade inata ou uma vocação para a inocência de um índio ideologicamente projetado, mas porque sabemos que aqueles a que chamamos índios são (afinal e apesar de tudo) homens como nós.

O ponto de vista que este livro pretende colocar e eventualmente despertar no leitor não é, pois, o de louvar o "nosso selvagem" porque "ele é o dono da terra" ou o "inocente" ou o "puro". Sabemos que o índio não é inocente, também sabemos que ele não é selvagem. E nunca tivemos ilusão da viabilidade de serem os índios os "donos da terra", por serem os primeiros habitantes do país. Mas reconhecer isso não significa dizer que o índio não deva ter direitos sobre as terras que tradicionalmente ocupa. É precisamente por estarem essas sociedades dentro do território de uma nação que elas podem clamar seus direitos às terras que ocupam. Pois não se trata de uma legitimação por antiguidade, mas de uma legitimação por necessidade e, sobretudo, por dignidade. É imperioso, pois, que se descrevam sociedades tribais, pois é na sociedade que jaz o denominador comum capaz de reduzir a distância entre nós e eles.

A tarefa básica deste livro é, então, a de procurar *traduzir* para o nosso, um sistema muito diferente. E, assim fazendo, permitir que se possa incorporar ao nosso modo de conceber o indígena alguns aspectos novos de sua realidade. Nossa defesa do índio, em consequência, será realizada em nome de um conhecimento maior e mais profundo de sua realidade imediata. Sabemos que, enquanto os escravos foram defendidos com base na caridade ou na sua bondade intrínseca, eles continuaram a ser escravos. Mas do momento em que o conhecimento do sistema escravocrata permitiu revelar uma humanidade abatida e diferenciada por variáveis específicas — dentro de uma sociedade e num sistema — tudo começou a mudar realmente.

No caso do índio, gostaria de chamar a atenção para as possibilidades que tal visão poderá abrir para o entendimento de sua realidade. Diria mesmo que é uma posição onde o *conhecer* e o *defender* estão em plena sintonia, como um momento simultâneo e não como dois estágios separados e antagônicos, como sempre tem sido a tendência colocar. Mas o ponto de partida, devo notar bem, não é aquele que assume a defesa do índio como parte de um movimento semifilantrópico — porque o índio é bom, inocente, puro e infantil —, mas porque esse índio, como homem verdadeiro que é, desenvolveu um conjunto original de soluções para uma série de problemas comuns. Deste modo, quero defender os Apinayé com base no meu conhecimento de sua riqueza cerimonial, do notável equilíbrio das suas divisões internas, da profundidade dos seus modos de julgar e perceber a comédia e a tragédia do homem. É preciso não deixar que essa sociedade desapareça porque ela expressa uma alternativa legítima para os problemas humanos. De fato, ela expressa, em muitos momentos, uma alternativa superior já que é capaz de preservar uma forma genuína de equilíbrio entre homens e grupos sociais.

É, então, minha pretensão ou minha ilusão oferecer neste livro um testemunho da vida social dos Apinayé. E neste testemunho — que representa para mim o melhor da minha atuação em favor desses índios — despertar o leitor para um modo de existência que também tem um sentido.

Mas para defender esse mundo é sempre necessário descobrir novos argumentos e conhecer bem suas regras, pois o que é exploração de um ponto de vista pode ser apenas conversão ou colonização de outro. São novos argumentos e novos fatos que espero estar revelando. Se conseguir aproximar o leitor desta posição, consideraria meu trabalho realizado e minha enorme dívida para com os Apinayé diminuída.

Roberto DaMatta
Cambridge, Mass., dez., 1969
Niterói, abril, 1975.

SUMÁRIO

Prefácio quase biográfico para *Um mundo dividido*...............	3
Prefácio – Julio Cezar Melatti...	19
Agradecimentos..	25
Prefácio da primeira edição (1976)..	29
Introdução..	39
1. O problema...	39
2. Dados e teorias: como o estudo foi realizado................	44
CAPÍTULO I — A situação dos Apinayé...............................	61
Aldeia de Cocal..	72
Aldeia de Gato Preto (Botica)..	74
Aldeia de Mariazinha...	75
Aldeia de São José (Bacaba)..	76
CAPÍTULO II — A morfologia da sociedade Apinayé (I).....	96
1. Vida cotidiana: grupos sociais.......................................	104
2. Vida cotidiana: dinâmica e etiqueta..............................	115
3. Vida cotidiana: ideologias...	120
CAPÍTULO III — A morfologia da sociedade Apinayé:	
os grupos cerimoniais..	140
1. Generalidades..	144
2. Grupos e relações cerimoniais: o problema do	
dualismo e as metades *Kolti* e *Kolre*.............................	145

SUMÁRIO

3. Os nomes e as metades *Kolti* e *Kolre* 156
4. A transmissão dos nomes 161
5. Os nomes e suas relações sociais 169
6. Ainda os nomes: uma comparação 175
7. As metades *Ipôgnotxóine/Krénotxóine* 185
8. As metades *Ipôgnotxóine/Krénotxóine* e o problema dos quatro "*kiyê*" 189
9. A amizade formalizada 195
10. A estrutura da amizade formalizada 206
11. Conclusões: a ideologia dos grupos cerimoniais 209

CAPÍTULO IV — O sistema de relações 217
1. Definições gerais 223
2. Categorias específicas 246
3. Análise dos termos 250
4. O problema dos termos para os primos cruzados 261
5. Conclusões 271

CAPÍTULO V — O sistema político 273
1. Os segmentos residenciais e o sistema político 276
2. Os segmentos residenciais como facções 282
3. O chefe e as inter-relações entre segmentos residenciais 295
4. O processo político 307

Conclusões — As lições do caso Apinayé 323
1. As raízes do dualismo Jê-Timbira 329
2. Dualismo e disjunções 332

Bibliografia 338

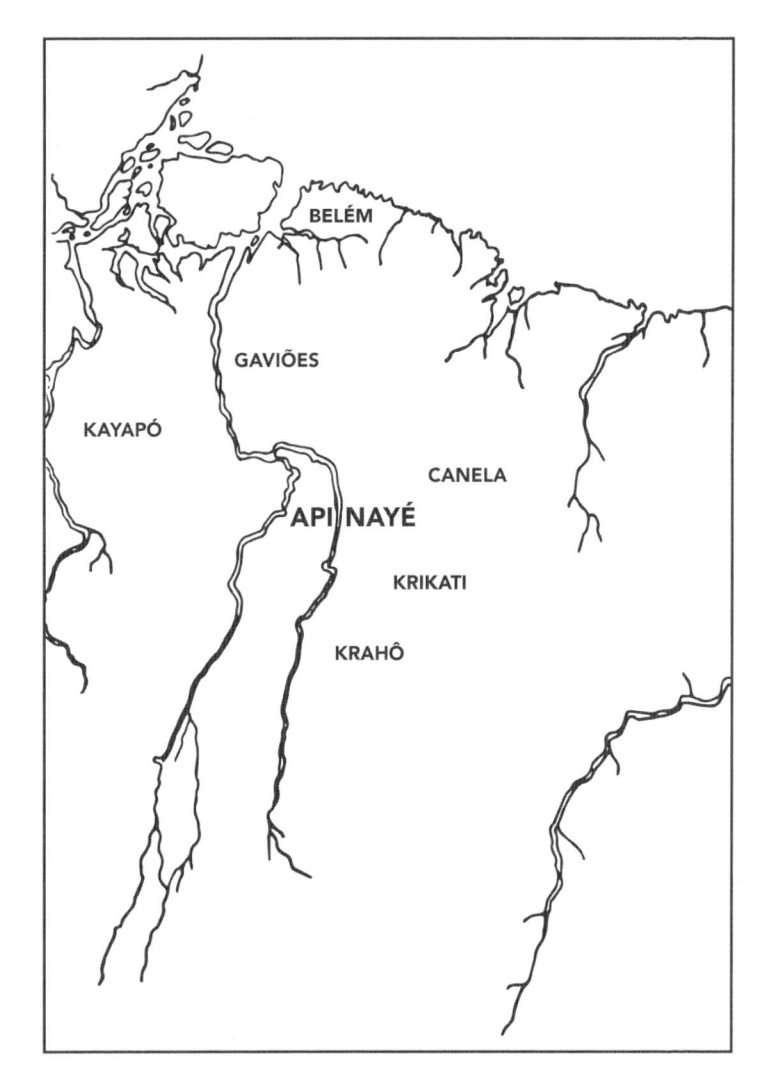

Fig. 1 — Localização dos Timbira e Apinayé

INTRODUÇÃO

1. O PROBLEMA

DE TODOS OS GRUPOS TRIBAIS DE LÍNGUA JÊ, OS APINAYÉ SÃO SEM dúvida os índios mais famosos. Esse renome, porém, não decorre de uma notável resistência ao envolvimento de frentes pioneiras da sociedade brasileira na forma de ataques a acampamentos, castanheiros, caçadores ou construtores de estradas. Essa foi a reação que imortalizou os Xavante, os Kayapó e os Gaviões.[1] A eminência Apinayé, entretanto, é de ordem bastante diversa, pois ela não dependeu, ao menos em tempos modernos, de nenhuma reação do grupo tribal defronte do homem branco, mas dos antropólogos e da Antropologia Social.

Enquanto a maioria dos grupos Jê foi incorporada à história brasileira e aí enquadrada por um conjunto de estereótipos bastante negativos, os Apinayé alcançaram um lugar de relativa segurança na estrutura regional. Enquanto os Xavante, Gaviões e Kayapó eram conhecidos nacionalmente e desconhecidos academicamente até cerca de dez anos atrás, os Apinayé até hoje não gozam de fama nacional como tribo, mas são, sem dúvida, notoriedades acadêmicas.

Tribos indígenas, como animais e plantas, elementos da natureza e mecanismos sociais e psicológicos, são como *totens*. Elas se

---
[1] Para o primeiro grupo, veja-se Maybury-Lewis, 1967; o segundo, Moreira Neto, 1959, e Turner, 1966; e para o terceiro, DaMatta, 1963.

deixam descobrir, mas também descobrem os seus descobridores. Assim é que se diz *Felix leo*, Linneu; e quando se fala em *mana* e *tabu*, pensa-se logo em Sir James Frazer.

Entre os americanistas é lugar-comum que os grupos Jê do Brasil Central foram descobertos e descobriram Curt Unkel Nimuendaju mas, entre os Jê,[2] os Apinayé se destacaram como a tribo que destoava do conjunto, o grupo anômalo.

Assim sendo, os Apinayé não só serviram para renomar Nimuendaju, como também para chamar a atenção sobre as populações indígenas do Brasil Central e sobre si próprios. Mas em que consiste o renome dos Jê e a anomalia Apinayé?

De modo sucinto, os Jê chamam a atenção porque ali estava, no meio do imenso cerrado que é o Brasil Central, um conjunto de tribos sem redes, com uma agricultura pouco desenvolvida e sem cerâmica, mas com uma organização social que era, no mínimo, sofisticada.

Essa organização social revelava, especialmente no caso dos Jê do Norte, uma intrincada proliferação de grupos masculinos e complicados cerimoniais, onde o dualismo, ou o princípio segundo o qual colocar em oposição é ordenar, era fundamental.

Para Nimuendaju, um alemão de Iena nascido no final do século XIX, esses grupos cerimoniais, essas sociedades masculinas onde se pertencia pelo nome, essa ênfase na separação real e simbólica dos sexos, esse conjunto de gestos estereotipados que os Timbira faziam desfilar diante dos seus olhos representaram, sem sombra de dúvida, a possibilidade da existência de uma sociedade tipo relógio. Para Robert H. Lowie, também germânico e associado

---

[2] Assim distribuídos: Jê Centrais (Xavantes e Xerente) e Jê do Norte, divididos em Kayapó e Timbira. Os Timbira, por sua vez, subdividem-se em Orientais (a leste do Tocantins) e Ocidentais (Apinayé). Vide Figura 1. Cf. Nimuendaju 1946: 6 e 1939: 1, 1956: 1. Doravante todas as citações de Nimuendaju que se referem aos Apinayé serão da edição brasileira (1956), que foi revista, anotada e corrigida pelo autor.

INTRODUÇÃO

de Nimuendaju, esses Timbira traziam a munição etnográfica que ele precisava para fulminar os exageros dos evolucionistas e dos difusionistas, uns e outros interessados em sacrificar a diversidade de princípios sociológicos, por uma unidade histórica duvidosa. De qualquer modo, Lowie verificou imediatamente alguns problemas etnográficos específicos, como os tipos de termos de parentesco onde o princípio de geração — tal como ocorre nos grupos que ele havia estudado nos Estados Unidos, os Hopi e Crow (cf. Lowie, 1935 e 1956) — não era levado em conta. Produzir uma explanação sociológica suficiente do dualismo Timbira, seu complicado estilo cerimonial e suas formas de família e parentesco, foi uma das preocupações de Lowie, especialmente no final de sua carreira (cf. Lowie e Nimuendaju, 1937, 1939; e Lowie, 1940, 1943, 1959).

Foi a partir do final da década de 1930, quando Nimuendaju e Lowie começaram a publicar os dados sobre os Jê-Timbira (colhidos por Nimuendaju), que os Apinayé ganharam o renome de anômalos.

Porque se os Timbira eram difíceis de interpretar, os Apinayé se configuravam como praticamente impossíveis. Os Timbira de Leste (representados então pelos Ramkokamekrá-Canela) possuíam intricados grupos cerimoniais, vários pares de metades com diferentes princípios de filiação e um sistema de termos de parentesco do tipo Crow-Omaha.[3] Mas, apesar de tudo isso, faziam sentido, pois segundo a descrição de Nimuendaju (1946), possuíam metades matrilineares exogâmicas, a mulher era proprietária das roças e das casas e tinha bastante prestígio dentro do grupo. Assim sendo, os Timbira eram um caso "normal", segundo as teo-

---

[3] Sistemas terminológicos Crow-Omaha são heuristicamente conceituados aqui como as terminologias onde as gerações deixam de ser discriminadas e onde EGO equaciona seus primos cruzados com membros das gerações ascendentes e descendentes. Para maiores considerações sobre esse sistema, ver o Capítulo IV.

rias correntes que correlacionavam linhagens com terminologias Crow-Omaha. Como o problema da terminologia Crow-Omaha acoplada com um sistema de troca simétrico (que seria o sistema dos Ramkokamekrá-Canela) nunca foi abordado em 1940 e só começa a ser enfrentado por Rodney Needham nos anos 50, era então possível ordenar superficialmente o material Timbira (cf. Needham, 1960, 1964, e também Keesing, s.d.)

Mas se esses traços eram normais e caracterizavam os Timbira Orientais, eles não existiam entre os Apinayé, cuja organização social era também dominada por um dualismo característico destas sociedades, mas cujos casamentos se faziam de acordo com um sistema matrimonial prescritivo a quatro grupos, com um curioso modo de incorporação de novos membros (cf. Nimuendaju, 1956). Enquanto os Timbira de Leste possuíam metades supostamente exogâmicas e matrilineares, os Apinayé possuíam quatro grupos matrimoniais e descendência paralela, isto é, os filhos são incorporados no grupo do seu pai e as filhas no grupo de sua mãe (cf. Maybury-Lewis, 1960a).

A descoberta de classes matrimoniais entre os Apinayé, entretanto, não foi o único elemento que colocou essa tribo como diferente. Contribuiu muito para isso a lista de termos de parentesco publicada por Nimuendaju, que se caracterizava por duas ordens de fatores paradoxais: (a) os termos eram os mesmos, na sua maioria, que os encontrados entre os outros Timbira e Kayapó, mas (b) o sistema era totalmente discrepante do padrão Timbira e não se conformava facilmente a um padrão Crow-Omaha ou quaisquer outros.

Os Apinayé, entretanto, ficaram conhecidos na literatura antropológica mais pelo seu sistema matrimonial (dos chamados quatro *kiyê*, Nimuendaju 1956: 26) do que pelo seu sistema de parentesco. A razão para isso é, sem nenhuma dúvida, o fato de que é mais fácil postular soluções para um elemento de um sistema

INTRODUÇÃO

social tomado isoladamente do que procurar interpretar o elemento sob análise tendo em vista o sistema como uma totalidade. Se Murdock, por exemplo, que equacionou esses *kiyê* com seções do tipo australiano (Murdock, 1949: 332), estivesse mais convicto deste princípio, ele certamente teria modificado sua interpretação e feito incursões mais proveitosas no sistema de parentesco Apinayé descrito por Nimuendaju. Nos anos 1940, porém, os únicos antropólogos que chegaram perto de tal tipo de análise foram Kroeber, Henry e Lévi-Strauss (cf. Maybury-Lewis, 1960), mas eles não tomaram os *kiyê* como parte de um sistema de regras mais inclusivo. Isso, de fato, só foi realizado muito mais tarde, em 1960, quando Maybury-Lewis retomou o mesmo problema num artigo já mencionado e que foi fundamental para a definição dos problemas que abordaremos neste livro.

Quando se procura entender o sistema dos quatro grupos matrimoniais que trocariam mulheres em conjunção com a matriz dual do sistema social Apinayé, a situação se complica. Daí a sugestão, a meu ver correta, de Maybury-Lewis, de que os *kiyê* seriam uma instituição secundária, que esses grupos não regulariam o matrimônio e que, algumas equações do sistema terminológico Apinayé seriam de difícil explanação dado o material de Curt Nimuendaju. Em outras palavras, o artigo de Maybury-Lewis mostrou mais uma vez que instituições sociais não podem ser estudadas isoladamente e que, quando se procuram inter-relações de instituições, se tem a possibilidade de descobrir novos problemas. O artigo citado, deste modo, começa por sugerir uma solução para os grupos matrimoniais e para a descendência Apinayé e termina com o problema (ainda não resolvido e que será abordado extensivamente mais adiante, vide Cap. IV) de ter uma terminologia de parentesco onde o princípio de geração não é levado em conta, operando num sistema marcado por uma organização dualista.

Numa perspectiva geral, portanto, os Jê se distinguiam dos outros grupos da América do Sul pela sua "pobreza tecnológica" e sua formidável organização social. E, entre os Jê, os Apinayé se destacavam como o grupo discrepante, dado o seu sistema matrimonial semelhante ao dos sistemas australianos.[4]

Um dos objetivos deste livro é mostrar como os Apinayé podem ser vistos como parte dos outros Jê, em geral, e dos Jê do Norte, em particular. Na tentativa de reduzir e exorcizar a anomalia Apinayé, várias hipóteses e sugestões que se aplicam aos outros Jê serão desenvolvidas. A principal é a de que essas sociedades aplicam, em maior ou menor escala, a máxima romana enunciada por Maquiavel, *divide et impera*, como o princípio básico de sua organização social. Assim, dividindo lealdades de grupos e de indivíduo para com indivíduo, não deixando que uma relação que é básica num domínio contamine relações básicas em outros domínios, os Jê conseguem desenvolver um tipo especial de sistema social e uma solução extremamente viável e nada original para resolver as diferenças internas entre indivíduos e grupos sociais.[5]

2. DADOS E TEORIAS: COMO O ESTUDO FOI REALIZADO

Em certo sentido, qualquer estudo científico visa reduzir descontinuidades, liquidar anomalias, numa palavra, buscar os princípios

---

[4] As últimas tentativas de "solucionar" o sistema Apinayé (como um sistema onde existiria a troca prescrita de irmãs ou o casamento com a prima cruzada) foram apresentadas por Robin Fox (1967: 144-145) e T. Zuidema (1969). Ambas contrariam flagrantemente os fatos etnográficos. Claude Lévi-Strauss, na última edição do seu clássico *Estruturas Elementares...*, também se refere ao sistema Apinayé sem, entretanto, acrescentar nada de novo às interpretações anteriores (cf. 1969: 288-229). Já Floyd Lounsbury e Harold Scheffler retomam o sistema de parentesco Apinayé e sugerem para ele uma solução formal no contexto de um inquérito comparativo extremamente fecundo. Tento fazer um balanço destas interpretações em "O Sistema de Relações Apinayé: Terminologia e Ideologia".

[5] Como o leitor observa, devo esta formulação à obra de Max Gluckman (1965: 111ss).

INTRODUÇÃO

ordenadores capazes de darem sentido a um conjunto de dados anteriormente considerados como discrepantes, extraordinários ou marginais. Este trabalho não foi realizado com outro espírito, e se, na parte anterior, mencionei o objetivo e alguns dos problemas centrais da pesquisa, este é o momento de falar das condições em que levei a efeito minha experiência de campo.

Na tentativa de explicitar as condições de campo, pretendo levar a sério as admoestações de Maybury-Lewis porque, como ele, também acredito que a descrição da situação da pesquisa pode pelo menos dizer alguma coisa sobre a personalidade da pessoa que a conduziu. Mas devo observar que não compartilho da mesma fé de Maybury-Lewis de que é possível ver o trabalho de campo desapaixonadamente e que tal perspectiva facilitará a compreensão de que "existem situações de campo mais ou menos difíceis, do mesmo modo que há línguas mais ou menos difíceis" (Maybury-Lewis, 1967: XX). Essa opinião, ainda que bastante razoável, traduz, a meu ver, uma visão demasiado simples de um problema que implica numa relação extremamente complicada entre sujeito e objeto de investigação.

De fato, o trabalho de campo em Antropologia Social tem como uma de suas características um profundo envolvimento do pesquisador com o seu objeto de estudo que, nesta área das Ciências Sociais, não é um documento distante ou uma fria frequência estatística, mas um conjunto de pessoas, identidades e relações sociais caoticamente percebidas pelo investigador nos seus primeiros momentos de trabalho. É a partir deste conjunto nebuloso que o antropólogo procura inventar uma forma e com ela iluminar suas hipóteses e teorias. Em Antropologia Social, então, o pesquisador produz seus próprios documentos, cria os seus dados e muitas vezes inventa suas técnicas de trabalho. De tal sorte que a prática do seu ofício, conforme já sugeriu brilhantemente Rodney Needham

(1963), muito se assemelha ao ato de enxergar (ou ao ato de voltar a ver).

Na minha própria experiência de campo, não poderei jamais me esquecer da sensação de sufocamento sentida após os primeiros meses de convivência intensiva com os índios, quando me sentia distante dos problemas teóricos que me conduziram à aldeia e cada vez mais tomava parte na vida cotidiana das aldeias Apinayé. De tal modo que participar intensamente da vida diária da aldeia correspondia, num sentido muito concreto, a perder de vista as técnicas, os modelos e as aldeias de diagrama que havia estudado no meu gabinete do Museu Nacional. Tudo isso conduz a uma imensa dificuldade no momento de transformar essa experiência concreta e marcante em dados sociológicos. Pois que tal ginástica depende não só dos objetivos básicos do pesquisador (inclusive do que estava preparado ou não para "ver"), como também das dificuldades inerentes a toda e qualquer descrição literária quando o autor procura traduzir experiências totais e que o atingiram globalmente como ser humano, através de um meio único e linear como a escrita, por mais licenças poéticas que possa dispor para atingir os seus objetivos.

A vida numa aldeia Apinayé, lá entre eles, chegava a mim por todos os meios. Eu podia ver, ouvir, sentir odores, distinguir emoções. Os índios tinham forma, peso, e com o passar do tempo aprendi a gostar de uns mais do que de outros. Ali eu tinha uma residência e uma cama, dormia e sonhava e vivia o ritmo das manhãs de sol ou de chuva quando a aldeia ficava estranhamente paralisada. Numa palavra, a vida no mundo dos Apinayé era o meu "aqui" e o meu "agora", minha única realidade, imerso que estava na sua estrutura de plausibilidade. Mas o que acontece neste momento quando escrevo estas linhas?

Neste momento, minha realidade é o mundo do Rio de Janeiro. E o mundo Apinayé está distante, perdido nas camadas espessas

INTRODUÇÃO

da minha memória e da minha nostalgia. Como poderei jamais reduzi-lo a um conjunto de capítulos que, por sua vez, pretendem explicitar o que acredito ser um conjunto de regras fundamentais, norteadoras desta realidade que hoje está diante dos meus olhos traduzida numa massa de notas, mapas, números e datas? Será isso realmente possível? Só poderei responder afirmativamente caso me convença — como felizmente acontece — de que o que falo da vida dos Apinayé aqui é apenas um fragmento filtrado da sua realidade social. E um fragmento colhido e recriado a partir das teorias que li, das hipóteses que aprendi, das sugestões que procurei levar avante neste doloroso passo que foi a tentativa de sair de mim mesmo e da minha cultura para me aventurar no imenso cerrado do Brasil Central, até o Norte de Goiás. E nesta viagem levei não só o armazém do etnólogo, mas também o meu medo, a minha loucura e as minhas esperanças. De tal modo que o filtro por onde foi destilada a experiência Apinayé é um filtro especial, capaz de sempre conduzir as equações entre o povo estudado e o homem que o estuda. Por isso o trabalho do antropólogo sempre comporta a anedota mais séria que se pode contar, sinal de toda a sua fragilidade e de toda a sua força: a de que todos os etnólogos são muito parecidos com os grupos que estudam. A antropólogos sofisticados correspondem grupos sofisticados; aos tímidos, sociedades tímidas; aos artistas, tribos de homens e mulheres supersensíveis.

 É difícil dizer como é o meu caso, mas lendo novamente minha experiência — tal como ela aqui se cristaliza — vejo um pouco demais a ordem e um pouco de menos as confusões dos homens metidos que sempre estão nos dilemas causados pela perfeição de suas regras e o desafio perpétuo que o mundo diário lhes traz. É este o dilema que hoje procuraria estudar, caso pudesse retornar ao ano de 1962, quando vi pela primeira vez esses índios Apinayé.

 Fiz três visitas aos Apinayé. Na primeira, de 14 de setembro a 8 de novembro de 1962, os índios apareceram aos meus olhos como reivindicativos e extremamente conscientes da sua situação *vis-à--vis* à sociedade brasileira regional. Tivesse eu escrito um relatório desta primeira fase de pesquisa, esse relatório seria marcado pelos traços acima, plenamente objetificáveis com um bom número de dados quantitativos e qualitativos. Felizmente, hoje posso explicar como esse relatório teria apresentado uma visão parcial da sociedade Apinayé e também entender por que esses aspectos apareceram nos meus primeiros dados tão claramente.

O que fez os Apinayé aparecerem nesta primeira etapa de campo como índios conscientes da situação de contato pode ser explicado satisfatoriamente por duas ordens de fatores. Primeiro, os meus interesses pessoais; segundo, o abandono crônico das populações regionais, indígenas ou não. Analisemos apenas o segundo fator.

A falta de assistência às regiões do interior do Brasil é uma consequência de submarginalidade destas populações segregadas que estão dos grandes centros urbanos do litoral e interior. Em 1962, um mero passeio pelas ruas de Tocantinópolis era suficiente para despertar uma curiosidade tão grande que chegava a embaraçar, especialmente quando os regionais sabiam que nossa nacionalidade era brasileira.[6]

Foram várias as ocasiões em que fui considerado "Gordo", "Forte", "Branco", "De maneiras finas", enfim, perfeito patrão em potencial. De fato, a distância entre minha mulher, eu e a população local era tão grande que seria ilusão acreditar que num curto espaço de tempo nós conseguiríamos ganhar a confiança dos índios e nacionais para obter dados mais reveladores da situação Apinayé.

---

[6] É sabido no interior do Brasil que só quem viaja pelo sertão é "estrangeiro", i.e., americano, inglês ou alemão. Daí a surpresa dos regionais quando verificavam que eu era brasileiro e ali estava para estudar os índios. Assim sendo, quando passei por Goiânia em 1966, um dos jornais publicou no dia seguinte, com certo entusiasmo: "*Antropólogo brasileiro* fará pesquisas sobre os Apinayé" (in *O Popular* de 5 de janeiro de 1966. O grifo é meu).

INTRODUÇÃO

A situação de campo pode ser tomada como um processo dialético. Índios passam a ser informantes, assim como o pesquisador passa de estranho completo a antropólogo social (i.e., um personagem interessado em escrever e ouvir sobre certos problemas especiais). Pois bem, minha experiência no Brasil Central é a de que são precisos pelo menos três meses para que a população local se convença de que aquele "branco-rico-gordo-fino" que toma nota de tudo não é um agente do governo, um espião, ou um débil mental.[7] E, evidentemente, o dado sociológico aqui é que os regionais dificilmente podem conceber uma visita cujos propósitos são o de estudar índios. Projetando-se no visitante, eles o veem sempre desempenhando papéis mais instrumentais, como o descobridor de minas de ouro e diamantes, que uma vez me foi lisonjeiramente atribuído em Marabá.

A consequência disto, em termos de relacionamento, é a de que a população local procura aproveitar-se da presença do estranho e dizer a ele o máximo acerca de sua própria situação. Assim sendo, nos meus dois primeiros meses com os Apinayé (e, por implicação, com a população local, inclusive o agente do então Serviço de Proteção aos Índios),[8] ouvi reivindicações, reclamações e desculpas — material que infelizmente não transcrevi com o espírito crítico desejável. Assim, em vez de procurar esclarecer e melhor esmiuçar a situação em que me achava envolvido no papel compulsório de

---

[7] Isso não é figura de retórica. Em várias ocasiões procurei convencer os regionais que o pessoal do Summer Institute of Linguistics, localizado entre os Apinayé, ali estava interessado apenas no estudo da língua e na Bíblia. Mas alguns regionais teimavam que eles eram espiões que transformavam a língua indígena em código, além de pesquisarem sobre as riquezas minerais. Uma vez, constatei furioso que um forasteiro que passava pela aldeia tomava-me como vítima de alguma debilidade mental, após ter verificado que ali estava estudando índios. No seu entender, isso se denunciava pelo contraste entre as minhas maneiras (e inteligência) e o "desperdício" que fazia das minhas supostas qualidades, "perdendo tempo numa aldeia, quando podia estar ganhando dinheiro no Rio ou em São Paulo".

[8] Atualmente Fundação Nacional do Índio, agência governamental encarregada de controlar os contatos entre índios e brasileiros, bem como proteger os interesses indígenas. Doravante referida como FUNAI ou SPI.

mediador entre os índios (ou regionais) e governo,[9] na maioria dos casos eu apenas digeria as situações sem nenhuma pergunta ou dúvida.

Meus interesses pessoais interferiram neste primeiro contato com os Apinayé de modo bastante claro. Há uma frase usada em cinematografia que vale a pena mencionar, porque ela se aplica admiravelmente bem a esta situação. A frase diz o seguinte: "diretor, guia o teu olho", e é uma advertência àqueles que acreditam na objetividade total da fotografia. Do mesmo modo, o antropólogo não só pode orientar suas observações mas, e isso é ainda mais importante, somente observar o que está preparado para observar. Em outras palavras, o antropólogo pode também orientar sua pesquisa para certos aspectos da sociedade em estudo, mas para fazer isso é preciso primeiramente que ele "veja" os dados.

Assim, quando os Apinayé diziam "antigamente era tudo diferente", "hoje está tudo mudado" ou, mais frequentemente, "estamos perdendo a nossa lei", minha tendência era tomar essas opiniões sem nenhuma crítica e ao pé da letra. Com isso, ignorava não só as possibilidades de investigar em detalhe certos assuntos, como também a capacidade universal dos seres humanos de idealizarem o seu passado ou o seu futuro. Idealizar o passado, como faziam os Apinayé, é um mecanismo sociológico fascinante e perfeitamente coerente com a situação da tribo. Mas tomar essa visão do passado como real é produzir má Antropologia Social.

Pois tal idealização não se referia somente aos costumes tribais, alcançando a própria situação de contato entre índios e brancos. Assim, ouvi em 1962 de um informante que antigamente (isto é, no tempo de Curt Nimuendaju, ou no tempo do "Curto", como

---

[9] Para índios e regionais, "governo" se refere a uma entidade sem forma, todo-poderosa, que tudo vê e sabe, mas que, como Deus, só interfere nas situações em ocasiões muito raras e sempre por intermédio de seus agentes. Daí, por exemplo, a visão Apinayé de que, embora eles não tenham suas terras demarcadas, nem assistência médica, o "governo" ainda está ao seu lado.

INTRODUÇÃO

falam os Apinayé) os moradores brasileiros sempre traziam presentes para os índios e "não queriam tomar nossas terras. Eram apenas vizinhos...". Essas declarações — como é óbvio — contrastam com todos os dados históricos disponíveis e com depoimentos colhidos posteriormente com esse mesmo informante.

Vejo bem hoje que muitas dessas respostas eram apenas uma maneira de calar minha curiosidade sobre certos aspectos da sociedade Apinayé, e isso era feito porque os índios (como todos os homens) não gostam de falar de certas áreas desagradáveis de sua sociedade, como os conflitos e desvios em geral. Quando, por exemplo, perguntei a um dos membros da facção oposta à do atual chefe como os Apinayé plantavam suas roças, se individual ou coletivamente, ele me respondeu que antigamente usavam a forma de plantio coletivo, mas hoje — que ninguém obedecia ao capitão — tinham que lançar mão somente da primeira alternativa e plantar individualmente. Para mim, neófito no campo e ignorante dos modos de plantação de roças, a resposta se configurava como um dado ineludível de mudança social provocada pelo contato com o branco. Mas o que descobri posteriormente foi que os Apinayé continuavam a plantar coletivamente (ou melhor, havia etapas do trabalho agrícola que eram realizadas de modo coletivo e outras de modo individual) e, ainda, que o informante não estava procurando me responder sobre agricultura, mas denegrir a figura do Chefe, lançando dúvidas claras sobre sua autoridade como cabia a um membro destacado de uma facção oposta, que estava tendo a oportunidade de falar dos negócios de sua aldeia a um estranho e provável membro do governo.

Sem entender o sistema político Apinayé e com tênues ideias sobre os modos alternativos (mas não mutuamente exclusivos de plantio coletivo e individual), eu me perguntava se afinal isso era um problema moderno, provocado pela mudança social, ou era um problema estrutural, havendo uma correlação entre a harmonia da força de trabalho, a autoridade do Chefe e o faccionalismo, como é efetivamente o caso.

Mas em 1962, ocasião desta primeira visita, eu era suficientemente ingênuo para não levar o problema adiante, certo de que a situação que observava pela opinião do informante era uma expressão clara de mudança social.

E foi assim que, tanto eu quanto os Apinayé, nos utilizamos da mudança social como um bode expiatório para racionalizar condutas desagradáveis, aspectos complexos do sistema social e falta de entendimento de certos problemas etnográficos. Por exemplo, foi só na minha segunda estada no campo que comecei a compreender a natureza do sistema de parentesco Apinayé e as suas possibilidades de manipulação. Por conseguinte, é típico desta primeira estada de campo observações como esta, que tomo a liberdade de transcrever diretamente do meu diário de campo de 1962:

"Tenho a anotar que o informante mostrou-se inseguro e suas informações foram inconsistentes em relação a alguns termos de parentesco, especialmente os para os primos cruzados. Ainda com relação a esses termos disse o Grossinho que às vezes a gente chama a pessoa por um termo que indica uma relação próxima (e incestuosa), mas que isso "não vale nada". É evidente que isso demonstra o esvaziamento do conteúdo dos termos de parentesco — eu concluía então — e a perda gradual do seu significado. É claro que isso é uma consequência da mudança sociocultural."

Como se observa, eu não compreendia bem a natureza do sistema de parentesco Apinayé e atribuía ao contato e à mudança cultural dele decorrente certos traços do sistema que não podia ex-

INTRODUÇÃO

plicar. Assim, em vez de enfrentar o sistema em sua complexidade, eu o reduzia a uma anomalia causada pelo contato antes mesmo de começar a entendê-lo. Deixem-me apenas dizer, à guisa de defesa, que esse erro é comum até mesmo entre eminentes antropólogos.[10] Mas essa primeira fase de campo também trouxe resultados positivos. Os principais foram os seguintes: um detalhado censo, com a composição de todos os grupos domésticos e algumas genealogias, listas de grupos cerimoniais e nominadores, além de material sobre o contato cultural. De fato, após minha primeira visita, eu sabia pouco sobre a vida social Apinayé, mas havia aprendido muito sobre as dificuldades de fazer uma pesquisa entre um grupo Jê, somando essa experiência à dos Timbira-Gaviões, que havia estudado em 1961 com Julio Cezar Melatti.[11]

Meu segundo período de campo só foi iniciado mais tarde e transcorreu de 6 de janeiro a 19 de março de 1966.[12] Nesta fase eu estava mais bem preparado teoricamente e gozava de alguns anos de familiaridade com o material Apinayé. Além disso, de 1962 a 1966 foi a fase em que outros membros do Harvard Central-Brazil Research Project começaram a chegar ao Brasil e a apresentar ao Museu Nacional, Rio de Janeiro, e em Harvard os seus primeiros resultados de pesquisa.

Mais ou menos alertado para os problemas mencionados acima, na minha segunda fase de campo eu orientei a pesquisa para os aspectos mais problemáticos da organização social dos Apinayé. Foi quando colhi alguns dados sobre sistemas de classificação, pas-

---

[10] Veja-se, por exemplo, a discussão entre Claude Lévi-Strauss e L.R. Hiatt, onde o primeiro usa o argumento do contato e da mudança social para defender seus modelos dos sistemas sociais australianos certeiramente atacados por Hiatt (cf. DeVore & Lee, 1968: 210ss.).

[11] Os resultados desta pesquisa estão publicados. Veja DaMatta, 1963, 1967a e Laraia e DaMatta, 1967c.

[12] A interrupção foi motivada por minha estada em Harvard como "estudante especial" e por dificuldades de financiamento para a pesquisa após meu regresso ao Brasil.

sei a dominar melhor os aspectos a serem investigados e ampliei razoavelmente o meu vocabulário da língua Jê, sem, entretanto, chegar a falá-la. Por outro lado, nesta segunda fase, eu passei a controlar muito mais os dados do contato.

Entre a primeira e a segunda viagem, assim como entre a segunda e a terceira, parte do material colhido foi preliminarmente elaborada. Foi quando ficou claro que a experiência Apinayé confirmava minha experiência anterior com os índios Gaviões como uma sociedade cujas regras eram bastante flexíveis. De fato, enquanto Nimuendaju descreve os Timbira como sociedades aparentemente rígidas, onde existem poucas oportunidades para variações, os Gaviões e os Apinayé que eu conhecia e havia experimentado eram exatamente o oposto (cf. DaMatta, 1967c).

Entretanto, cheguei a essa conclusão penosamente, descobrindo primeiro que nem os Gaviões, nem os Apinayé possuíam grupos exogâmicos (metades ou *kiyê*); segundo, que apesar do sistema de parentesco ser do tipo Crow-Omaha, ele não estava acoplado a linhagens matri ou patrilineares; terceiro, que as metades de Nimuendaju eram grupos básicos em cerimoniais, mas francamente inoperantes na vida cotidiana; quarto, que os limites do sistema de parentesco constituíam uma esfera que trazia embaraço não só ao antropólogo (obviamente ignorante das categorias de relações Jê) como também aos próprios índios. Felizmente essas descobertas confirmavam outras, então realizadas por nossos colegas Julio Cezar Melatti, Terence Turner e Jean Carter Lave entre os Krahô, Kayapó e Krikati, respectivamente (cf. Melatti, 1967, 1970, 1973; Turner, 1966; e Lave, 1967). Chegou-se então à importante conclusão de que, afinal, o contato não deveria ser fundamental na explicação das variações e manipulações que ocorriam no sistema social Apinayé, especialmente na área política. Do mesmo modo, ficou claro que um dos problemas fundamentais da pesquisa era

INTRODUÇÃO

interpretar e, se possível, explicar as inter-relações entre a teoria e a prática social Apinayé. Mas é evidente que isso só poderia ser resolvido quando fossem resolvidas as anomalias teóricas mencionadas linhas atrás.

Em 1961, entre os Gaviões, procurei desesperadamente por metades exogâmicas. Meus esforços foram inúteis porque eles não possuíam linhagens, nem metades exogâmicas. Entre os Apinayé, a procura dos *kiyê* foi uma constante até que verifiquei que os Timbira seriam mais bem interpretados por um "modelo polinésio" do que por um "modelo africano" — ou seja, por um sistema de regras abertas onde um dado ator tem vários pontos de referência para o seu comportamento, cada qual representado por um grupo que pode ser tomado como dominante em certos contextos, mas que não é dominante em todos os contextos. Já os "modelos africanos" postulariam regras onde um ator não teria tais escolhas, já que um grupo (formado em geral por meio de descendência unilinear) domina e contamina toda a vida da sociedade (cf. Barnes, 1962, e Goodenough, 1955).

Hoje estou mais ou menos convencido de que Nimuendaju deu uma enorme ênfase à vida cerimonial Apinayé e Canela, bem como a tudo aquilo que certos informantes de confiança (entre os Apinayé, como verifiquei no campo, eram três) lhe contavam. Mas o preço desta visão e deste método foi descrever intensa e extensivamente regras e ações estereotipadas, relegando a um plano secundário a vida política e cotidiana da tribo.

Custou-se, assim, cerca de onze meses de campo (a terceira fase foi de 6 de dezembro a 17 de abril de 1966-67 e a quarta fase de julho a novembro de 1970), a compreender que os Apinayé não eram os índios de diagrama que havia conhecido nos livros de Lévi-Strauss e Nimuendaju e que eles, tanto quanto nós, também distorcem regras e são sistematicamente forçados a lutarem contra uma realidade cotidiana que tende a conduzir à inconsistência e ao conflito.

Minha gradual compreensão da sociedade Apinayé, porém, não teve os lances dramáticos que frequentemente acompanham o trabalho de campo. Pois o drama tem, entre outros ingredientes, sua parcela de exotismo, e o exotismo é função de diferenças e semelhanças entre os homens e as sociedades. E trabalhar com os Apinayé é viver num meio caracterizado pela sonolência da continuidade da vida do sertão.

Mantendo contato permanente com a sociedade brasileira regional desde o século XVIII (cf. Nimuendaju, 1956: 2), os Apinayé se distinguem dos regionais por uns poucos traços que tendem a desaparecer. No caso masculino são os cabelos (maiores que os usados no sertão), os furos dos lábios e orelhas (somente encontrados nos homens mais velhos da tribo), e, no caso das mulheres, a vestimenta que deixa o busto nu, exceto quando vão a Tocantinópolis. Ambos os sexos, por outro lado, falam bom português quando atingem a idade adulta, o que faz com que o antropólogo (especialmente se ele for brasileiro) tenda a colher informações nesta língua, tal como foi o meu caso.

Na primeira etapa de campo passei a maior parte do tempo entrevistando os índios em suas próprias casas, enquanto minha mulher fazia o mesmo com alguns informantes do sexo feminino. Boas relações com os Apinayé são fáceis de ser estabelecidas, e logo que os índios entenderam que ali estava "para fazer a mesma coisa que o Curt Nimuendaju havia feito", muitos vieram me perguntar se eu era "Curto *tamtxúa* (= 'neto' ou 'sobrinho' do Curt)!". Na segunda fase de campo, continuei fazendo entrevistas, com a diferença de que as sessões ficavam mais refinadas na medida em que eu me concentrava em certos tópicos. Assim é que, para grande parte do material, tenho transcrições das perguntas e das res-

INTRODUÇÃO

postas feitas aos informantes, uma técnica que se revelou bastante útil para controlar as condições em que os dados foram obtidos.

Na terceira fase de campo, continuei utilizando a mesma técnica de entrevista formal e informal, geralmente paga e feita na minha própria casa, único local onde era possível a concentração em certos tópicos e obter do informante material considerado confidencial. Foi assim que consegui a maioria dos meus dados sobre fuxicos, feitiçaria, matança de gado regional e conflitos, temas extremamente delicados e capazes de colocarem o informante em situação crítica perante o grupo. A maioria das minhas entrevistas e informações, portanto, foi obtida com a ajuda de entrevistas e observações durante certas horas do dia (refeições, banho e à noite, após o jantar). Presenciei poucos rituais e nenhum funeral ou casamento.

A vida no mundo dos Apinayé transcorre sem o exotismo que marca o trabalho de campo em outras sociedades. Ou o pesquisador se esforça para colher os dados, procurando os informantes e marcando avidamente uma entrevista onde se vai tentar descrever situações do presente e, às vezes, reconstruir o passado, ou simplesmente não se consegue obter dados capazes de permitirem o estabelecimento de uma razoável "linha base" para o estudo da mudança social.

Uma das diferenças básicas entre a minha experiência de campo com os Gaviões do médio Tocantins e os Apinayé é que, na primeira pesquisa, era simplesmente impossível viver sem perceber e observar o que os índios faziam. O cotidiano dos Gaviões desfilava diante da minha choça e não era possível ignorar suas decisões, seus movimentos e suas crises. Mas entre os Apinayé logo verifiquei que poderia morar dez anos nas suas aldeias e nada saber a respeito de sua vida social, pois era precisamente isso o que ocorria com os sertanejos que frequentavam as suas aldeias e com o pessoal do Posto Indígena. É que a primeira sociedade não tinha ainda tido tempo de criar as antessalas protetoras do contato social, domínios onde brancos e índios interagem marcados por suas posições no sistema de dominação estabelecido pela sociedade brasileira. Sendo assim, os Gaviões simplesmente tratavam os brasileiros como estrangeiros indesejáveis e os caracterizavam de acordo com o seu sistema de classificação. Não conheciam os títulos demarcadores de superioridade econômica, política ou social. Para eles, todos eram *kupen* (= estrangeiros, brancos).

Entre os Apinayé, porém, o contato prolongado com a sociedade nacional havia criado um sistema de relações interétnicas de tal modo que um Apinayé era capaz de ser um índio submisso diante do estrangeiro, mas revelar-se um líder autoritário quando se discutia uma crise de divórcio ou um furto. No caso Apinayé, eu estava diante de um sistema muito mais complicado, uma sociedade com dupla face.

É evidente que colher material nestas circunstâncias sujeita o pesquisador a indecisões e vacilações, pois muitos dos dados dependem de sua percepção para o papel social que o informante está desempenhando e de informações verbais. Nesta situação, a "prova" ou teste para muitas das informações é totalmente dependente do confronto de duas entrevistas com dois informantes diferentes, de opiniões dadas pelo mesmo informante em diferentes ocasiões e, muito especialmente, da capacidade de ganhar a confiança de dois ou três informantes que conseguem entender claramente o que o antropólogo está tentando fazer na sua aldeia.

A etnografia obtida por essas vias é, sem dúvida, diferente das etnografias tradicionais, e como o meu palpite é o de que etnografias como as Apinayé serão as mais comuns no futuro, fico surpreso ao verificar que até hoje os chamados etnometodologistas não tenham ainda percebido e elaborado explicitamente essas diferenças.

Por outro lado, ficar alerta para essas diferenças não desmerece nenhum tipo de etnografia. De fato, sabe-se que, no campo, ambas as situações estão sempre presentes. Mas é preciso reconhecer as diferenças e, especialmente, descrever as dificuldades e a na-

INTRODUÇÃO

tureza do material colhido em condições que escapam aos padrões clássicos da pesquisa antropológica, *à la* Malinowski. Porque se a pesquisa Sirionó, Cubeo ou Yanomamo foi difícil em termos de confronto, aprendizado da língua e uma série de violações pessoais, a pesquisa Apinayé apresentou dificuldades de outra ordem. A pior, do ponto de vista metodológico, foi, sem dúvida alguma, a agonia da verificação do material, pois se tratava de muitas vezes testar informações que não haviam sido observadas e que podiam ser atribuídas à mudança social.

Do ponto de vista pessoal, minha maior dificuldade foi conseguir um tipo de relacionamento no qual os Apinayé pudessem expressar suas opiniões sem levar em conta o que eles pensavam que fosse minha opinião. Pois, como todo mundo, o pesquisador carrega uma constelação de papéis, e entre eles eu trazia o de brasileiro e brasileiro rico. Assim sendo, nunca deixei de notar, especialmente por parte de certos informantes, uma certa vontade de concordar para agradar, traço típico das relações entre patrão-empregado no Brasil Central. No início da pesquisa, esse papel interferia em quase todas as minhas relações. Mesmo depois de adotado e nominado, sempre houve distância entre minha família e os índios. Assim, os Apinayé contrastam flagrantemente com os Gaviões que, ao pedir objetos ocidentais, conseguiam fazê-lo com tanta altivez, dureza e arrogância que o ato de pedir era, na verdade, uma agressão (cf. DaMatta, 1963). Mas enquanto os Gaviões ainda podiam ser temidos como selvagens, os Apinayé sabem que ninguém os teme. Assim, o comportamento com o branco rico (antropólogo, agente governamental de vários quilates, missionário etc.) revela muito da humildade servil do sertanejo pobre.

Enquanto entre os Gaviões meu problema era manter a distância entre os índios e o antropólogo,[13] entre os Apinayé o problema

---

[13] Tudo leva a crer que esse é um problema crucial em certas situações. Os antropólogos o definem como "falta de vida privada" (cf. Maybury-Lewis, 1967; Chagnon, 1968: 8), mas a situação pode ser definida como um estresse relacionado aos conflitos engendrados pela situação antropológica.

era como reduzir a distância, fazendo com que os índios soubessem que, se não podiam me considerar um igual, ao menos podiam me considerar menos superior. Foram inúmeras as vezes em que informantes me viram como brasileiro e tentaram me agradar. Numa delas, o Velho Estevão, meu nominador e introdutor na história e tradições da tribo, um dos meus melhores informantes, quando eu tentava obter dados sobre amizade formalizada, procurou encerrar o assunto dizendo simplesmente que não havia diferenças entre esta instituição e as relações brasileiras "padrinho-afilhado". E, em outras oportunidades, ele tentou traduzir termos de parentesco Apinayé para o português, ficando decepcionado com o meu conhecimento do sistema tradicional e algumas vezes contrariado com as perguntas que fazia sobre algumas áreas do sistema. Foi somente quando retornei aos Apinayé pela terceira vez, com toda a minha família, que pude sentir que as minhas relações com eles haviam se modificado e ficado mais firmes. Mas foi esse o padrão que, em geral, marcou minhas relações com todos os informantes.

Nas duas aldeias dos modernos Apinayé, tive oito informantes permanentes, usados em diferentes ocasiões e para diferentes assuntos. De todos eles, eu gostaria de acreditar que consegui obter um relacionamento simétrico com o chefe de São José, com o Velho Estevão, com o Kangrô e com Zé Tapklúd da aldeia de Mariazinha.

Pois ela, como o contato cultural ou social, se caracteriza por uma irresistível continuidade física conjugada à tentativa (ou necessidade) de manter a distância cultural (e social). É justamente a tentativa de manter a distância social (que viola um dos princípios básicos de sua ética semiromântica) que faz o antropólogo ficar tão sensível à proximidade física. Já os agentes do SPI e os missionários tendem a ser mais eficientes na resolução do mesmo problema. Pois eles simplesmente hierarquizam suas relações com os índios e assim não correm o risco de serem absorvidos pela tribo. Fica então resolvido o paradoxo do contato, exposto brevemente acima. Para maiores detalhes, veja Capítulo I e também DaMatta, 1974.

CAPÍTULO I

A SITUAÇÃO DOS APINAYÉ

Os modernos Apinayé vivem em duas aldeias situadas no município de Tocantinópolis, extremo norte do Estado de Goiás. Do ponto de vista geográfico, ocupam uma área de transição entre a floresta tropical e o cerrado que caracteriza grande parte da região divisora de águas do Brasil Central. É uma região marcada por matas ciliares ao longo dos ribeirões que correm para o Tocantins ou Araguaia e por campos cerrados que separam cada um desses ribeirões. Os Apinayé sempre construíram suas aldeias na região ligeiramente elevada que separa ribeirões, onde eles não precisam derrubar grandes árvores para conseguirem impor ao ambiente natural o estigma de sua cultura: aldeias circulares com uma praça no centro, marca registrada dos grupos Jê do Norte.

As aldeias, assim, têm a vantagem de estar em terreno ligeiramente elevado e perto de um curso d'água permanente. Vale dizer que entre a floresta ciliar e o campo cerrado, os Apinayé — como os outros Jê do Norte — preferem localizar suas aldeias no campo, utilizando a mata para a caça e a agricultura. As aldeias, assim, ficam situadas no alto de colinas e as roças sempre se localizam nas vertentes do lado do ribeirão, onde um pedaço da mata ciliar foi domesticado. É essa, ao menos, a impressão que se tem das suas aldeias atuais: São José e Mariazinha.

Além desses campos de vegetação rasteira e dos ribeirões com as florestas ciliares, essa parte do Estado de Goiás é coberta por palmeiras de babaçu (*Orbignia speciosa*). A ecologia Apinayé é, pois, a história da exploração de cada um desses nichos. A julgar pela experiência dos Kayapó e, especialmente, pela dos Gaviões (cf. Turner, 1966, e DaMatta, 1963), nos primeiros momentos do seu contato com o branco os Apinayé utilizavam basicamente a floresta e o campo cerrado, onde caçavam e praticavam uma agricultura de queimada e derrubada. O babaçu, nessa época, era explorado muito secundariamente, e o que os índios queriam da palmeira eram apenas as folhas — até hoje largamente utilizadas para a fabricação de esteiras, cobertura de casas, recipientes e brinquedos para crianças — e o óleo de amêndoa que servia para embelezar os cabelos dos homens e das mulheres.

Atualmente, porém, os Apinayé de Mariazinha e São José dependem menos da caça e mais da agricultura e da coleta da amêndoa de babaçu, vendida nos Postos Indígenas das suas aldeias. Enquanto a caça e a agricultura estão relacionadas a um modo basicamente Apinayé de exploração do ambiente natural, o babaçu como produto dotado de permanente valor de troca no mercado regional é uma atividade essencialmente dependente da dinâmica economia brasileira.

A ecologia Apinayé, portanto, depende da maneira pela qual a sociedade nacional brasileira vem limitando, estimulando, destruindo ou criando no ambiente natural, secularmente habitado pela tribo, produtos capazes de serem explorados pelos índios. Assim, em vez de procurar reconstruir como os Apinayé exploravam o seu ambiente antes do contato, vou descrever os efeitos desse contato e a própria situação de conjunção com a sociedade regional como parte do ambiente ecológico Apinayé. Falar das maneiras pelas quais os Apinayé tiram melhor partido do seu ambiente é falar

A SITUAÇÃO DOS APINAYÉ

também de como os índios sobreviveram ao contato com o branco e quais os mecanismos sociais que, de parte a parte, foram ativados para configurar a situação de conjunção.

Ver a ecologia Apinayé nesta perspectiva é, portanto, tomar o ambiente num sentido amplo, como ponto de conjunção e de passagem da geografia da tribo à sua história.

Os Apinayé começam a ser integrados à história do Brasil com a ocupação do sertão nordestino e com a intensificação da navegação do rio Tocantins. A ocupação do sertão do Maranhão, da Bahia e do Piauí é consequência da criação extensiva de gado que, no Período Colonial, servia para alimentar as populações dos engenhos litorâneos. Esse gado, avançando pelos sertões, acabou encontrando uma zona de campos naturais e foi alcançar o sertão goiano, na região onde os índios se acham atualmente. A área pastoril é, como salienta Melatti (Melatti, 1967: 18), fundamental para se entender a história dos grupos Jê do Norte. A navegação do Tocantins não é menos importante, mas, dadas as suas características de via de comunicação, o rio nunca chegou a ser a base de uma frente de expansão com propósitos e estrutura definidos. Pois o Tocantins e o Araguaia sempre foram usados por várias frentes de expansão, servindo basicamente como conexão entre diferentes fronteiras. Assim, embora o rio tenha sido um agente poderoso no que diz respeito à descoberta de tribos indígenas do Brasil Central, é só a partir de 1900, quando as amplas perspectivas da exploração de produtos vegetais (especialmente a castanha-do-pará — *Bertholletia excelsa* — e o babaçu) começam a se esboçar, é que suas margens vão servir como ponto de aglutinação populacional (cf. Laraia & DaMatta, 1967: 75).

No seu livro sobre os Apinayé, Nimuendaju menciona vários contatos dos índios com agentes da sociedade nacional desde o final do século XVIII, sem especificar, porém, qual o papel desempenhado por esses viajantes em termos de estrutura econômica regional.

É interessante apontar, no entanto, que todos os contatos historicamente comprovados entre os Apinayé e membros da sociedade brasileira mencionados por Nimuendaju (cf. 1956: 1-6) ocorreram nas margens do Tocantins. Isso se deve ao aumento da navegação pelo rio, devido ao declínio das minas de ouro de Goiás que geravam a necessidade de redistribuir parte da mão de obra utilizada nas minas em outras atividades. Foi, portanto, o término do ciclo do ouro em Goiás que provocou a tentativa governamental de reorientar a economia da região para o comércio (cf. Melatti, 1967: 15).

Com isso se fundam alguns núcleos populacionais nas margens do Tocantins e grupos tribais que eram desconhecidos ou ignorados passam a ser destruídos ou integrados nas esferas de influência das comunidades brasileiras regionais (cf. Laraia & DaMatta, 1967: 75). Coincidindo com a abertura do Tocantins e do Araguaia, as referências aos Apinayé tornam-se mais e mais precisas a partir do século XVIII. Assim é que, em 1774, Antonio Luiz Tavares, ao fazer sua viagem de Goiás ao Pará, teve uma escaramuça com um grupo tribal na área tradicional dos Apinayé. No *Roteiro do Maranhão a Goiás pela Capitania do Piauhi*, o nome da tribo não é mencionado, mas Nimuendaju simplesmente a toma como sendo um grupo Apinayé. Em fins do século XVIII, porém, os Apinayé entraram várias vezes em contato hostil com os brasileiros. Daí, segundo Nimuendaju, a fundação em 1780 de um posto militar em Alcobaça (atual Tucuruí) e outro em 1791 em Arapary (Nimuendaju, op. cit., p. 2). Em 1793 surgem as primeiras informações precisas sobre os Apinayé (chamados então, Pinaré ou Pinagé). Por essa época, eles viviam nas duas margens do Araguaia, estavam em contato com os Carajá e possuíam canos e grandes roçados de mandioca, tanto que o viajante Villa Real "aconselhou que se fizessem as pazes com essa tribo que podia ser de grande utilidade para a navegação do rio" (Nimuendaju, 1956: 3).

O final do século (1797) marca para Nimuendaju a fase do contato permanente entre os Apinayé e agentes da sociedade nacional. Esta é a data da fundação de São João do Araguaia e provavelmente quando pressões sobre o território indígena fizeram com que os Apinayé reagissem violentamente ao envolvimento pela sociedade regional. Foi quando viram suas plantações destruídas e, após o seu revide, tiveram suas aldeias bombardeadas com peças de artilharia.

Ao lado da progressiva ocupação e controle do rio Tocantins (e Araguaia) por elementos da sociedade regional, os Apinayé são também pressionados pela fronteira pastoril que avança de leste (litoral) para oeste, tendo como base a cidade de Caxias, no Maranhão. Foi assim que em 1816 fundava-se um povoado de população Apinayé e brasileira, logo integrado à atual cidade de Carolina. Em 1818, os Apinayé viviam em três aldeias, "eram tidos como pacíficos e industriosos e auxiliavam os viajantes na passagem das cachoeiras" (Nimuendaju, 1956: 4). Em 1823, eles se viram obscuramente envolvidos nas lutas faccionais de dois chefes políticos locais. Um tal de Antônio Moreira, que defendia os índios e era apoiado pelo governo de Goiás, e seu rival, José Maria Belém, representante dos interesses do Estado do Pará. Em 1823 os Apinayé participaram na luta pela Independência do Brasil, juntando-se, com um contingente de 250 guerreiros, às tropas de José Dias de Mattos (cf. Nimuendaju, 1956: 5).[1]

A história da tribo é, assim, a história da ocupação do norte de Goiás por representantes de uma frente pastoril e outra que utilizou o Tocantins e que, com certeza, era constituída de remanescentes das zonas de mineração de ouro do sul de Goiás.

---

[1] A tentativa de saber se o nome José Dias, do chefe Matúk e do seu filho Antônio Dias, tem alguma relação com esse José Dias de Mattos é hoje totalmente impossível de ser estabelecida.

A julgar pela história recente dos Gaviões, hoje situados nas matas tropicais do sul do Estado do Pará, margem direita do Tocantins, bem longe do território Timbira tradicional, é provável que os Apinayé tivessem tido um destino semelhante. Assim, pode-se dizer, com Nimuendaju, que ambas as tribos foram para oeste devido a pressões causadas principalmente pela frente pastoril que estava alcançando o Tocantins na sua margem direita, após ter cortado o território Timbira (cf. DaMatta, 1967: 143).[2] Cruzando o Tocantins, os Apinayé se localizaram na ponta de Goiás onde foram acomodados em certa área desta região. A menos que se queira entreter a hipótese (igualmente viável) de que os Apinayé teriam vindo de oeste para leste, sendo parte de um grupo Kayapó, pode--se dizer que as suas andanças são consequência direta de pressões territoriais que variavam segundo a frente que ocupava essa área.

De qualquer modo, as alianças com chefes políticos locais e a participação nas lutas pela independência são elementos importantes da sobrevivência da tribo. O fator mais importante, porém, deve ter sido o caráter da ocupação da área Apinayé.

Isso porque o extremo norte de Goiás nunca foi uma região utilizada de modo prioritário por nenhuma atividade econômica. No século XVIII, a área começa a ser ocupada por uma fronteira de expansão pastoril, cuja população é bastante rarefeita. Essa frente avançou vagarosamente, e, com certeza, o cruzamento do Tocantins fez com que perdesse algum ímpeto. A ocupação pela fronteira pastoril, numa palavra, deve ter deixado abertos alguns bolsões onde a população Apinayé pudesse sobreviver. Isso deve ter sido facilitado pela não destruição da vegetação da área. No século XIX, o babaçu começa a ser explorado mais intensamente. Assim, o gado e a lavoura passaram para um plano complementar,

---

[2] De acordo com a tradição da tribo. Cf. Nimuendaju, 1956: 127.

enquanto o coco de babaçu, extraído virtualmente em toda a extensão da área tradicional Apinayé, passou a ser a atividade principal.

Mas é preciso chamar a atenção para o fato de que o babaçu nunca passou a ser a atividade exclusiva da região. Assim, a lavoura e a criação de gado nunca deixaram de ser atividades importantes no município de Tocantinópolis. A julgar, por exemplo, pelos dados publicados em 1956 pelo IBGE, a produção agrícola de Tocantinópolis foi de 17 milhões de cruzeiros, a produção de amêndoas foi de quase sete milhões e a de óleo de babaçu foi de dois milhões.

O valor dos rebanhos era alto (150 milhões de cruzeiros só para os bovinos), mas é preciso considerar que a produção de carne e leite era relativamente pequena. Assim, em 1956, o município produziu três milhões e seiscentos mil cruzeiros de leite.

O resultado é que temos as somas de 17,9 e 3 milhões de cruzeiros (tantos reais em valores atuais) para, respectivamente, produtos agrícolas (especialmente o milho, o arroz e a mandioca), extrativa vegetal (babaçu) e pastoril, o que revela um equilíbrio entre as três atividades. Em outras palavras, o babaçu não domina a economia de Tocantinópolis de modo tão completo e marcante como a castanha dominava a economia de Marabá.[3] Isso se deve a vários fatores, entre os quais podemos salientar os seguintes:

a) O babaçu é colhido durante todo o ano e não durante o "inverno" (estação das chuvas — de outubro a abril), como a castanha;

b) O babaçu cresce numa área de campo e mata ciliar, sendo assim relativamente mais fácil de ser coletado. A castanha, por outro lado, cresce nas terras firmes da mata tropical e

---

[3] No mesmo ano e de acordo com a mesma fonte, a produção de Marabá foi a seguinte: produção agrícola = 411.000,00 cruzeiros. Extrativa vegetal (castanha) = 48 milhões de cruzeiros. Os rebanhos eram pequenos, bem como a produção de leite.

sua extração exige a montagem de um sistema socioeconômico relativamente dispendioso, conhecido pelo nome de *barracão*. Esse sistema, por outro lado, concentra a produção da castanha nas mãos de uns poucos comerciantes porque são eles que possuem o capital disponível para a exploração da castanha (cf. Laraia & DaMatta, 1967: 80, e Velho, 1972);
c) Finalmente, o babaçu é consumido nos mercados nacionais, especialmente Rio de Janeiro e São Paulo, ao passo que a castanha é produto a ser exportado para a Europa e Estados Unidos. Como consequência, o preço do babaçu é menor e mais estável, em contraste com os preços da castanha que são mais elevados e muito mais instáveis. A castanha assim atrai populações flutuantes do baixo Tocantins (que depois da safra voltam para o lugar de origem para garimpar diamantes) e do Norte de Goiás e Maranhão. O babaçu é, portanto, um produto essencial para a indústria comestível nacional, ao passo que a castanha é produto de luxo (ou periférico) no mercado internacional. Deste modo, crises políticas ou militares que implicam na participação das potências ocidentais podem e têm provocado a queda brusca dos preços pela supressão de compras. No caso do babaçu, isso não ocorre (cf. Valverde, 1957).

Esses fatores, como se pode supor, emprestam à área Apinayé um aspecto bastante diferente da área de Marabá onde estão situados os Gaviões. Realmente, parece ser um dado estrutural o fato de que, quando o produto procurado ou extraído é muito valioso, a fronteira de expansão tende a ser mais instável e mais letal em termos dos seus contatos com grupos tribais. Isso é, certamente, o que se verifica em Marabá. Assim, em vez de falar de diferentes frentes pioneiras como variáveis significativas para o contato e sobrevivência de grupos tribais, como faz Darcy Ribeiro (cf. Ribeiro, 1957: 23), prefiro tomar o valor relativo dos produtos que interessam às frentes como a variável significativa para a explicação do mesmo problema. Enquanto Ribeiro toma as frentes discriminadas em pastoril, agrícola e extrativa, prefiro tomar o valor do produto da frente, de modo a revelar como uma mesma frente — a extrativa — condiciona e estrutura dois tipos de relações diversas entre índios e brancos na região do Tocantins.

Pois enquanto Marabá, ao menos nos seus primeiros vinte anos de existência, configura-se como o exemplo clássico do padrão do "ciclo econômico", Tocantinópolis mantém-se relativamente constante com sua produção mais diversificada e, consequentemente, mais elástica. Em outras palavras, enquanto Marabá parece seguir o padrão típico das economias subdesenvolvidas e dependentes, onde uma atividade que traz altos lucros atrai bandeirantes que depois abandonam o local, deixando no lugar da cidade uma memória dos seus dias de glória e opulência, os casos clássicos sendo Manaus e o Maranhão (cf. Stavenhagen, 1968), Tocantinópolis desperta mais o espírito do pioneiro.

Assim sendo, Marabá sempre corre o risco de se tornar uma cidade fantasma todas as vezes que o preço da castanha oscila ou perde o valor no mercado internacional,[4] ao passo que Tocantinópolis mantém-se relativamente estável. Marabá é produto de um "boom" e sempre atrai aventureiros; Tocantinópolis nasceu com uma missão católica e nunca desfrutou de prestígio como uma cidade onde é possível se dar um golpe de sorte.

Como consequência, os habitantes de Marabá tendem a ver os índios que habitam a sua região (os Timbira-Gaviões) como

---

[4] Informações recentes sobre a região da castanha indicam, entretanto, que a frente extrativa nela baseada está se desdobrando e financiando investimentos na criação de gado. Isso foi sobremaneira facilitado e estimulado pela construção da rodovia BR-14, Belém-Brasília (cf. Velho, 1967 e 1972).

um dos obstáculos naturais que ameaçam a continuidade do seu sistema social e econômico. Do mesmo modo que as cheias do Tocantins, os preços no mercado internacional, a guerra e as crises militares fazem a safra valer muito ou pouco, os índios também são vistos como parte deste conjunto de forças "naturais" que ninguém entende ou controla adequadamente. Os altos lucros proporcionados pela castanha, então, estão correlacionados à instabilidade do sistema social. Declarações de um Prefeito de Marabá expressam bem, creio, o que foi dito acima. Em 1953, ele se referia aos índios Gaviões e seus *raids* sobre os castanheiros do seguinte modo:

> "A região do Tocantins está ameaçada de um colapso econômico, o que advirá forçosamente se continuar o atual estado de coisas, com os índios Gaviões atacando frequentemente os castanheiros, que atemorizados abandonam os trabalhos." (in *A Folha do Norte*, 29 de outubro de 1953).

Marabá, portanto, parece situar o índio como parte do mundo natural, totalmente fora das fronteiras da comunidade humana. Os habitantes de Tocantinópolis, ao contrário, fundam sua visão do índio Apinayé numa experiência histórica diversa, pois em Marabá a estrutura de poder tornou-se monolítica (os donos de capitais abarcando o comércio e as fazendas, bem como a estrutura política local). Mas, em Tocantinópolis, isso não ocorreu, já que o babaçu nunca dominou totalmente as outras atividades básicas e nem tende a ser organizado na base de uma estrutura onde são necessários altos capitais para sua produção em nível comercial. Como consequência, o índio é visto em Tocantinópolis como um ser ambíguo: semiparcela da comunidade humana. O Apinayé, assim, tem várias facetas que correspondem a vários papéis sociais. E muito embora a maioria delas seja negativa, isso já é o começo de um relacionamento mais complexo com a população regional.

A SITUAÇÃO DOS APINAYÉ

O envolvimento dos Gaviões parece ter sido o inverso e na direção de apenas uma escolha: ou ele se tornava um castanheiro pago abaixo do mercado de trabalho local (um índio-castanheiro), ou ele recusava esse papel e desaparecia (cf. Laraia & DaMatta, 1967). Já o envolvimento dos Apinayé foi muito mais no sentido de permitir um maior número de alternativas na ordem regional, embora em ambos os casos estejamos diante de uma mesma frente extrativa.

Um dos resultados mais palpáveis e dramáticos de tais envolvimentos foi a redução drástica da população Gavião, ao ponto de ser quase decretada a sua extinção por volta de 1961 quando ali estive por um período de campo (cf. DaMatta, 1963). O mesmo ocorreu com os Apinayé. Tomemos com detalhe os dados populacionais disponíveis para essa sociedade.

Em 1843, Cunha Mattos localiza quatro aldeias Apinayé com seus habitantes. Eram então as seguintes: Bom Jardim, próxima a Carolina, com 1.000 habitantes; Santo Antônio, a cinco léguas ao norte da primeira, com 1.300 habitantes; outra Santo Antônio, com 500 habitantes, e uma aldeia no Araguaia, com 1.400 habitantes. Em 1859, Vicente Ferreira Gomes calculou o número total dos Apinayé entre 1.800 a 2.000 índios. Como salienta Nimuendaju, em 35 anos haviam sido reduzidos para menos da metade! Coudreau, em 1897, viu três aldeias com um total de 400 habitantes e, em 1899, a tribo foi visitada por Buscalioni, que calculou o seu número total em 150! Nimuendaju, de 1928 a 1937, período em que visitou regularmente os Apinayé, calcula o seu número em 160 indivíduos (cf. Nimuendaju, 1956: 5-6).

A julgar pelos dados demográficos, por conseguinte, a ocupação do território Apinayé, embora tenha sido paulatina, não deixou de causar efeitos drásticos na população da tribo, que, em pouco menos de um século, foi bastante reduzida. Mas a vantagem de estar numa área de pouco valor econômico (ao menos durante os primeiros anos do seu contato com os brasileiros) salvou os Apinayé de um processo maciço de interação com a sociedade regional e lhes deu tempo para recuperar-se dos efeitos da depopulação.

Vejamos o que ocorreu com cada comunidade Apinayé (vide Figura 2), segundo os dados disponíveis:

Cocal
1842 = 1.400 hab. (Cunha Mattos, in Nimuendaju, 1956: 5).
1928 = 25 hab., três choças (Nimuendaju, 1956: 10).
1937 = "as três choças ainda existiam; raramente, porém, se encontrava algum morador em casa: viviam quase constantemente encostados em seus vizinhos neobrasileiros" (Nimuendaju, 1956: 10).

Esta é a aldeia já em águas do rio Araguaia (vide Figura 2). As impressões de Nimuendaju são bastante negativas e foram confirmadas pelos seus antigos habitantes que hoje sobrevivem na aldeia de São José (antiga Bacaba). Nimuendaju observou que nesta aldeia, além de existirem alguns Kayapó casados com mulheres Apinayé, alguns habitantes eram mestiços e de "aspecto decadente e pouco sadio". E acrescenta: "Viviam nas festas cristãs dos civilizados. Todas as noites havia bailes com violão" (Nimuendaju, 1956: 10). O processo de extinção dessa comunidade deve datar de antes de 1929, pois nessa época a aldeia já não possuía terras e se achava comprimida entre regionais.

Os dados que colhi sobre o Cocal confirmam Nimuendaju e ampliam o nosso conhecimento numa área em que o etnógrafo dos Jê foi bastante superficial: o sistema político. Pois são várias as informações que revelam rixas entre Apinayé e Kayapó e também entre certas facções Apinayé que, segundo alguns informantes, provocaram a saída da aldeia de algumas famílias. No capítulo sobre sistema político voltaremos a esse assunto, traçando a história de cada aldeia como expressão de certos princípios estruturais.

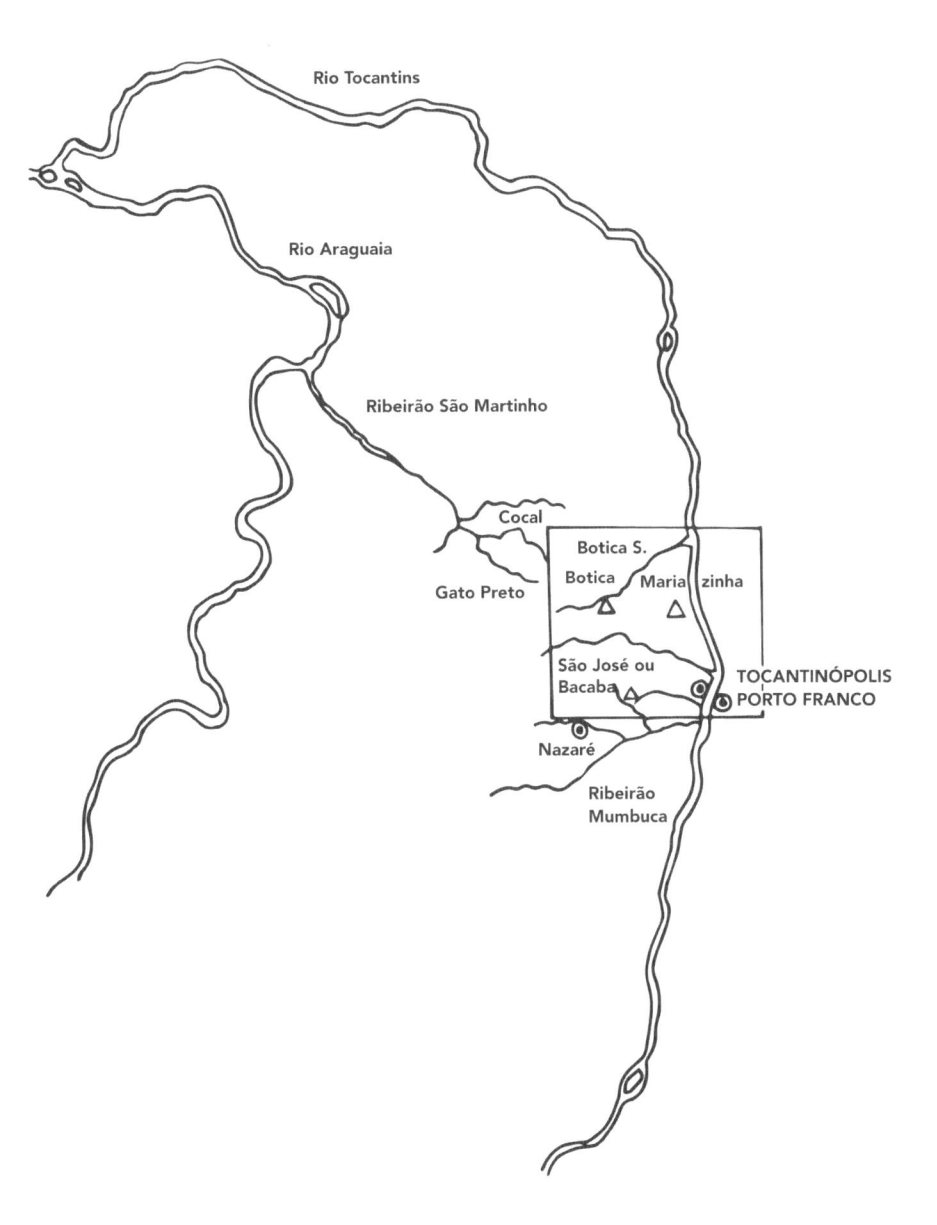

Fig. 2 — Mapa da Área Apinayé em 1937, mostrando a localização das quatro aldeias
1 cm = 6 km

Gato Preto (Botica)
1928 = 61 hab. e sete casas (Nimuendaju, 1956: 11).
1937 = 80 hab. (*Idem*).

Quando Nimuendaju se refere a essa aldeia, fica claro que havia problemas políticos potenciais na comunidade. Eles são, entretanto, reduzidos por Nimuendaju a peculiaridades individuais. Assim, o etnólogo se refere ao alcoolismo do chefe da Botica, *Pebkób* (Pedro Corredor), do seguinte modo: "é por demais viciado, tornando-se um rixador brutal quando intoxicado. A consequência é que alguns índios dessa aldeia se mudaram para Bacaba (atual São José) e, de mais a mais, se estabeleceu o costume de cada um morar em sua roça, muitas vezes distante da aldeia, em vez de ficarem todos reunidos, segundo o costume antigo. Essa aldeia possui algumas poucas terras" (Nimuendaju, 1956: 11).

Apesar dessas observações negativas, esta aldeia durou até mais ou menos 1950, quando seus habitantes a abandonaram para irem viver em São José e Mariazinha. Alguns índios muito apegados à antiga aldeia mencionam como motivo do seu abandono ordens explícitas do então encarregado de Posto, um tal de Mota, que veio para administrar o Posto Indígena no início dos anos 1950 e pretendia reunir todos os Apinayé em uma só aldeia, porque assim sua administração ficaria facilitada. O fato é que as aldeias Apinayé são unidades políticas independentes. E embora o problema da absorção de indivíduos isolados numa aldeia seja perfeitamente superável, isso não acontece quando os migrantes são grupos inteiros de famílias vindos de outra aldeia. Um dos motivos dessa dificuldade é que os laços sociais da comunidade receptora têm que ser reorganizados. Outro é que doenças geralmente fazem sua irrupção. Como consequência destas perturbações, o nível dos fuxicos se intensifica, podendo então surgir acusações de feitiçaria.

Segundo um informante, foram várias as pessoas da aldeia Botica que não se deram bem em São José e então foram para Mariazinha. O índio Alexandre, por exemplo, perdeu seus filhos de sarampo. Mas o pior, segundo o mesmo informante, era o fuxico, pois tudo "que acontecia de ruim, era o povo da Botica quem fazia". Como consequência disso, vários grupos familiares foram para Mariazinha com o índio Alexandre.

Até hoje os Apinayé de Mariazinha visitam essa aldeia, quando algumas de suas famílias saem à procura de alimentos e trabalho nas fazendas de gado ao seu redor. Em 1967, quando passei dois meses em Mariazinha, tive a oportunidade de visitar um desses grupos que estava acampado na antiga Botica. Lá estavam três grupos domésticos, caçando e isolados no local da antiga comunidade. Pude então ver os escombros da antiga aldeia e verificar o arranjo tradicional das suas casas num círculo ainda bastante visível.

Mariazinha

1824 = 1.000 hab. (Cunha Mattos, in Nimuendaju, 1956: 10).
1928 = 14 hab. e duas choças (Nimuendaju, 1956: 10).
1937 = cinco hab. (*Idem*).
1962 = 57 hab., nove casas.
1967 = 92 hab., 16 casas.

Por duas vezes esta aldeia esteve a ponto de desaparecer da sua localização atual. A primeira foi mencionada por Nimuendaju e confirmada pelos Apinayé. Foi quando, por volta de 1928, somente dois velhos índios lá viviam com suas respectivas famílias. De fato, foram eles e seus descendentes que sustentaram o local da aldeia até que novos contingentes populacionais da Botica (Gato Preto) viessem aumentar sua população. A segunda foi em 1962 quando um fazendeiro que mora muito próximo da aldeia ameaçou os Apinayé, e o chefe Zezinho (*Tegatôro*), intimidado, resolveu mudar o local da aldeia. Assim, quando visitei a aldeia por uma semana em 1962, a comunidade ocupava um novo sítio situado mais ou menos um quilômetro a oeste da área atual. Nessa ocasião, Zezinho havia visitado a aldeia de São José e lá feito suas reclamações ao encarregado do Posto. Sua racionalização para a mudança da aldeia era então a insalubridade do local que causava doenças e estava "cheio de *mekaron*" (= espíritos dos mortos, imagem, sombra)!. Na realidade, o seu jogo era simplesmente no sentido de retardar um confronto com o pretenso dono das terras, uma ação que ele não tinha coragem para realizar. A mudança, porém, durou alguns meses. Finalmente, Zezinho foi convencido a voltar ao lugar antigo, onde a aldeia hoje se localiza. Um ano depois, mais ou menos em 1963 ou 1964, Júlio (*Kongré*), um homem mais vigoroso que Zezinho, resolveu tomar satisfações pessoais com o tal fazendeiro e o intimidou de tal maneira que hoje a questão das terras e as ameaças parecem ter sido resolvidas (ou adiadas). Como consequência das ações fracas de Zezinho e das atitudes de Júlio (que, inquestionavelmente, queria a chefia), houve uma mudança considerável no *status quo* da comunidade, com o Júlio Kongré em ascensão para o poder e Zezinho em declínio. Uma situação, diga-se de passagem, bastante comum entre os Jê do Norte.

São José (Bacaba)

1844 = 850 hab., 21 casas (Castelnau, in Nimuendaju, 1956: 12).

1895 = 600 hab., 30 a 40 casas (Ferreira Gomes, in Nimuendaju, 1956: 12).

1928 = 50 hab., sete casas (Nimuendaju, op. cit.).

1937 = 70 hab., sete casas (*idem*).

1962 = 157 hab., 20 casas.

1967 = 161 hab., 20 casas.

Esta é a aldeia mais importante dos Apinayé desde as visitas de Nimuendaju. É também a aldeia que mais perto está dos núcleos urbanos regionais, representados por Tocantinópolis a leste e Nazaré a oeste (vide Figura 2). A sua história se entrelaça com a história da fundação e desenvolvimento de Tocantinópolis, em 1840. Por outro lado, é nesta aldeia que fica situada a sede do Posto Indígena, fundado em 1944.[5]

Parece plausível dizer que a fase de ocupação mais intensa da região foi a década de 1920, provavelmente relacionada ao crescimento de Tocantinópolis e à extração mais intensa de coco de babaçu. É também a partir desta data que as fazendas da região começam a surgir. Nesta fase, a aldeia de São José, então Bacaba, esteve para desaparecer não fosse o esforço de um chefe forte, José Dias Matúk, que conseguiu reunir os índios que haviam ido para a aldeia Botica e para a Kraolândia (Nimuendaju, 1956: 12ss). Os atuais Apinayé estão plenamente conscientes da importância dessa aldeia, especialmente pelo fato de a comunidade ser sede do Posto. Assim, eles sempre dizem que o chefe de São José é maior que o de Mariazinha e, ainda, "se o chefe daqui mandar o de lá tem que obedecer". Em 1967, por exemplo, houve matança de duas ou três cabeças de gado pelos Apinayé, e os índios se sentiram seguros contra as ameaças de um fazendeiro local porque estavam na aldeia onde o encarregado residia.

Mas, mesmo antes do SPI se estabelecer na área, eram índios desta aldeia que serviam de porta-vozes dos interesses Apinayé na cidade em casos de conflitos. Foi assim que o Velho Estevão obteve com o Padre Velho[6] uma trégua e permissão explícita para ocupar

---

[5] As datas são aproximações porque os arquivos da cidade e do Posto Indígena foram queimados por motivos políticos.

[6] Padre João Lima, antigo e lendário chefe político local que controlou politicamente com mão de ferro os destinos do município, cometendo toda sorte de arbitrariedades contra seus inimigos, e que legou, assim, todo um estilo de politicagem aos seus sucessores.

a atual área da aldeia após um conflito sério com um fazendeiro por matança de gado.

O motivo manifesto dessas tensões é invariavelmente a matança ou roubo de gado, mas o motivo latente é a pressão populacional e a tentativa dos regionais de expulsarem os índios das áreas mais ricas em pastos, terras cultiváveis (localizadas sempre ao longo dos ribeirões) e babaçuais. Os Apinayé, porém, ao falarem da história de suas aldeias, enquadram o desenrolar dos acontecimentos como parte da história regional e como parte da estrutura política da aldeia e da tribo. Seus relatos sempre terminam com a lembrança de mudanças de aldeia e movimentos de população causados por pressões econômicas e por lutas faccionais. O Velho Estevão, por exemplo, sempre começa falando da história de São José em relação à cidade, mas logo em seguida passa a comentar eventos que só podem ser satisfatoriamente compreendidos quando se tem como fundo o sistema político.

Embora os dados demográficos atuais indiquem que a população Apinayé está aumentando, a história da tribo revela, de modo claro, uma tendência no sentido de sua redução. E entenda-se que o termo redução não se refere somente ao decréscimo populacional, mas também ao número de aldeias e à própria diversidade cultural que no passado existia entre índios e não índios. Mas talvez o fato mais importante na história da tribo tenha sido a sua aproximação dos núcleos urbanos regionais. Assim, à proximidade física somam-se as excelentes vias de comunicação para ambas as aldeias, situadas a cerca de trinta quilômetros de Tocantinópolis, durante todo o ano. A facilidade de comunicação favorece os contatos entre índios e regionais e coloca os índios como produtores regionais de babaçu. É, pois, o coco de babaçu que serve como elemento básico de integração dos Apinayé na estrutura regional.[7]

---

[7] A produção Apinayé era em 1967 de cerca de mil quilos de babaçu por mês. Mas ela varia muito segundo o interesse dos índios.

A produção de babaçu Apinayé, entretanto, difere radicalmente da produção levada a efeito pelos brasileiros da mesma área. As principais diferenças são as seguintes:

a) Os brasileiros colhem o babaçu em terras que pertencem a algum proprietário ou arrendatário de terras e ficam obrigados a lhe vender o coco por preços mais baixos que os do mercado regional (Tocantinópolis). Os índios vendem o seu coco no Posto Indígena, onde gozam de crédito mais elástico e onde o coco é comprado por preços mais altos. Além disso, eles não são obrigados a vender o babaçu no Posto. Os Apinayé podem procurar, assim, outro comprador para o seu babaçu, e tem acontecido que alguns índios tentaram comprar o coco dos seus patrícios e revendê-lo na cidade. O seu fracasso se deve mais às enormes dívidas dos seus parentes — que nunca lhes pagavam — do que da capacidade de lidar com comerciantes e exportadores sagazes na cidade.

b) Como consequência do contato entre o "dono" da terra e o produtor do coco, este procura colher o máximo de babaçu, servindo deste modo aos propósitos comerciais do primeiro. Os índios, por outro lado, estão teoricamente na sua própria terra[8] e possuem um universo social que somente em parte coincide com os interesses da sociedade brasileira regional. Assim, para o regional, produzir mais babaçu significa também maximizar na escala social, ao passo que para os Apinayé produzir babaçu

---

[8] A coleta de babaçu veio a ser facilitada (e até certo ponto estimulada) para os índios quando o representante do SPI demarcou, com base num acordo verbal com o Pe. João, antigo Prefeito de Tocantinópolis, uma área que seria explorada pelos índios. Por outro lado, cada aldeia tem uma pequena venda que serve como mercado para as trocas do babaçu por produtos considerados como essenciais pelos Apinayé, como o sal, açúcar, pólvora, chumbo, querosene, fumo, fósforos etc. O absurdo da situação é que o dinheiro produzido com a venda da produção Apinayé é remetido para Goiânia e nunca investido na própria tribo!

significa dedicar menos tempos a uma série de atividades que permitem maximizar prestígio dentro de um universo social totalmente diferente daquele dos brasileiros.

Há, assim, uma tendência multicêntrica no sistema econômico Apinayé (cf. Bohannan, 1959, para a noção de multicentrismo). Mas aqui o multicentrismo é engendrado pelo contato. De um modo geral, as atividades associadas ou orientadas para a sociedade brasileira são comerciais ou tendem a ter esse caráter. As atividades aborígenes, ao contrário, são essencialmente não comerciais, embora possam ser traduzidas numa linguagem monetária. Sendo definida como uma tarefa alienígena, a coleta do babaçu orientada para o mercado não implica no mesmo conjunto de obrigações sociais que a caça e ou a agricultura, onde o Apinayé é cercado por uma série de obrigações sociais e a cooperação entre grupos domésticos é básica. Feita sempre por famílias nucleares (em geral a mãe e os filhos menores) e individualmente, a coleta do babaçu não é uma atividade onde laços sociais são necessariamente reativados. Mas seria um erro concluir que, por isso, a produção de babaçu venha a ser um elemento tendente a dominar a vida econômica do grupo e, por implicação, os seus valores sociais a ponto de transformá-los no sentido de um individualismo cada vez maior. Pois o que acontece é uma forte associação entre a coleta de babaçu e os valores da sociedade brasileira, de tal modo que tais valores ficam divorciados das atividades econômicas tradicionais (a caça e a agricultura), sendo estas sempre tomadas como aquelas que são realmente positivas. A consequência é uma divisão bem marcada pelos Apinayé entre atividades necessárias, mas fortemente negativas (como a coleta do babaçu para a troca), e as atividades necessárias, mas forte e moralmente positivas e superiores, como a caça e a agricultura, onde valores como a reciprocidade são atualizados.

A SITUAÇÃO DOS APINAYÉ

O multicentrismo que pode ser percebido como um componente fundamental das situações de contato pode, assim, se constituir num fator bastante complexo, conforme tentei colocar em outro lugar (cf. DaMatta, 1974).

É isto que permite explicar por que a ideia de tirar babaçu em escala industrial é totalmente estranha aos índios e entre nas suas considerações. Realmente, os Apinayé expressam muito claramente a opinião de que o babaçu é um expediente usado para obter dinheiro. Esse modo de encarar a coleta de babaçu era, em 1967, o foco de uma série de tensões entre índios e o encarregado do Posto Indígena e entre índios e produtores de babaçu. Isso era muito claro na aldeia de Mariazinha, aldeia que está cercada de valiosos babaçuais.

O modo de conceber a exploração do babaçu parece ser, pois, um mecanismo de integração e de separação do índio na sociedade brasileira regional. De integração porque é o babaçu o produto que realmente coloca os índios dentro da estrutura econômica regional. De separação porque o Apinayé não produz babaçu na escala e com a motivação apropriada, pois os índios não se deixam medir exclusivamente pelo babaçu que produzem como é o caso dos coletores sertanejos do produto. A consequência é que os Apinayé transformam-se em obstáculos à produção de babaçu e à criação de gado (pelas terras que ocupam).

Na década de 1960, tais atitudes atingiam especialmente o encarregado do posto que, como um regional, não podia entender por que os Apinayé não produziam voltados exclusivamente para a "civilização" (= sociedade brasileira regional). Já os índios, em contrapartida, não entendiam a orientação mercantil do encarregado e reclamavam que não tinham a proteção apropriada do governo. E tais relações se complicavam porque o encarregado de então, além de ser um comprador da produção Apinayé, era também o mediador jurídico e político entre os índios e os regionais em virtude da natureza da sua função.

Enquanto o encarregado operava como comprador de babaçu, ele funcionava como um patrão capitalista, voltado para os lucros e para a obtenção de boas relações na cidade com os exportadores de coco, em geral os criadores de gado e comerciantes. Mas no seu papel de mediador e representante do órgão protecionista, suas funções eram extremamente inversas. Agora ele tinha que se colocar como defensor das reivindicações Apinayé, cada vez que os índios entravam em choque com os interesses da sociedade regional.

Tal dilema — que não deve ser exclusivo desta situação, tal como a estudamos detalhadamente nos anos 1960 — caracteriza estes papéis inter-hierárquicos colocando o homem que o desempenha entre duas sociedades e dois interesses. E uma das soluções mais comuns para sair desta situação intolerável (onde lhes falta todo tipo de amparo e, muito especialmente, o de uma ética profissional) é simplesmente tomar o partido dos fazendeiros-produtores de coco do babaçu local.

Não é, pois, absurdo constatar um comportamento ambíguo e inseguro de encarregados de postos indígenas, tal como acontece entre os Apinayé. Pois a raiz do problema era decidir entre a comunidade onde se tem prestígio, relações sociais e interesses investidos: a comunidade brasileira à qual realmente se pertence. E uma outra comunidade, a tribal, onde tais relações existiam apenas de modo tênue. A primeira (Tocantinópolis) o encarregado tomava obviamente como o núcleo de sua própria cultura, o ponto de apoio social que o impedia de submergir social e psicologicamente na sociedade tribal. A segunda, a aldeia, era o local onde ele se via obrigado a interagir com semianimalizados e sem nenhum prestígio. Assim, todas as vezes que ocorria um conflito entre índios e brancos, o encarregado ficava diante de um sério problema de lealdades, cuja solução era sempre deletéria para suas relações com os índios e regionais.

No caso Apinayé, isso fica ainda mais saliente porque lá o encarregado se acha na fantástica situação de ser "encarregado" de um grupo tribal que não possui terras formalmente demarcadas ou uma representação jurídica ou política na região. O resultado óbvio é o absurdo de se ter alguém encarregado de algo que oficialmente não existe em termos locais. Como saída para tal ordem de coisas, o encarregado procura obter prestígio junto à estrutura de poder da região, estrutura essa, como se sabe, interessada em eliminar e neutralizar o grupo tribal. Por oposição ao antropólogo, ao missionário e ao médico itinerante, o encarregado é o único que não possui uma forte ética profissional, sendo paradoxalmente o que mais dela precisa como tão bem compreendeu Rondon. O caso Apinayé, assim, indica que o único caminho possível para minorar o dilema dos papéis, que Max Gluckman (1968) chama de "intercalares" no curso de uma análise inspiradora, é reviver a ética de Rondon.

A matriz sociológica da situação de contato Apinayé, portanto, não parece ser diferente de outras sociedades tribais. Como já indicou Roberto Cardoso de Oliveira, ela se baseia no fato fundamental de que o contato pode ser tomado como uma *situação* que "une duas populações dialeticamente unificadas, através de interesses diametralmente opostos" (1964: 128). A análise que realizamos dos elementos que servem como mediadores entre os Apinayé e a sociedade nacional (a produção de babaçu, a ideologia desta produção e a agência governamental encarregada da proteção do índio) demonstra essa dialética claramente. Cabe agora ampliar esta perspectiva do contato, colocando alguns aspectos que parecem críticos.

Nas situações de conjunção intercultural, o fator estrutural parece ser constituído pelo fato de termos sociedades diferentes confinadas em um espaço geográfico onde o contato entre elas não pode ser evitado. Em outras palavras, os componentes estruturais da situação são:

(a) distância cultural e (b) proximidade física.

A ambiguidade do contato pode ser plenamente apreciada agora, pois enquanto o componente (b), proximidade física ou geográfica, gera um campo de forças sociais tendente a unir as duas populações, a ação do componente (a), distância social (ou cultural), engendra exatamente o inverso. No caso Apinayé, como vimos, a produção de babaçu e a proximidade e facilidade de comunicação entre aldeias e cidades são fatores que unem índios e brancos. Mas a descontinuidade cultural entre Apinayé e regionais provoca sua disjunção.

É preciso então resolver o conflito colocado pelas tendências opostas dos dois componentes. Uma solução possível é assumir as diferenças e a proximidade física. Teríamos assim um conjunto de sociedades diferentes formando uma federação, todas como unidades do mesmo peso dentro de um sistema. É essa, parece, a solução das chamadas "áreas de aculturação intertribal", sendo seu melhor exemplo, no Brasil, o caso do Alto Xingu. Outra possibilidade, quando só existem duas populações em contato, é a clássica solução dada por Rivers para as organizações duais. O que caracteriza essa solução, recordemos, é a ênfase na simetria e na igualdade entre os elementos que formam parte da situação de contato. Nestas soluções, por conseguinte, a ênfase está na complementaridade das sociedades em contato (cf. Lévi-Strauss, [1949]: Cap. VI e 1963: Cap. VIII).

Uma outra solução, porém, é manter a proximidade física salvaguardando a distância cultural por meio de uma hierarquização das relações entre as duas sociedades em conjunção. Neste caso, uma sociedade (a dominante) não assume as diferenças culturais. Ela simplesmente as elimina por meio de uma ideologia que toma como base a sua superioridade sobre o seu parceiro de contato social. É isso que parece ocorrer nos casos de contato do Brasil Central, particularmente entre os grupos tribais que tive a oportunidade de estudar.

Nesta perspectiva estrutural, a exploração econômica e as ideologias racistas são elementos paralelos em situações onde existe um "espaço" entre grupos sociais e onde um desses grupos tem a capacidade de reduzir diferenças culturais a relações hierarquizadas. E não custa acrescentar que é justamente nesta situação que existem também as condições ideais para a atividade empresarial, pois, como colocou Barth, "grandes potencialidades para o lucro jazem onde a disparidade de avaliação entre dois ou mais tipos de bens é maior e onde esta disparidade tem sido mantida porque não existem transações mediadoras" (Barth, 1966: 18).

É difícil prever qual a solução adotada em primeiro lugar, se a simetria (que assume as diferenças) ou a assimétrica (que as dissolve). Parece, entretanto, que a ideologia dos grupos (ou "times") de pacificação é simétrica, procurando respeitar integralmente o índio na sua diversidade cultural, já que tais equipes sempre apresentam uma visão mais humana do homem branco. Isso parece ser, porém, uma função de fragilidade destes grupos (numericamente inferiores) que atuam de fato como mediadores entre as frentes de expansão e as sociedades tribais a serem "pacificadas" (ou, mais reveladormente, "civilizadas"). De tal modo que são vários os grupos tribais capazes de expressar sua desilusão com o período posterior ao da "pacificação", quando suas relações com a frente pioneira são rotinizadas e o respeito dos times de pacificação cede lugar à rigidez da dominação colocada pela sociedade nacional. Os Apinayé contam, com sua perspicácia habitual, que "no início o *kupén* (= estrangeiro) dá tudo só para o índio se acostumar, depois eles passam a vender". Uma opinião que desmascara a pretensa filantropia da pacificação e põe a nu o verdadeiro papel dos pacificadores como mediadores (que realmente são) das estruturas socioeconômicas da sociedade nacional.

No caso dos índios Gaviões, tudo indica que a frente pioneira interessada na castanha adotou uma solução assimétrica, onde o índio e sua sociedade são vistos como inferiores ao branco (cf. Laraia & DaMatta, 1967). No caso dos Apinayé, tudo leva a crer que se houve tal ideologia, ela hoje não é tão violenta. É possível, então, que exista uma correlação entre o valor do produto desejado pela fronteira de expansão e a solução que ela venha a dar para sua situação de contato. Mas é também possível que existam oscilações entre uma e outra solução, na medida em que as relações entre as duas sociedades em contato evoluam.

O estudo das relações Apinayé-Tocantinópolis e Apinayé-população rural serve bem para demonstrar esse último ponto.

O homem branco é chamado pelo Apinayé por um termo genérico, *kupén*, capaz de abarcar todos os estrangeiros em contato com a tribo. Há, assim, *kupén* brasileiro, *kupén* americano, *kupén* branco e preto e, especialmente, *kupén* que gosta do índio e que não gosta.

Segundo os Apinayé, os brasileiros que moram na cidade *não gostam* dos Apinayé. Os que moram em volta da aldeia, no sertão, podem gostar ou não dos índios. Consistentemente com essa opinião, os Apinayé sempre se referem aos brancos da cidade (= Tocantinópolis) de modo impessoal, como "o povo da cidade" ou da "rua", raramente mencionando nomes. Os habitantes do sertão, ao contrário, gostem ou não dos índios, são sempre referidos pelos seus nomes.

São os brasileiros que moram nos povoados em volta da aldeia, no São Domingos, na Raiz, na Prata etc., que mantêm contatos sociais com os índios.[9] Esses contatos vão desde pequenas trocas e compras até visitas esporádicas, convites para festas, rixas, relações de compadrio e, atualmente, jogos de futebol: um acontecimento que envolve diretamente apenas os jovens da aldeia, mas que invariavelmente coloca em contato os mais velhos e une as duas populações.[10]

Os brasileiros em volta da aldeia, portanto, possuem nomes e são conhecidos pelos índios. Muitos são compadres dos Apinayé e chegam a acompanhar os índios em suas caçadas e a visitá-los constantemente.[11] Suas mulheres e seus filhos são vistos como gente que tem defeitos e qualidades, e por isso um julgamento destas pessoas é sempre feito com dificuldade pelos índios, pois julgá-los é julgar uma relação social na qual se está envolvido.

Mas em Tocantinópolis, com sua população de cinco mil habitantes, há somente uma dezena de pessoas que os Apinayé classificam entre os que "gostam de nós" (i.e., gente que gosta de conversar com os índios e sempre oferece um café ou "um agrado", na conceituação de um dos meus informantes). A cidade é, assim, uma unidade social vista corporativamente pelos índios (cf. Maine, 1861:

---

[9] A população total destes povoados, que absolutamente não formam núcleos populacionais compactos, era de 1.052 (dados do Serviço Nacional de Malária, 1967). Em redor das aldeias, a população era de cerca de 580 brasileiros.

[10] Os Apinayé jogam sem interesse de saírem vitoriosos (ritualisticamente?) e os brasileiros não entendem bem as regras do esporte. Para mim, a atividade sempre foi mais ritualizada do que jogada, embora não tenha dados para demonstrar essa assertiva.

[11] Foi essa a única área do Brasil Central onde vi brasileiros chamando os índios mais velhos de "senhor" e "senhora". Outra atividade que congregava anualmente índios e brasileiros era a Festa de São Pedro, realizada na Aldeia São José e patrocinada pelos índios. Tal festa se constituía num momento onde eram suspensas as relações de hostilidade latente entre índios e brancos, já que todos se associavam como devotos de um mesmo santo, mas dialeticamente (como é óbvio) resultava sempre num prolongamento de tais tensões. Ela, assim, servia realmente como um contexto onde tais tensões eram "domesticadas" por uma inversão de papéis (os índios é que patrocinavam uma festa de Santo e recebiam na sua aldeia principal os brancos do sertão e da cidade), tal como ocorre, por exemplo, com o Carnaval do Rio de Janeiro (cf. DaMatta, 1973). Em 1971 retornei a esta aldeia para um estudo detalhado desta festa como um ritual interétnico, mas lá chegando soube que havia sido suspensa.

122). E isso é, sem nenhuma dúvida, uma consequência do caráter comunitário das relações que os habitantes de Tocantinópolis têm entre si.

Assim, aldeia e cidade são vistas (pelos regionais e Apinayé) como duas unidades sociais opostas e, consequentemente, capazes de ação corporada *vis-à-vis* à outra. Isso contrasta imensamente com o modo de vida nas chamadas povoações do sertão, onde o isolamento é a marca da vida social e onde a ideia de comunidade existe vagamente.

Um dos problemas do índio Apinayé na cidade é que ele teme agressões físicas e especialmente verbais por parte dos seus habitantes. De fato, observando o comportamento do branco *vis-à-vis* ao índio na cidade, nota-se muitas vezes que ele se aproxima daquele comportamento que Radcliffe-Brown (1952, [1973]) denominou de "relações jocosas" (*joking relationships*) que, convém lembrar, tem como seu oposto "relações contratuais" (*contractual relationships*). Do mesmo modo, entre os Gaviões notei não só a troca dos insultos abertos ou disfarçados entre índios e brasileiros, como também empurrões, abraços e lutas de "brincadeira". A explicação de Radcliffe-Brown para as situações de *joking* é a de que a situação inicial é contraditória. Segundo ele, o *joking* (ou o respeito) é uma solução para relações sociais onde se quer manter a solidariedade social e também o respeito, dimensões que, tal como o contato, são mutuamente exclusivas, a menos que se institucionalize um padrão para governá-las.

Entre os Gaviões, a tendência era para entrar em relações de tipo jocoso na aldeia e também na cidade de Itupiranga, o que revelava uma solução para eliminar as contradições colocadas pelo contato, dando ênfase numa utópica simetria entre as duas populações. E isso se devia, provavelmente, à posição especial da tribo na consciência regional, já que os Gaviões eram temidos como "assas-

A SITUAÇÃO DOS APINAYÉ

sinos", "selvagens" e verdadeiras aves de rapina, donde o seu nome (cf. DaMatta, 1963). Entre os Apinayé, esse tipo de relação tendia a ocorrer entre índios e sertanejos de modo muito raro e na área da aldeia ou ao seu redor. Na cidade, os índios expressavam um grande "respeito" pelos brasileiros, evitando a iniciativa de contatos com eles. É evidente que esse respeito (também demonstrado ao administrador, ao médico, aos padres e às "autoridades" em geral) expressa simultaneamente um sistema de posições hierarquizado no qual os Apinayé estão inseridos e uma solução para o problema de como manter a distância cultural (ou social) e a proximidade física. Relações jocosas e relações de respeito parecem ser, pois, os dois lados de situações de conjunção, correspondente aos períodos em que o grupo dominado tem uma maior ou menor autonomia em termos do sistema interétnico que o absorveu.

As relações entre os Apinayé e a cidade são ligações que apresentam a olho nu o sistema de diferenças que marca o quanto falta para Tocantinópolis tornar-se uma verdadeira cidade. Sendo assim, o índio é sempre uma ameaça ao sistema social de um aglomerado urbano que está constantemente clamando sua filiação aos grandes centros do litoral e do interior. Mas as relações com os sertanejos são relações de contato que poderiam ser chamadas de *rotinizadas*, pois enquanto a visita dos índios a Tocantinópolis é vista ainda como algo exótico e que escapa às "estruturas da rotina cotidiana" (cf. Weber, 1947: 363), o encontro do índio na zona rural é corriqueiro e faz parte destas "estruturas da rotina cotidiana".

A rotinização da situação de contato tende, pois, a reduzir o índio como objeto exótico, aspecto básico de sua estereotipia como parte do mundo animal. Realmente, entre os habitantes de Marabá e Itupiranga, era claro em 1961 que o índio Gavião não passava de um animal capaz de falar uma "gíria". Em Tocantinópolis, onde o contato é secular e rotinizado, ainda se ouve que o Apinayé é sujo e fedorento, que é um bruto. Mas não é mais possível manter o mesmo ponto de vista no sertão, quando o índio é também um vizinho, parceiro, compadre, vendedor de babaçu. Assim, um dos problemas claramente apresentados pela rotinização do contato é a inconsistência ideológica. No caso Apinayé, essa inconsistência se traduz quando os brasileiros da área reconhecem explicitamente que os índios sabem viver em comunidade melhor que os regionais; que eles brigam menos entre si que os brasileiros; que o índio é inteligente e capaz de inventar muitas coisas e, também, que o índio come todas as caças e, por isso mesmo, fica situado muito mais perto dos animais. E que o Apinayé se caracteriza sobretudo como um inveterado ladrão do gado alheio.

Tais opiniões parecem indicar uma representação muito mais complexa do índio, resultado de relações sociais múltiplas e entrecortadas de tal modo que, se existem tensões em relação a certos domínios (como, por exemplo, em relação ao sistema produtivo), existe acordo em relação a outros. A inconsistência ideológica significa, portanto, um maior campo de manipulação à disposição da população dominada, campo esse que decorre diretamente do envolvimento que lhe foi imposto pela sociedade dominante.

No caso dos Gaviões, as alternativas para o índio se reduziam, como vimos, a desaparecer como um real obstáculo às empresas extrativas ou a ingressar na estrutura regional como um castanheiro de tipo especial (mal pago e sem nenhum direito porque era índio). Esse tipo de relacionamento parece ser a expressão de um sistema social integrado, todo ele dominado (ou contaminado) pelo extrativismo vegetal fundado no princípio da patronagem. Num tal sistema, existem ligações diretas entre controladores de crédito, donos de castanhais e seus prepostos na floresta, castanheiros e transportadores do produto. De tal modo que a empresa extrativa consegue ligar por elos de dependência e na base de relações totais castanheiros e proprietários, capital e trabalho, produtores e exportadores, o mundo da mata e a cidade (cf. Laraia & DaMatta, 1967, e Velho, 1972). Não há, assim, lugar para desvios porque não existem papéis sociais que não estejam cumprindo uma função em termos de estrutura socioeconômica da frente pioneira. Neste sentido, tais sistemas são fechados e altamente eficientes, como ocorre tipicamente nas regiões onde grassa o "bandeirantismo", para usar a expressão de Vianna Moog (1956). Aqui as inconsistências ideológicas são menores, pois o contato se rotiniza no sentido de eliminar o grupo tribal, seja do ponto de vista físico, seja do ponto de vista sociocultural. Não era, pois, por acaso que os Gaviões eram consistentemente representados pela frente extrativa nos anos 1960 como temíveis assassinos, o que justificava ações violentas cometidas contra o grupo e seu patrimônio territorial, riquíssimo em castanhais.

Mas, quando o sistema dominante tem vários pontos de referência, isto é, quando possui muitos agentes que disputam internamente sua hegemonia, como parece ser o caso de Tocantinópolis, o grupo dominado é concomitantemente representado de múltiplas maneiras. Assim sendo, existem inconsistências nas imagens do índio que correspondem às tensões e contradições internas da própria frente de expansão e que são o resultado dos seus múltiplos laços sociais com o grupo tribal. Se, por um lado, o fazendeiro pode conceber o Apinayé como um obstáculo a sua atividade econômica, o encarregado de posto o representa como um inocente, e o missionário, como um pagão a ser conquistado. Se o produtor de babaçu diz que o índio é preguiçoso, o pequeno comprador do sertão conhece bem suas dificuldades em produzir a amêndoa, e o sertanejo que vive na sua vizinhança pode vê-lo como um companheiro de destino.

Todas essas representações não são evidentemente fixas e variam de situação para situação. Por outro lado, todas elas têm um denominador comum, segundo o qual o Apinayé é carente de alguma coisa, precisa de ajuda, é ignorante e, sobretudo, não deve ter vontade própria. Mas o fato crucial é que essas representações entram em choque entre si, já que elas são muitas vezes inconsistentes e dissonantes. É precisamente isso que engendra a inconsistência ideológica e permite rotinizar o contato, situando o índio num contexto de forças sociais onde ele pode ter um maior campo de manobra. Como procurei demonstrar mais exaustivamente em outro lugar (cf. DaMatta, 1974), parece que é essa multiplicidade de representações (multiplicidade que — e quero dizer isso bem claramente — depende em última instância dos móveis econômicos das frentes de expansão) que explica o chamado conservantismo de certos grupos tribais submetidos que estão às estruturas de dominação regionais e nacionais.

A comparação entre o caso Gavião e o caso Apinayé parece indicar uma correlação entre as representações do índio pela frente de expansão e os objetivos e estrutura desta frente. Quanto mais homogênea, mais consistente a representação e, como consequência, menor campo de manipulação para o grupo tribal. O resultado nestes casos é, frequentemente, a total neutralização ou extinção do grupo enquanto tal, como parece ter sido o caso dos Gaviões. O contrário parece ter acontecido no caso do contato Apinayé, em conjunção com uma frente não homogênea e com um maior campo de manobra para manter seus valores.

Mas é preciso chamar a atenção para o fato de que tal correlação parece ser válida apenas para o segmento da sociedade nacional em contato direto e sistemático com a população tribal. Porque, de fato, a sociedade nacional — conforme chamou atenção Ribeiro (1957) — não é de modo algum homogênea. De tal modo que, mesmo quando a frente de expansão é altamente consistente, é sempre possível para o índio entrar em contato com representantes de outros setores do mundo dos brancos cujas representações são radicalmente diversas daquelas que vigoram em seu cotidiano. Tal foi o caso dos Gaviões em contato com missionários dominicanos, com antropólogos e agentes sanitários, todos vindos de outras regiões. E não é por outro motivo que vários grupos tribais, percebendo tal descontinuidade, classificam imediatamente os brancos com quem entram em relações como os de "perto" e os de "longe". Os brancos que estão perto são sempre esmagadores e vistos negativamente, ao passo que os brancos vindos de longe são bons (cf. Cardoso de Oliveira, 1964: 126; Melatti, 1967: 143). A dialética da classificação se insere assim no quadro maior e mais profundo dos interesses, relações e representações que cada agente da sociedade nacional faz do índio quando entra em contato com ele. Os de "longe" estão seguros de que tais grupos tribais não os ameaçam e certos de que a sociedade nacional os domina. Podem, por isso mesmo, atribuir ao índio as qualidades de "bom", "inocente", "puro" etc. Os de "perto", entretanto, com interesses investidos na região, tendem a ver o grupo tribal como obstáculo ao desenvolvimento de seus objetivos sociais. Em outras palavras, para os de longe o índio já está inserido no sistema nacional e evidentemente classificado: não tem poder, mas tem uma superioridade moral incontestável. E, para os de perto, o índio não está ainda classificado, pois sendo uma ameaça é animal e homem, bom e ruim, estúpido e inteligente, honesto e ladrão.

O que o estudo comparativo dos Gaviões e Apinayé parece sugerir é a relativa inserção dos Apinayé no sistema regional (inserção esta facilitada pela própria estrutura da frente), ao passo que o caso Gavião demonstra muito mais a total incompatibilidade da frente em os absorver.

Os Apinayé estão, assim, situados no sistema regional. E muito embora se localizem no ponto final da escala de dominação, essa situação não é inteiramente consistente, pois já existem compensações para eles nesta própria estrutura. Assim, são semianimais, mas unidos. Se não conhecem as leis, a leitura e o saber dos brancos, conhecem a floresta e seus animais. E se não têm o poder das armas e dos citadinos, têm o que alguns antropólogos ingleses chamam de o "poder dos fracos": a união e a solidariedade. O sistema de vida Apinayé, deste modo, se impõe aos regionais como inferior mas, paradoxalmente, como sendo cristalizado pela união que eles (os superiores em poder) não possuem. O caso Apinayé pode, portanto, ser somado a tantos outros que, conforme demonstraram I.M. Lewis (1963), Mary Douglas (1966) e Victor Turner (1969, [1974]), a falta de poder secular começa a ser compensada pelo poder místico. Deste modo, os Apinayé são admirados por sua união, sua inventividade e começam a ser solicitados por sua medicina, considerada poderosa. Tudo indica, portanto, que o reconhecimento do chamado "poder dos fracos" se insere resolutamente em *mecanismos de compensação*, ao mesmo tempo que faz das inevitáveis consequências dos sistemas de dominação.

Diante destes dados, diríamos — sem medo do erro ou do exagero — que é tendo os recursos imponderáveis legitimados pela população dominante (as técnicas de cura, a união, a força, o conhecimento do mato etc.) que a população Apinayé começa a descobrir o seu lugar na estrutura social que os domina. O caminho da integração do índio à sociedade nacional seria, assim, o caminho aberto pelo reconhecimento do "poder dos fracos", tal como deve ter ocorrido com inúmeros outros grupos tribais e com os negros africanos que aqui chegaram como escravos. De fato, a hipótese tem um largo alcance e o caso Apinayé parece sugerir que a integração dos grupos dominados se faz muito mais pela via da compensação mística (que inclui os poderes de curar e amaldiçoar, de fazer o bom canto e a boa comida, que revela o estoicismo capaz de enfrentar o sofrimento e a amargura) do que propriamente pela via direta do sistema político ou econômico. Ou melhor, na medida em que o grupo se integra política e economicamente como dominado, surgem compensações místicas legitimadas pela sociedade dominante. Não é, pois, por acaso que todas as tentativas de rebelião e de libertação realizadas por grupos tribais ou segmentos interiorizados e dominados de sociedades nacionais foram realizadas através de um idioma místico ou a linguagem dos fracos. O poder místico dos fracos coloca não só o problema crítico de se inquirir sobre a integração de grupos sociais altamente diferenciados num todo complexo e frequentemente mal articulado, mas também a questão ainda mais crítica dos limites do poder secular e dos mecanismos de compensação que são utilizados pelos controladores deste poder.

Diria, pois, que a trajetória Apinayé dentro da sociedade brasileira seria marcada por um atrelamento maior em termos políticos e econômicos, mas simultaneamente por uma maior autonomia em domínios como a arte e a religião, áreas privilegiadas para a manifestação do "poder dos fracos". E já ocorrem sintomas deste trajeto, na medida em que esses índios passam a ter mais influência junto às doenças da região (curando) e produzem artesanato para ser consumido pelos grandes centros da sociedade brasileira.

A situação entre os Apinayé e a sociedade brasileira é, assim, complexa e enquadrada por valores que parecem estar diretamente correlacionados com o tipo de produto explorado na região, o tempo de sua ocupação e a sociologia dos aglomerados regionais, urbanos e rurais. Isso, entretanto, não significa que é possível justificar as arbitrariedades sempre cometidas contra os índios, sua perene falta de assistência médico-sanitária e, muito especialmente, a falta de um território seu de fato e de direito, onde possam decidir sobre o seu futuro.

E decidir sobre o futuro significa essencialmente uma tomada de decisão crucial: desaparecer como grupo tribal e transformar-se em sertanejo da região, ou permanecer praticando um estilo Apinayé de existência. É precisamente esse estilo que quero descrever e analisar neste livro e que passarei a estudar nos capítulos subsequentes.

CAPÍTULO II

A MORFOLOGIA DA SOCIEDADE APINAYÉ (I)

Quando os Apinayé falam de sua própria sociedade, eles sempre destacam a aldeia como uma unidade fundamental para suas referências. Assim, de modo diferente de outros grupos tribais que, ao falar de sua vida social, tomam como referência algum grupo (como uma linhagem, uma classe de idade ou um clã), os Apinayé sempre e invariavelmente focalizam a comunidade da aldeia. Entretanto, a aldeia que os informantes revelam nas suas entrevistas não é a aldeia de cerca de 250 metros de comprimento por quase 200 metros de largura, onde vinte casas jazem alinhadas em ruas (vide Figura 3). Essa aldeia de São José que aprendi a conhecer e que tem um grande declive para oeste com capim crescendo por todos os lados; cujas casas são diferentes no tamanho e tipo de material de construção (oito são barreadas e as restantes, de palha); cuja praça é imperceptível aos olhos do estrangeiro, não é a aldeia que os índios representam.

A aldeia que os Apinayé sempre mencionam é uma aldeia-modelo que aspira a ser perfeitamente circular e cujas casas devem ser todas do mesmo tamanho. Nessas aldeias, os Apinayé destacam três regiões ou domínios: o centro ou o pátio, chamado por eles *ingó* ou *me-ingó* (onde *me* = partícula que indica coletivização), ou *ipôgo* (= centro); a região das casas (= *ikré*) ou periferia, e a região

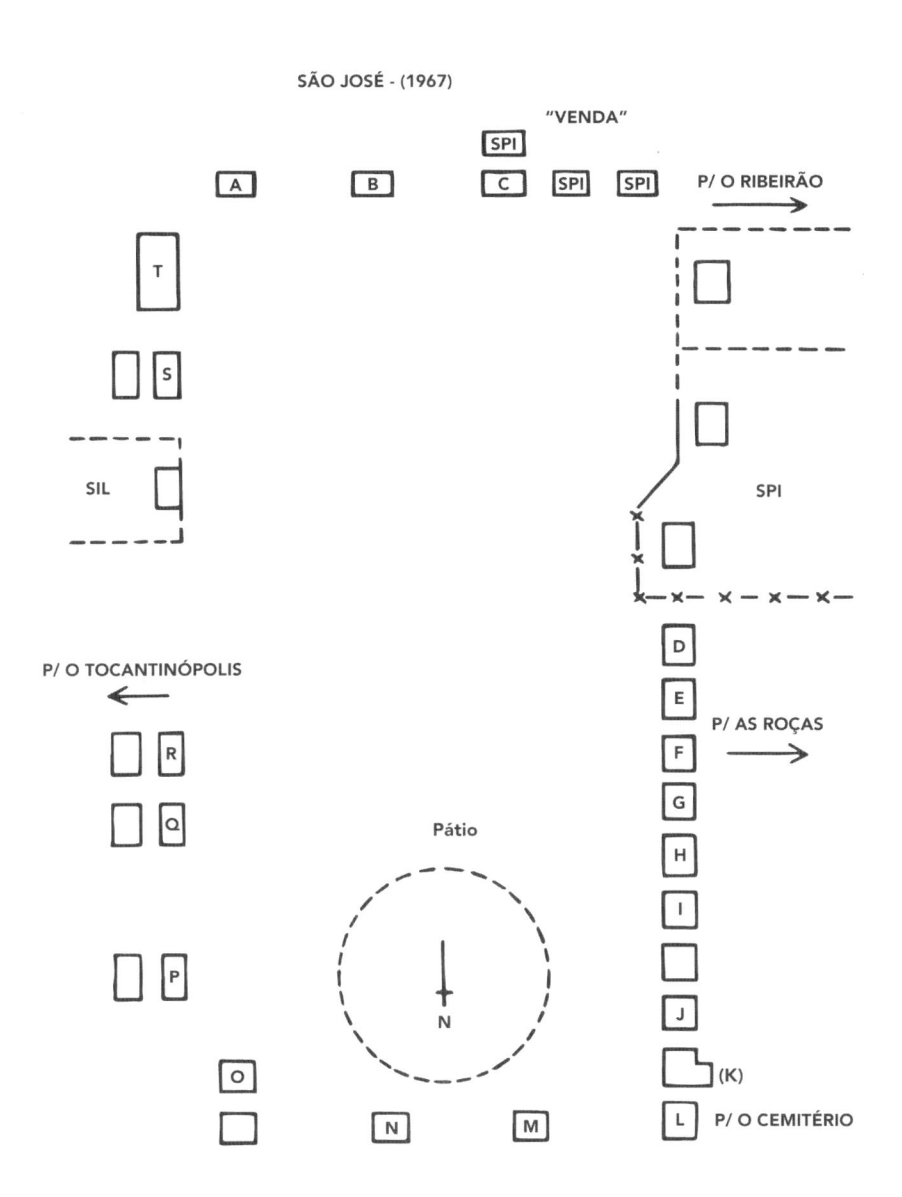

Fig. 3 — Diagrama da aldeia de São José em 1967

que fica fora dos limites da comunidade, mas que está em contato imediato com ela, a savana ou chapada em sua volta, chamada de *atúk* (onde *túk* = preto), ou de *ikrékatuli* (*katuli* = atrás). Essas aldeias, deste modo, são concebidas como estruturas manifestamente concêntricas (cf. Lévi-Strauss, 1963 [1970]: Cap. VIII), conforme revelam as Figuras 4, 5 e 6, que são desenhos dos próprios índios.

Fig. 4 — Uma representação Apinayé de sua sociedade
com os grupos cerimoniais mais importantes assinalados

A MORFOLOGIA DA SOCIEDADE APINAYÉ (I)

Mas, como o leitor deve ter notado, o concentrismo dessas estruturas é aparente e inicial, logo surgindo uma outra divisão que se revela diametral (cf. Lévi-Strauss, op. cit.). Assim, na Figura 6, o informante desenhou linhas ligando casas opostas no círculo maior que representam casamentos possíveis e corretos, embora não prescritos; e na Figura 4, o informante localizou os quatro grupos cerimoniais mais importantes da sociedade Apinayé, as metades *Kol-ti* e *Kol-re* e suas congêneres: *Ikrénotxóine* e *Ipôgnotxóine*.[1]

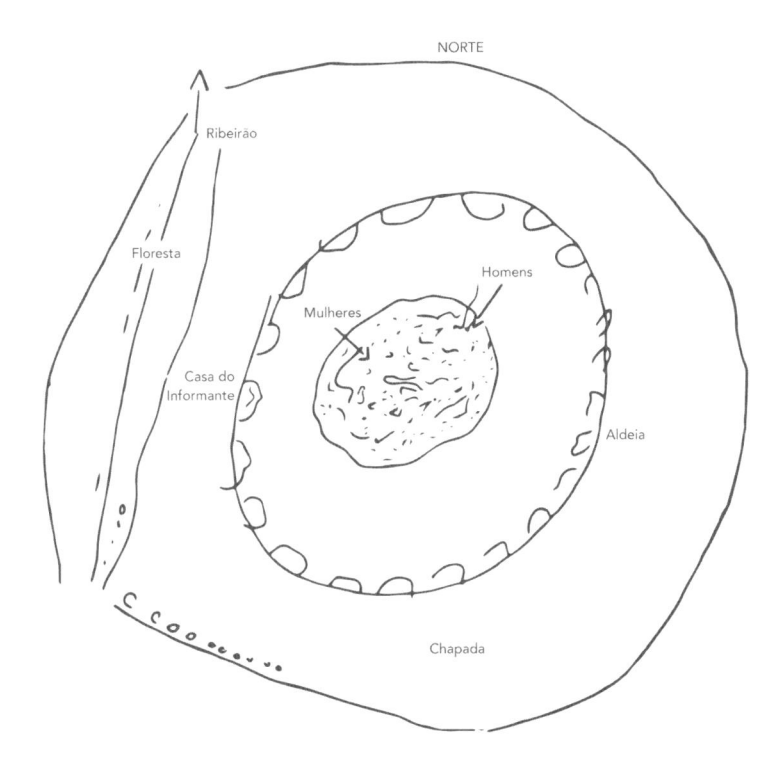

Fig. 5 — Diagrama da aldeia de São José em 1967 feito por um Apinayé. Devo observar que o desenho foi feito de modo induzido, isto é, por minha solicitação: "desenhe esta nossa aldeia". E compare este diagrama com o da "aldeia real" (Figura 3).

---

[1] No próximo capítulo, farei uma exposição detalhada da composição e funcionamento desses pares de metades.

Representar a aldeia deste modo é lugar-comum entre os Jê do Norte.[2] Mas é preciso acentuar que essas representações não são de aldeias totalmente abstratas, pois quando pedi ao meu informante que desenhasse a "aldeia onde estamos morando" (isto é, a aldeia de São José), com todos os detalhes do terreno em sua volta, o resultado foi a Figura 5! Assim sendo, as aldeias desenhadas pelos informantes são esquemas ou diagramas onde se procura traduzir graficamente as áreas mais importantes da sociedade Apinayé. Por conseguinte, essas representações tendem sempre a opor centro/periferia e leste/oeste, tal como se observa nitidamente no caso da aldeia da Figura 6. O dualismo concêntrico e diametral é simultaneamente representado no mesmo diagrama e sua separação feita pelo contexto, isto é, pela parte do desenho que se deseja acentuar.[3] No centro do diagrama, o dualismo dominante é diametral (entre homens e mulheres, colocados simetricamente em partes do mesmo círculo). Mas a figura como um todo é dominada pelo concentrismo que vai do mais social (ou cultural) para o menos social ou cultural, isto é, a chapada, a floresta e o rio, onde vivem os peixes, os animais e outros seres não Apinayé que povoam a natureza. Assim, a primeira oposição é, de certo modo, conciliada pela segunda. E realmente a Figura 7, feita pelo mesmo e excepcional informante, é ainda mais nítida a esse respeito, pois que ela quer ser uma representação de todo o universo.

Como já mencionei acima, neste desenho o padrão é manifestadamente concêntrico, mas é preciso levar em conta também

---

[2] Terence Turner descreveu algumas das representações dos índios Kayapó, mas os desenhos não são reproduções de modelos desenhados pelos próprios informantes, mas resumos do próprio autor (Veja Turner, 1966).

[3] Creio que foi precisamente essa ideia de contexto que Maybury-Lewis desejou acentuar na sua famosa crítica dos modelos dualísticos de Lévi-Strauss. Embora concorde com a ideia de que os Winnebago, como os Apinayé, usam um dualismo concêntrico ou diametral segundo o que desejam expressar, não estou de acordo com as implicações que Maybury-Lewis tira desse fato (cf. Maybury-Lewis, 1960, e Lévi-Strauss, 1960).

o seu aspecto diametral. Temos então um plano concêntrico: fogo, pátio, casas, aldeia, roças, índios mansos, água, índios brabos, civilizados, terra, céu, aldeia dos mortos e, finalmente, o sol e a lua, com esses elementos se distribuindo do centro para a periferia (ou de dentro para fora do desenho). E, simultaneamente, temos as oposições diametrais: homem/mulher, cru/cozido, mulher-meninos/homens, água/fogo e, finalmente, sol/lua.

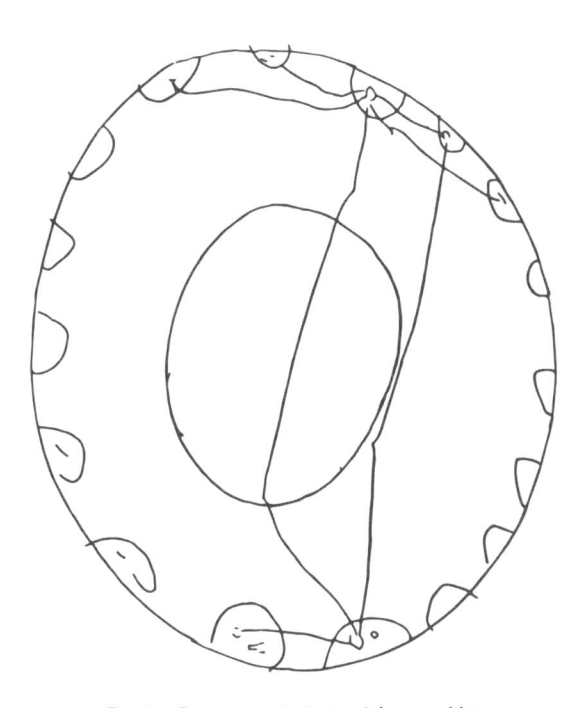

Fig. 6 — Representação Apinayé de uma aldeia

É como se o dualismo concêntrico fosse destinado a permitir o estabelecimento de gradações, ao passo que o diametral tende a ser aplicado para dividir o mundo de modo mais radical.[4]

---

[4] Voltarei a esse problema mais tarde, no Capítulo VI.

Os Apinayé têm um justo orgulho da forma de suas aldeias. Eles sabem que elas hoje não são mais fisicamente circulares, mas sua forma sociológica — se me é permitida essa expressão — é o círculo. Em outras palavras, mesmo Mariazinha, que é uma aleia arruada (vide foto) é vista como circular. Ou melhor, como comunidade, ela opera como se os seus habitantes estivessem circunscritos num círculo. Por isso os Apinayé falam de casamentos apontando para o outro lado da aldeia, falam dos amigos formais (*krã-geti/pá-krã*) dizendo que eles vivem do outro lado, indicam facções apontando casas vizinhas.

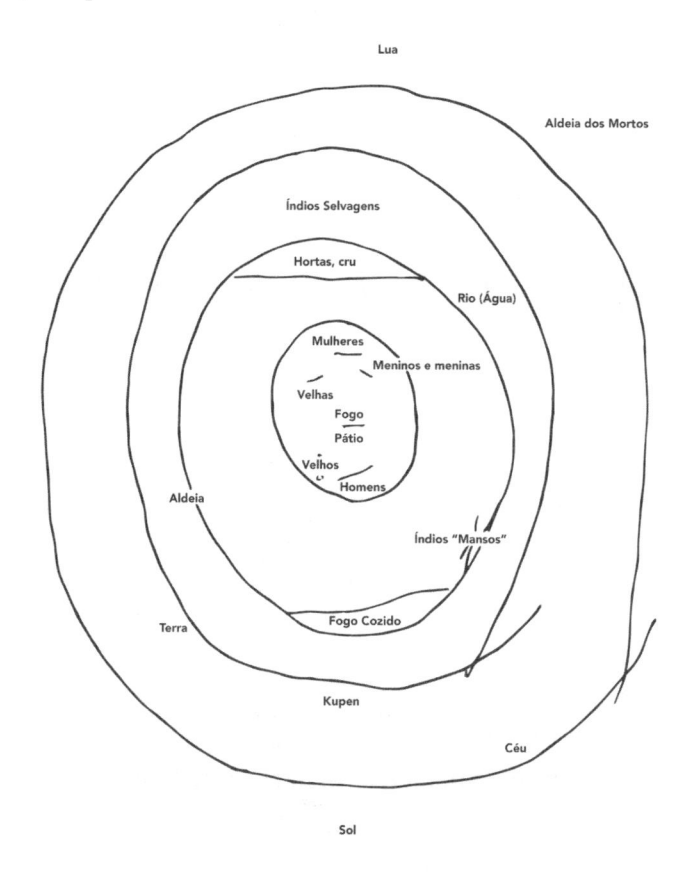

Fig. 7 — Uma representação Apinayé do universo

A MORFOLOGIA DA SOCIEDADE APINAYÉ (I)

A aldeia Apinayé se caracteriza, portanto, pelo que os urbanistas chamam de "legibilidade", ou seja, a facilidade com que suas partes "podem ser reconhecidas e organizadas num padrão coerente" (Lynch, 1960: 2). No caso Jê do Norte em geral e Apinayé em particular, esse termo parece sumamente apropriado, pois que essas aldeias permitem "ler" não só arranjos ecológicos, dependentes do espaço físico, mas especialmente uma visão do mundo. A aldeia Apinayé é, pois, vista pelos índios como um diagrama onde se imprimem e se descobrem as relações dos homens com a natureza e as relações dos homens com as categorias que os governam. Mas os Apinayé sabem que a forma de suas aldeias não é perfeita. Uma das desvantagens que apontam para as aldeias circulares relaciona-se à população. Quando a população cresce e o círculo tem que ser mantido, as casas ficam muito cheias e isso faz com que elas se aqueçam no verão. Por outro lado, uma aldeia muito grande obriga a construção de círculos de casas em volta uns dos outros, e, segundo alguns informantes, muitos índios não gostam de morar nas casas do círculo de fora. Quando, ao contrário, a população diminui muito, o círculo igualmente não pode ser mantido. Pois tudo indica que o mínimo de casas para manter o padrão circular é da ordem de quatro ou cinco. Com menos que isso, não se pode manter o círculo.[5]

Além disso, os Apinayé contrastam a forma de suas aldeias com a das cidades do interior que, para eles, têm seu feitio urbano baseado em linhas de casas que correm paralelamente a uma estrada ou a um rio (como é, efetivamente, o caso de Tocantinópolis e dos povoados do sertão). Assim eles comentam que, enquanto

---

[5] Foi isso, por exemplo, o que ocorreu em 1961 com os Gaviões do rio Praia Alta, Pará. Ficando a sua aldeia reduzida a apenas quatro casas, eles resolveram construir uma casa grande comum, dividida em compartimentos que correspondiam às famílias nucleares. Era assim, pelo menos, o modo que pretendiam viver quando eu os revisitei em 1962 (cf. DaMatta & Laraia, 1967: 140).

as aldeias dos índios têm problemas para aumentar ou diminuir, as cidades dos *kupén* crescem facilmente, pois trata-se apenas de colocar no final das linhas mais uma casa. Suas possibilidades de extensão são, portanto, infinitas aos olhos dos índios. A forma urbana brasileira é considerada aberta, em oposição ao padrão urbano Apinayé, que é considerado fechado.

Falar em sua sociedade, como estamos observando, implica para os Apinayé tomar a aldeia como ponto de referência e, depois, fazer oposições entre grupos sociais e categorias utilizando um eixo diametral ou um eixo concêntrico. A ordem social é pois obtida pelas oposições, e o dinamismo do sistema é dado pela passagem de uma a outra dimensão antitética. Escrever sobre o sistema Apinayé é, de certo modo, estabelecer essas divisões e revelar o significado das passagens de uma a outra dimensão do sistema. Neste capítulo tentarei apresentar um desses domínios básicos do universo Apinayé e os seus grupos sociais fundamentais.

Como se verifica pelos diagramas já apresentados e sumariamente discutidos, um desses domínios é o da periferia da aldeia, representado pelas casas e grupos domésticos. O outro é o da praça, centro ou pátio central, representado pelos dois pares de metades cerimoniais (esses grupos não residenciais e temporários foram incluídos na Figura 4). O primeiro domínio, que agora irei estudar, está associado à vida cotidiana e privada, ao passo que o segundo está equacionado à vida cerimonial da comunidade.

1. VIDA COTIDIANA: GRUPOS SOCIAIS

Os dois grupos melhor definidos na vida cotidiana dos Apinayé são a família nuclear ou elementar (composta de marido, mulher e filhos) e a família extensa uxorilocal (composta por um casal, os maridos e filhos de suas filhas), ambos geralmente relacionados a uma casa. Não há casas sem pelo menos uma família nuclear, embora haja casas sem famílias extensas. Como consequência, homens e mulheres solteiros não têm o direito de construir casas para si próprios. Como não existe nenhuma estrutura erigida no centro da aldeia, destinada a servir de residência permanente para os homens ou rapazes solteiros, como é o caso entre os Kayapó (cf. Turner, 1966), os rapazes a serem iniciados apenas residem por algum tempo com sua classe de idade durante certos períodos na época das iniciações.

Tanto em São José quanto em Mariazinha existem mais casas ocupadas por famílias extensas do que por famílias nucleares[6]. A base da composição de uma família extensa é a residência uxorilocal para os homens, que assim deixam seus lugares em seus grupos natais para os maridos de suas irmãs. Deste modo, enquanto a família nuclear é um grupo onde pai, mãe e filhos ligam-se uns aos outros de modo simétrico e complementar, na família extensa o lado feminino é básico, pois é ao redor dos laços mãe-filha que o grupo é formado. Por outro lado, a família nuclear é a unidade básica de reprodução e produção entre os Apinayé. Assim sendo, esse grupo tem direitos de usufruto sobre um pedaço de terra que é preparado e cultivado essencialmente pelo marido e a mulher, visando sobretudo os seus filhos. Esse grupo, portanto, tem, ao menos na área econômica e sexual, direitos exclusivos sobre certas atividades de seus membros. O marido deve produzir para sua esposa e a esposa deve cuidar dos interesses do marido e colher produtos de sua roça para todo o grupo, e ambos devem ser sexualmente fiéis um ao outro.

---

[6] Em São José existem onze famílias extensas contra nove famílias nucleares; ao passo que em Mariazinha a proporção é de sete famílias nucleares para oito famílias extensas. Não há dúvida que, em comparação com outros Timbira, esses números são altos, provavelmente indicando uma individualização das famílias nucleares.

As roças Apinayé se situam sempre nos declives próximos dos ribeirões, local onde existe mata ciliar e, portanto, terra fértil para a agricultura. O local da roça é escolhido pelo homem ou pela mulher. Essas roças são feitas segundo os moldes clássicos da agricultura de queimada e derrubada, tão comuns nos sertões do Brasil. A derrubada, queimada e o corte das árvores de grande e médio porte são feitos por toda a aldeia. Aqui, o capitão é o principal instrumento de congregação da força de trabalho dos homens ativos da comunidade, e muitos fuxicos e mal-entendidos estão fadados a nascer da utilização da força de trabalho da aldeia em benefício de uns poucos.[7] O trabalho de cercar, limpar o mato mais curto (*encoivarar*, na linguagem brasileira da região) e capinar é realizado pelos membros da família nuclear ou pela família extensa em conjunto, em grupos. O mesmo ocorre com o plantio da roça. A colheita, porém, é sempre feita na maioria das vezes pelas mulheres. Tal como ocorre entre os Krikati (cf. Lave, op. cit.: Cap. III), as roças Apinayé também são um local onde se pode buscar isolamento. Assim, elas servem para ocultar casais ou grupos da família que querem comer sem serem perturbados pelos seus parentes. As roças pertencem às mulheres, que as utilizam com maior frequência e diariamente. Em caso de divórcio, os homens deixam a casa e a roça para a ex-esposa, retornando à residência materna ou à casa de alguma irmã, caso a mãe esteja morta. É também comum que um homem plante um pedaço de sua roça para seu sogro porque, como dizem os índios, "um homem gosta de pagar para o homem que lhe deu o *iprom* (= esposa)".

Em geral, os Apinayé plantam de novembro até o fim de janeiro, deixando o começo do verão (*amgrô*) para limpar, derrubar e queimar, pois assim a queimada se realiza no meio do verão.

---

[7] No capítulo destinado ao sistema político, descreverei essas situações com maiores detalhes.

Há, igualmente, épocas apropriadas para a plantação de certos produtos. Em outubro plantam amendoim e fumo, em novembro, dezembro e janeiro, batata, milho e mandioca. Já a construção e reparo das casas são realizados preferencialmente de abril até maio, pois depois deste mês o calor aumenta muito e o risco de fogo é grande. As casas são sempre construídas com a ajuda dos parentes, e a família extensa é aqui uma unidade básica de trabalho. É também no verão que são realizados os festivais e os casamentos.

A par de um pedaço de terra para cultivo, a família nuclear possui um espaço dentro da casa, nas residências onde o regime é o da família extensa. É neste espaço que dormem os seus membros. O grupo pode então manter-se separado dos outros membros da residência, já que os Apinayé são muito conscientes dos problemas causados pela vida em comum. Assim, diz-se que essas famílias nucleares que vivem juntas têm *piâm* (= respeito, vergonha, distância social) umas das outras e por isso elas precisam de espaço para manter sua vida privada na comunidade da casa.

A família extensa, porém, não pode ser definida por nenhum tipo de propriedade, material ou imaterial, que ela possua *qua* grupo social. De fato, ela só se define por algumas atividades. São, em geral, os membros de uma família extensa que vão cercar uma roça, derrubar um pedaço de mata ou fazer uma caçada. Sendo tarefas em que o número de pessoas é importante, a família extensa lança mão de todos os seus membros e pode executar a tarefa sem recorrer a outros grupos. E mais importante que isso é o peso que essa unidade pode ter no caso de manobras políticas ou no apoio a alguns dos seus membros, especialmente se o grupo tem muitos homens casados e ativos e se ele é bastante unido. É claro que o problema aqui depende essencialmente das relações entre as famílias nucleares dentro da residência comum, e isso é uma função de vários fatores, entre eles o da autoridade doméstica. De fato, os

Apinayé estão alertas para esse problema e eles mesmo dizem que, quando se vive numa casa com muita gente, tudo depende muito dos velhos, isto é, do sogro e da sogra.

Em São José, as famílias extensas tendem a operar como unidades, especialmente na esfera política. Mas embora os membros mais velhos de pelo menos dois grupos domésticos deste tipo sejam bastante firmes com relação à autoridade doméstica, ainda assim eles não podem garantir a operação automática do grupo como uma unidade. Os velhos, sogros e cunhados, são e devem ser respeitados, mas se há abusos é sempre possível para o jovem casal sair da casa e constituir sua própria residência, geralmente ao lado da casa original. Assim, a autoridade dentro da família extensa parece estar baseada no consentimento, não havendo prescrição de autoridade ou poder nas mãos de pessoas situadas em posições rigidamente definidas. Parece claro que a possibilidade de desligamento que tem a família nuclear é facilitada por sua natureza como um grupo produtor de recursos naturais. Possuindo uma roça desde a sua formação (isto é, desde o casamento), a família nuclear pode ter também uma casa, embora isso nem sempre seja vantajoso porque morar numa casa com muitas pessoas significa também ter sempre o que comer.

Por conseguinte, a família extensa Apinayé não tem uma estrutura de autoridade doméstica rigidamente definida. De fato, um dos maiores problemas da pesquisa foi o de procurar determinar se havia autoridade prescrita dentro do grupo doméstico, e tudo indica que a liderança da casa depende de vários fatores.[8] Entre eles

---

[8] Fui orientado para esse problema no curso de uma análise comparativa do mito da origem do homem branco (Mito de Auké) entre os Canela e os Krahô (cf. DaMatta, 1973). A trama do mito é tal que um menino (Auké e futuro homem branco) precisa ser eliminado da sociedade humana por ser uma fonte de desordem. No caso Canela, quem o elimina (e, portanto, teria autoridade doméstica sobre ele) é seu tio materno, e o marido da mãe de Auké não aparece no mito (uma solução tipicamente matrilinear). Mas no caso Krahô, o marido (pai de Auké) existe e quem elimina a criança é o seu avô materno, um afim numa estrutura matrilinear, o que colocou o problema de

é fundamental a idade e o tempo de residência do marido. Assim, jovens maridos que estão entrando na casa dos seus afins tendem a se comportar tímida e respeitosamente *vis-à-vis* a seus sogros e cunhados. Na medida, porém, em que o seu casamento se estabiliza com a vinda de filhos, seus cunhados deixam o grupo doméstico onde entraram e seus sogros envelhecem, sua posição dentro da casa muda e o marido passa a ocupar uma posição de comando e domínio. É preciso, entretanto, enfatizar que isso é o que normalmente ocorre num ciclo de desenvolvimento ideal. Pois há casos de velhas sogras e sogros que lideram o grupo doméstico (e até mesmo facções, como veremos no Capítulo V) e casos de maridos com suficiente prestígio para liderarem o grupo doméstico antes mesmo de terem filhos ou netos.

A vantagem de ter uma estrutura doméstica aberta é que o grupo doméstico constituindo uma família extensa ganha a capacidade de poder absorver indivíduos com diferentes personalidades e posições sociais. A desvantagem, sempre mencionada pelos Apinayé com os quais discuti esse assunto, é a de que existe a possibilidade de injustiça especialmente na distribuição de carne. Esses atritos são motivados porque os maridos reclamam que seus pais não estão recebendo carne em suficiente quantidade, não estão recebendo carne com a frequência que deveriam receber, ou não estão recebendo nenhuma carne. Pois, quando um Apinayé obtém carne de caça, essa carne deve ser distribuída entre os parentes considerados do mesmo sangue e com os quais se têm obrigações categóricas, como os membros da família original de *Ego*: seus pais

---

rever a aplicação do termo "matrilinear" entre tribos como os Canela e Krahô. A solução Krahô é, portanto, bastante diferente. Posteriormente constatei nos dados de Nimuendaju uma enorme oscilação para a autoridade doméstica dos Canela (cf. Nimuendaju, 1946: 84, 125). De fato, entre os Canela, como entre os Apinayé, não existe uma estrutura de autoridade definida na família, ficando essa área aberta para várias posições. Assim, eu finalizei o meu artigo (escrito em 1964) dizendo que os Timbira evitavam uma definição da autoridade doméstica, ponto hoje confirmado por dados Krikati e Krahô (cf. Lave, 1967, e Melatti, 1970).

e, em alguns casos, irmãos. Mas, quando a família extensa é muito grande e a caça é pequena, as chances dos pais e irmãos do marido receberem diminuem consideravelmente. Depois de algum tempo, especialmente se o homem é jovem e ainda não tem filhos, seus parentes mais próximos começam a dizer que ele os esqueceu e que os está sovinando (fazendo *ontxú*).

Outra fonte de atritos, também relacionada à distribuição de carne, é que muitas vezes os maridos reclamam dizendo que não estão recebendo suficiente comida de suas sogras e que os outros membros masculinos do grupo doméstico não estão trabalhando como deviam. A consequência de tal ordem de reclamação é muito clara: ela significa que o reclamante está sustentando toda a família extensa com sua força de trabalho. Quando isso ocorre, ou melhor, quando um dos maridos está convencido de que isso está ocorrendo, ele simplesmente intensifica as suas visitas à casa de sua mãe e passa a comer lá. A mensagem dessas visitas frequentes é clara para os índios. Elas indicam que o homem não está sendo bem tratado na casa de seus afins e assim tem que ir para sua casa materna a fim de comer alguma coisa. O resultado é bom número de comentários e rumores.

É evidente que essas dificuldades são engendradas pela regra de residência uxorilocal para os homens, fazendo com que cada marido tenha duas residências e dois grupos de referência ao casar-se. Esses problemas, assim, expressam de certo modo a passagem de um grupo a outro, período crítico em que um homem passa da família nuclear original (ou família de origem) para a família de casamento.[9] E isso tem relação com o problema da autoridade doméstica precisamente porque a família extensa não se constitui num grupo bem marcado, com limites e uma área de atividades bem definida. Assim, essa transição a que um homem

---

[9] Estou usando "família de origem" e "família de casamento" no mesmo sentido de J. Campbell, antropólogo de quem estou tomando esses termos (cf. Campbell, 1964: 42).

está sujeito não se faz num só lance, como ocorre em muitas outras sociedades. Nestes casos, marido (ou mulher) são seccionados, por assim dizer, de sua casa natal e incorporados na casa das suas esposas (ou de seus maridos). Entre os Apinayé, essa incorporação é gradual e depende em grande parte da estabilidade dos laços conjugais, em oposição aos laços filiais, na medida em que um desses laços aumenta sua força, o outro automaticamente diminui. Entretanto, e esse é o ponto para o qual desejo chamar a atenção, essa ênfase não é feita automaticamente. Isso em parte depende do fato de que a unidade matrimonial entre os Apinayé é a aldeia. Assim, casa-se na aldeia onde se têm os pais. Outro fator é que a família extensa é um grupo que opera, como estou tentando demonstrar, residualmente e não tem fronteiras bem demarcadas. Assim, a organização interna de uma família extensa Apinayé depende sobretudo do mútuo entendimento entre pais e filhas e os maridos dessas filhas. Mas o tamanho do grupo, as personalidades das pessoas implicadas no grupo e vários outros fatores, como fartura, penúria alimentar etc., podem trazer problemas. A ambiguidade da estrutura interna da família extensa está, assim, correlacionada à falta de uma posição de liderança fixa dentro do grupo, e isso parece ser uma função da autonomia das famílias nucleares como grupos básicos na produção e reprodução social.

A família extensa e a família nuclear, portanto, embora se entrelacem e sejam grupos muitas vezes associados, não se contaminam mutuamente. Isto é, elas não são vistas como unidades mutuamente exclusivas, com uma absorvendo necessariamente a outra.[10] Ao contrário, elas mantêm entre si áreas de ação distintas e

---

[10] Essa absorção da família nuclear pela família extensa, inexistente entre os Apinayé, mas existente em outras sociedades, é utilizada por Marion Levy Jr. e Fallers num inteligente artigo destinado a indagar se a família nuclear é universal. Em sociedades onde a família nuclear é um grupo sem importância, linhagens ou clãs unilineares passam a ser as unidades básicas, sendo o grupo chamado de nuclear totalmente absorvido (cf. Marion Levy Jr. & Fallers, 1959).

bem determinadas. Deste modo, a família nuclear tem terras e um espaço para si nas casas, ao passo que a família extensa opera em áreas mais difusas — pode-se mesmo dizer residuais. Com isso, as duas unidades tendem a ser complementares.

Uma expressão dessa complementaridade é o fato de que os Apinayé não possuem conceitos para nenhum dos dois grupos mencionados acima, que só podem ser referidos por circunlóquios verbais raramente utilizados. Os Apinayé não falam em famílias extensas como grupos de parentesco em potencial, nem falam das famílias nucleares como unidades destacadas desses grupos. Eles se referem simplesmente às residências ou as casas. Cada casa (*ikré* ou *nhõr--kwán* = morada, residência) tem uma família (nuclear ou extensa), sendo concebida teórica ou formalmente como uma unidade social politicamente independente ou potencialmente independente.

A consequência dessa ênfase na residência é que existe um nítido destaque da linha materna (as casas passam de mãe para filha), mas não são encontrados grupos unilineares de descendência. Isso ocorre porque as famílias nucleares são semi-independentes da família extensa. Cada marido tem autoridade sobre sua esposa, embora essa autoridade — como já mencionei anteriormente — não seja dada automaticamente com o casamento. Do mesmo modo, o tio materno e o pai da esposa começam a perder autoridade sobre ela no momento em que o casamento da moça se torna mais e mais estável, especialmente depois que tem filhos. Nestas circunstâncias, o grupo só permanece unido e só pode operar como grupo em virtude do consentimento dos seus membros adultos. Se o grupo doméstico tem um personagem capaz de influir sobre todos os seus membros, então ele pode operar como grupo. Em geral, como vimos, esse papel é exercido pelo casal mais velho da casa e seu desaparecimento é sempre apontado pelos Apinayé como um dos motivos básicos da cisão final da família extensa. Mas se tal não acontece, um dos maridos pode perfeitamente exercer a posição de liderança dentro do grupo.

A falta de uma estrutura de autoridade claramente definida não significa que os Apinayé não tenham seu comportamento regulado dentro de uma residência. Regras elaboradas de etiqueta cumprem esta função, e elas, como se pode esperar, estão basicamente orientadas para os parentes ligados pelo casamento, área onde as tensões podem surgir com mais frequência.

Antes de interpretar essas regras, porém, é preciso considerar como são concebidas as casas Apinayé.

No diagrama da aldeia, todas as casas estão ligadas através do pátio central e todas têm o mesmo peso social. Como dizem os Apinayé, elas são *atpen burog* (= iguais, semelhantes). Neste nível, pode-se mesmo dizer que os Apinayé não estão representando as casas de um ponto de vista físico e material, que eles chamam de *ikré*, mas os *nhõr-kwán*, isto é, as moradas, residências, um aspecto que nada tem a ver com o lado material das casas e se refere a um espaço puramente social que cada família tem direito a ter e que é passado de mãe a filha. Assim, seria possível dizer que uma parentela (ou *kindred*) poderia ter várias *ikré*, mas apenas um *nhõr--kwán*, isto é, apenas um lugar a ocupar na aldeia.

O diagrama 8 revela bem o que acabo de mencionar. Pois o desenho do informante não indica casas com muita ou pouca gente, nem aponta as famílias extensas ou as facções formadas por conjuntos de casas que estão relacionadas por parentesco e residência. O diagrama, como figura ideal que pretende ser, apenas mostra a aldeia e suas casas como grupos sociais capazes de ação independente. Assim, a única relação que existe entre as casas é uma relação formal, dada igualmente no diagrama: o caminho e a praça central. Observa-se também que o informante assinalou em cada casa a posição das suas portas. Há uma porta diretamente ligada a um caminho radial e outra que se liga aos fundos. Por conseguinte a casa — como a aldeia — fica motivada em termos de um lado cotidiano e privado (o lado da porta de trás) e de um lado cerimonial e público, dos caminhos radiais (*ngó prú*) que levam ao pátio. De modo coerente com essas divisões, os Apinayé chamam a parte da casa que dá para o pátio de *ikré kapême* (= frente da casa) e a parte dos fundos de *ikré katúd-lé*.

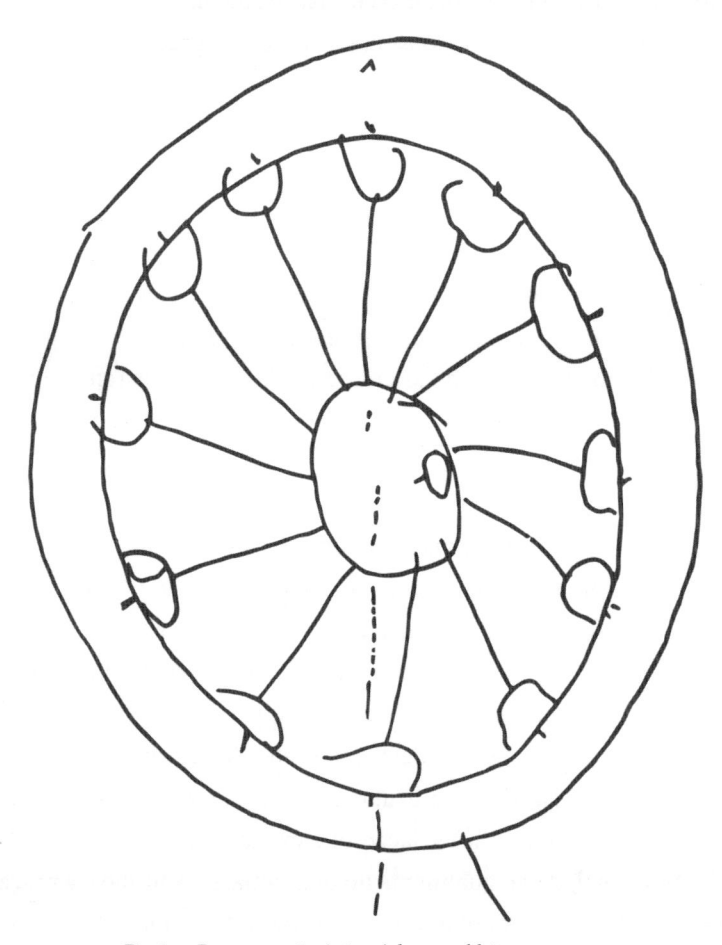

Fig. 8 — Representação Apinayé de uma aldeia e suas casas

Nos rituais é a parte da frente que é tomada como referência. Já a parte de trás é utilizada para as trocas diárias de comida e é lá que os Apinayé plantam árvores frutíferas e constroem suas latrinas (imitando claramente alguns brasileiros da região). A parte da frente da casa pertence à aldeia e está ligada ao pátio central. Assim, enquanto a parte dos fundos está numa área marginal, nas fronteiras da sociedade Apinayé, a parte da frente da casa está totalmente imersa no sistema social.

Mas isso não é tudo, pois a parte interna das casas também se divide em pequenos compartimentos (ou quartos), que entre os Apinayé são bastante visíveis, especialmente quando a casa é construída de barro. Todas as casas têm uma área diretamente ligada à porta da frente (i.e., a porta que se abre para a praça da aldeia). Essa área corresponde à nossa sala de visitas e é chamada *ikré kaprú* (onde *kaprú* = vazio). É nela que se recebe visitas e onde se fica quando se está executando algum trabalho caseiro ou quando se faz uma reunião. Em geral, é nesta parte vazia da casa que eles têm alguns bancos. Em contraste com esta parte da casa estão os quartos, chamados de *ikré itōme* (onde *itōme* = fechado). Creio que o nome indígena dá uma ideia da compartimentalização das famílias nucleares dentro da casa, pois é neste local que os membros desse grupo dormem ou guardam os objetos que consideram preciosos e pessoais, como miçangas, espingardas, pólvora, roupas, fotografias, espelhos etc.

2. VIDA COTIDIANA: DINÂMICA E ETIQUETA

Como essas divisões têm, obviamente, consequências sociais, elas são reforçadas e reafirmadas por um conjunto de regras de etiqueta, conscientemente expressas pelos Apinayé, se bem que dificilmente seguidas à risca. Assim, diz-se que para se entrar num quarto tem que se pedir licença ao dono da casa (marido ou mulher que estiver presente). E numa casa habitada por várias famílias nucleares, o sogro pode entrar na sala, mas não entra nos quartos dos genros sem pedir licença. Como também não apanha nada dos genros sem falar com eles. Do mesmo modo, não se deve pedir nada em outra casa exceto água e fogo.

Essas regras de etiqueta regulam também outras relações sociais. Assim, uma mulher deve servir a todos de uma casa sem distinção, isto é, sem tirar o melhor ou maior pedaço para seu marido em detrimento do marido de suas filhas, que caçou o animal e tem direito de ser servido generosamente. A distribuição da carne e da comida fica a cargo da mulher, pois é ela quem sabe para quem dar e quanto deve dar para cada parente. O marido deve fazer sugestões e quando essas sugestões são sistematicamente ignoradas, há atritos entre ele e a mulher. Isso, porém, como vimos, é mais frequente quando a sogra entrega a comida. E, neste caso, como se pode suspeitar, as regras são bastante complexas. Assim, o marido caça. Entrega a caça para sua esposa. Esta entrega para sua mãe que chama as outras pessoas da casa para comer. Só as mulheres servem. Os homens ficam sentados aguardando sua porção. Se a sogra está presente, ela deve começar a servir. Primeiro tira um pedaço para o homem que matou o animal. Os mais novos devem ficar calados, ao passo que o genro não dirige a palavra nem aos sogros, nem aos cunhados. Os meninos são servidos por último porque a melhor parte deve ser dos adultos.

 É evidente que essas regras visam regular sobretudo as relações entre os maridos e os pais da esposa. Assim se diz enfaticamente que um homem não fala com seu sogro (*imbré-geti*, ref.[11]),

---

[11] ref. = termo de referência.

com sua sogra (*papan-gedy*, ref.) e com seu cunhado (irmão da esposa: *imbré*, ref.). Com a irmã da mulher (*papani*, ref. e voc.) é possível conversar, mas com o cunhado e, especialmente, com o sogro e sogra só se fala depois que o casamento tem estabilidade e depois que o homem adquiriu uma posição mais firme na casa onde entrou como marido. No início do casamento, portanto, é a mulher que serve como mediadora entre o homem e seus afins. Ela liga duas esferas demarcadas pelas divisões físicas entre as famílias nucleares e pelas divisões sociais e de comportamento entre os membros das várias famílias elementares de uma mesma casa. Ela, porém, não está sujeita, *vis-à-vis* aos seus afins, ao mesmo conjunto de regras que se aplicam ao seu marido. Isso, no seu caso, seria redundante em virtude da regra de residência uxorilocal, já que ela não deixa sua casa natal. Entre ela e seus afins, portanto, existe sempre uma distância física que não precisa ser sublinhada por meio de regras de cerimônia.

Todas essas divisões de campos sociais e regras de evitação expressam o fato de que a família nuclear forma uma área social potencialmente independente. Por conseguinte, é possível interpretar as relações evitativas entre os afins como uma maneira de resolver os seguintes problemas: (a) o fato de a família extensa Apinayé não ter autoridade doméstica rigidamente definida; (b) o problema de terem os homens mudado de residência após o casamento e de que essa integração na casa dos afins é gradual e dependente dos laços entre marido e mulher; (c) o fato de o marido mudar-se rompe com a unidade do grupo de *siblings* (= de irmãos e irmãs) e também com a unidade das relações entre mãe-filha que tenderia a ser privilegiada na formação do grupo doméstico.

Como consequência de todos esses fatores, especialmente de (b), o homem fica num período crítico quando está mudando sua orientação social de uma a outra residência. É, pois, óbvio que esses fatores sejam muitas vezes incongruentes. Isto é, eles muitas vezes expressam tendências ou orientações sociais opostas. Por exemplo: o (b) indica que o grau de cometimento do homem do grupo doméstico da mulher é gradual, mas o (c) faz com que ele tenha que assumir certas responsabilidades em relação a sua esposa.

O jogo destas forças é difícil de ser controlado. Assim sendo, as relações entre os representantes destas forças e campos sociais são definidas pelo termo *piâm*. *Piâm* é a qualidade que define certas relações, como as entre sogros/genro e genro/cunhado. São vários os componentes da expressão. Um deles é traduzido pelos índios como respeito ou vergonha. O outro se faz presente na frase, ouvida muitas vezes: "quando um homem não tem mais *piâm* para o sogro ou a sogra, então começam as brigas." De fato, é quase um axioma sociológico entre os Apinayé o fato de que para uma relação social operar bem é preciso uma certa dose de *piâm*. É preciso existir uma certa dose de respeito e vergonha — de distância social — entre os parceiros de uma relação, para que direitos e deveres sejam respeitados e ela possa funcionar. Em certas áreas do sistema social, essa distância tende a desaparecer. Assim, diz um informante: "Entre pais e filhos não precisa haver *piâm*, porque eles foram criados juntos." O mesmo ocorre entre marido e mulher, depois que o casamento se tornou estável. Ter *piâm*, por conseguinte, é uma espécie de índice sociológico para um mínimo de separação que deve existir nas relações sociais. De um lado, a palavra indica respeito; de outro, indica conjunção, ou melhor, orientação para a relação social na medida em que os parceiros da relação conduzem suas ações de modo recíproco. Eu tenho *piâm* para meu sogro porque nós estamos em campos sociais distintos e porque, ao mesmo tempo, eu quero mostrar a ele que nós podemos viver juntos sem problemas. Note que esses são os ingredientes estruturais das situações associadas ao que Radcliffe-Brown chamou de "joking" ou "avoidance" (cf. Radcliffe-Brown, 1952: 91 [1974: 115]).

Mas aqui eu pretendo orientar a análise no sentido de campos sociais, em vez de concentrá-la, como faz Radcliffe-Brown e seus seguidores, em relações sociais vistas como elos diádicos. Nesta perspectiva, é muito claro que toda a etiqueta de evitação e separações vigentes na casa Apinayé é um mecanismo destinado a controlar tendências opostas colocadas pela regra de residência uxorilocal, bem como um modo de dar ênfase a campos sociais que, embora relacionados, são mais ou menos independentes.

Quando a família nuclear não está separada na sua própria casa, ela fica separada social e especialmente da família extensa pelo conjunto de regras descritas acima. Do ponto de vista do marido, a separação se expressa pelo conjunto de relações evitativas que podem ser interpretadas como regras destinadas a mediatizar a sua mudança residencial. Não falando, pois, com os pais e irmãos da sua esposa, o marido intensifica os laços com sua mulher e filhos dentro da casa. Com isso, os laços maritais são reforçados, fazendo com que os laços entre sua mulher e seus pais e irmãos fiquem mais tênues e sejam socialmente menos importantes que o laço marital. É claro que, ao fazer isso, ele também está segregando os laços que possui com seu grupo natal. É por isso que os Apinayé sempre dizem que os irmãos estão muito unidos antes do casamento (pois têm o mesmo sangue — *kābrô atpen burog*), mas depois eles ficam mais desligados uns dos outros. Do ponto de vista do marido, então, a separação de campos ou domínios entre a família extensa e a família nuclear é expressa em termos sociais, uma vez que a residência matrilocal faz com que os laços com os seus pais e irmãos sejam fisicamente cortados. Na perspectiva da mulher, ao contrário, a separação dos seus afins é física e mais ou menos automática. Primeiro, porque é o seu marido quem vem residir com ela.

Segundo, porque ele vem sempre de uma casa situada no "outro lado da aldeia". Assim, a mulher, muito menos que o homem, tem o problema de cooperar com seus afins.

Essa separação de campos rompe com a continuidade da família extensa, inibindo sua matrifocalidade e, consequentemente, o seu funcionamento como um grupo de parentesco com uma estrutura de autoridade rigidamente definida, condição fundamental para sua operação com linhagem matrilinear e uxorilocal. Assim, em vez de o grupo de parentes do marido e de o grupo de parentes da mulher ficarem dividido verticalmente, em termos de duas linhas e dois grupos organizados por descendência matrilinear (e como segmentos que "dão" e "recebem" homens), eles ficam confundidos e são estruturalmente identificados.

3. VIDA COTIDIANA: IDEOLOGIAS

Para os Apinayé, o principal componente ideológico da família nuclear é que esse grupo é considerado como um grupo natural. A família nuclear é, assim, reificada na natureza e os laços estabelecidos entre os seus membros são definidos como parte e parcela do mundo físico. Isso significa que a família elementar se distingue de outros grupos sociais porque ela é vista como profundamente relacionada ao corpo humano, sua gênese, composição e funcionamento.

Do mesmo modo que nós, os Apinayé estão plenamente conscientes de que o corpo humano é constituído de órgãos separados entre si, cada qual com uma função. Esse conhecimento não é fornecido por autópsias, como ocorre com outros grupos tribais, como, por exemplo, os Azande da África (cf. Evans-Pritchard, 1937). E tudo indica que o corpo humano, e suas partes internas, é conhecido por analogia com o corpo dos animais caçados e esquartejados pelos índios. Deste modo, os Apinayé sabem que dentro do corpo existem ossos, veias, substâncias e vários órgãos. Minhas discussões com eles revelaram que o corpo humano é dividido em várias partes. Internamente, eles distinguem a língua (*ontó*), o coração (*amdjôro*), o pulmão (*baga kríti*), o fígado (*bá*), o estômago (*tú*), o pâncreas (*ankré*), os rins (*kukatire arina*), a bexiga (*ôtxó*) e o que eu assumo ser a vesícula biliar (*batxó*), que, segundo eles, "tem água verde dentro". Desenhos de alguns informantes (o melhor deles está reproduzido na página que segue, na Figura 9) revelam um complicado padrão de ligações entre essas várias partes do corpo, mas a estrutura é simples. Pois o corpo é sempre desenhado como uma linha que se prolonga de cima para baixo, isto é, da cabeça (onde se localiza a língua) até as partes genitais, embaixo, onde os índios localizam o pênis e o escroto (respectivamente, *txôto* e *grénikô*). Eles são também muito claros em relação às funções de alguns desses órgãos, dizendo que os situados em cima (o coração, o pulmão, fígado, estômago e pâncreas) precisam de "muita água para apurar o sangue". Já os órgãos genitais precisam de menos água. Tudo indica que a presença ou a ausência de água é fundamental na classificação e no funcionamento do corpo humano, segundo os Apinayé. De fato, sua fisiologia parece estar baseada na ação de umas poucas substâncias fundamentais para a formação, manutenção e extinção do corpo humano como elemento capaz de operar socialmente. Entre essas substâncias, a água (*kó*), o sangue (*kābrô*), o leite materno (*kó-kagô* = água branca) e esperma (*hôko*) são básicos. Quando os Apinayé falam do que acontece com a água ingerida, eles dizem que ela é transformada em sangue por uma série de órgãos. Beber muita água aumenta o sangue. Consequentemente, os velhos, as pessoas magras e as criancinhas que bebem pouca água têm pouco sangue e a pele seca. O mesmo ocorre com a comida ingerida, sempre medida em termos de água e sangue (quando se trata de carne) que contém.

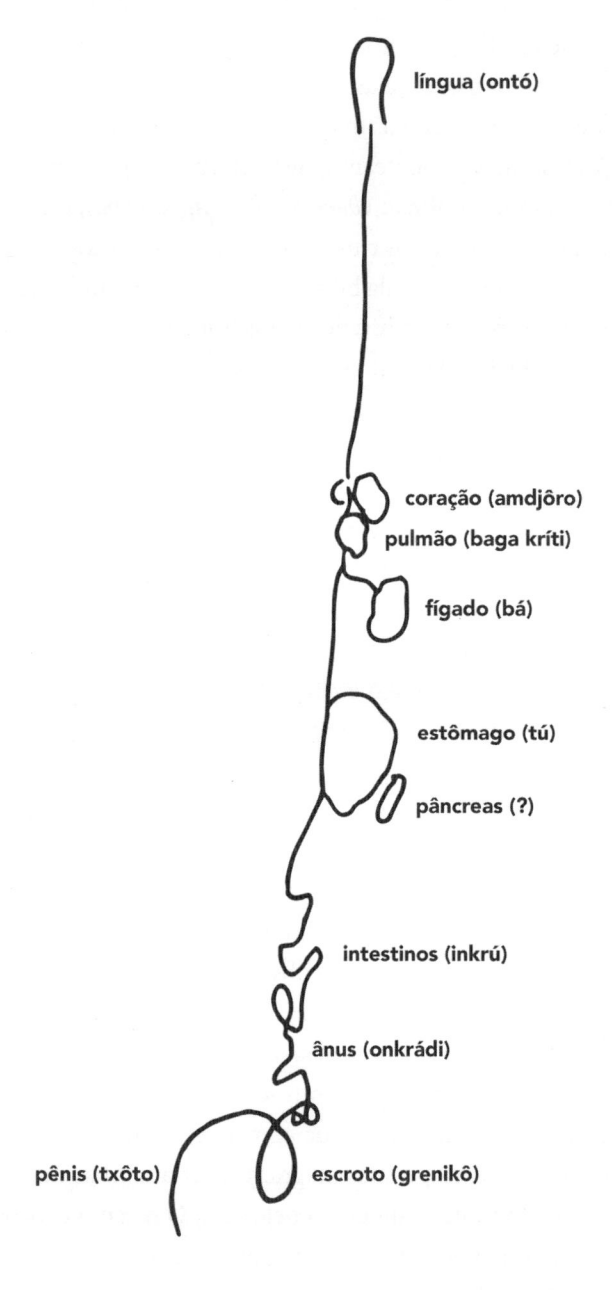

Fig. 9 — O corpo humano de acordo com um Apinayé (Grossinho)

Em relação aos órgãos genitais e seu funcionamento, os Apinayé, como os outros Jê, são precisos em relação a uma série de processos naturais. Eles correlacionam a falta de menstruação (= *kābrô*) com a gravidez. Dizem que a placenta (*kratí*) é o "companheiro do neném" e a enterram após o parto. Sabem das modificações nos seios e ventre feminino durante a gravidez e só explicam o aparecimento do leite a partir da maternidade.

A par destas noções bastante familiares, os Apinayé dizem que nenhuma mulher pode ficar menstruada sem ter tido relações sexuais. É o defloramento que provoca o início da menstruação e é a menstruação que indica a presença ou ausência de gravidez. Esta noção tem consequências importantes, pois implica que o homem complementa a fisiologia da mulher num dos seus aspectos mais básicos. Sem a intervenção masculina, a mulher não poderia ter um mecanismo fisiológico que serve para marcá-la por toda a vida e que é parte de sua natureza.

É lógico, portanto, que os índios concebam a formação de um novo ser humano como uma consequência direta da intervenção de substâncias masculinas e femininas. Casando-se com uma mulher virgem, o homem primeiro provoca nela o fluxo menstrual, indicativo do defloramento. Em seguida, quando o seu esperma se mistura com o sangue menstrual feminino, ela fica grávida. A criança é, então, formada em parte pelo pai e em parte pela mãe. Alguns índios dizem que o pai dá os ossos (que são brancos como o esperma), a carne e a pele; ao passo que a mãe dá o sangue. Outros dizem que a mãe dá mais porque o sangue menstrual é maior que a quantidade de esperma doada pelo pai. Essas opiniões não são unânimes, e entre eles não há nenhuma indicação de uma transmissão de partes do corpo ou de substâncias místicas que seriam prerrogativas do lado materno ou paterno.

Uma vez que houve um encontro entre o sangue menstrual da mulher e o esperma do homem,[12] um ser humano está potencialmente formado. Digo potencialmente para ser fiel à noção Apinayé de que a concepção de um novo ser é sobretudo um processo que implica em ações físicas e sociais. Primeiro, como vimos, é preciso que um homem e uma mulher copulem (façam *baguní*) constantemente; depois, é preciso que eles formem uma unidade em oposição a outros grupos sociais. Expliquemos os dois pontos em detalhe.

A noção de que é preciso copular muito para formar um novo ser humano tem consequências sociais. Ela traduz um ideal social dos Apinayé, o casamento monogâmico, onde marido e mulher cooperam social e economicamente, além de agirem como uma agência de socialização dos imaturos. Copular constantemente para formar a criança significa ter uma união sistemática com o sexo feminino. É a cópula constante que faz com que a criança cresça e se desenvolva no ventre materno.[13] Os Apinayé dizem que quando o marido morre com a mulher grávida de pouco tempo, a criança pode nascer muito fraca e na maioria das vezes criar-se com dificuldade. Por outro lado, é possível que dois ou mais homens sejam genitores de uma criança, desde que todos tenham copulado com a mãe durante sua gravidez. Mas embora os Apinayé reconheçam essa possibilidade, eles não lhe dão muita importância, dizendo sempre que o pai (*pater*) é que deve ser o genitor. Eles assim dão ênfase à união permanente entre o homem e a mulher,

---

[12] Creio que os Apinayé não especificam as condições deste encontro. Mas esse problema precisa ser mais bem investigado no campo. Se essas condições não existem, a menstruação pode muito bem ser vista como uma espécie de aborto.

[13] A cópula constante pode ser uma maneira de o homem equilibrar sua contribuição biológica ao feto, já que os Apinayé sabem que a quantidade de esperma doada pelo homem é menor do que a do sangue menstrual.

ao mesmo tempo que parecem conceber o papel de *pater* e *genitor* como homólogos.

Por outro lado, essa maneira de encarar a gravidez e a formação da criança como processo não se limita somente ao contato fisiológico direto. Assim sendo, não basta que o marido e a mulher tenham relações sexuais frequentemente. É preciso que eles formem uma unidade devotada ao bem-estar da criança (então um feto), o elo que verdadeiramente condiciona e materializa essa união. É essa unidade — que anuncia a formação da família nuclear como grupo potencialmente autônomo — que é consubstanciada no que os Apinayé chamam de *piangrí* e que significa resguardo, evitação ou precaução.

Entre os Apinayé há essencialmente dois tipos de precauções. Uma delas diz respeito ao comportamento social do indivíduo: seu modo de falar, sua gesticulação; numa palavra, seu comportamento como membro de um grupo. Essas são as precauções implicadas quando duas pessoas estão envolvidas numa relação onde existe muito respeito, vergonha ou distância social (= *piâm*). Como exemplo típico deste tipo de precaução, podemos citar as relações com os afins. Outro caso desse mesmo tipo de evitação ou precaução social é o do comportamento de um homem ou mulher *vis-à-vis* aos seus amigos formais. Mais tarde iremos abordar e elaborar essas relações com maiores detalhes. Por ora, vale dizer que entre amigos formais (*krã-geti/pá-krã*) existe um elo bastante cerimonioso. Essa é a relação em que, para os Apinayé, existe maior quantidade de *piâm*. Assim, um homem (ou mulher) tem que respeitar o seu *krã-geti* (ou *krã-gedy* no caso feminino) de modo total e exemplar. Se ele, por exemplo, estiver pronto a matar uma pessoa e o seu *krã-gety* (ou *krã-gedy*) interferir, dando-lhe conselhos, o projeto tem que ser abandonado. Se por acaso ele ficar com raiva do seu amigo formal, poderá ficar cego de um olho ou com bolotas pelo corpo. Entre os Apinayé, por conseguinte, essas relações cheias de *piâm* têm um conteúdo que pode ser chamado de *místico*, característico, segundo Leach, das relações de afinidade (cf. Leach, 1961: 19).

O segundo tipo de precaução parece possuir um conteúdo inteiramente diverso. A ênfase é menos num laço místico entre marido, mulher e filhos e mais numa relação por incorporação onde se acentuam laços de substância entre as pessoas. As precauções relacionadas ao processo biológico da formação de uma criança implicam, assim, em ações sociais racionalizadas por uma infraestrutura biológica.

E aqui, os Apinayé distinguem três tipos de evitação. O primeiro é chamado — como vimos acima — *piangrí*, uma palavra que parece ser composta de *piâm* (= respeito, vergonha...) e do afixo *grí*. O segundo é chamado *amnía agrí* (sendo *amnía* um reflexivo e a expressão podendo ser grosseiramente traduzida como "o resguardo que eu faço para mim mesmo"). O terceiro é muito parecido com o segundo e é chamado *amní kãbrô iangrí* (onde *kãbrô* = sangue). Há, portanto, uma diferença fundamental entre esse grupo de expressões. O primeiro é usado para o resguardo de parto, cobrindo também as evitações pós-parto; os dois últimos para as precauções que devem ser observadas quando se mata um inimigo (os Apinayé chamam esse tipo de evitação de "resguardo de criminoso") e quando uma mulher fica menstruada, daí a menção ao sangue (*kãbrô*). De fato, o resguardo de criminoso e o de menstruação são definidos como sendo "reflexivos", isto é, uma pessoa o faz orientado para si própria. Já o resguardo de parto (e pós-parto) implica numa orientação tipicamente coletiva, para o filho que vai nascer, para o marido e a mulher. Estudemos inicialmente o que há de comum em todos esses casos de resguardo.

Vimos, linhas atrás, que o sangue é uma substância vital entre os Apinayé. Sem sangue não há vida animal ou humana, e onde há sangue existe sempre a possibilidade de movimento, agressão, vontade e vigor. Os velhos e criancinhas, porque têm pouco sangue, são seres cuja agressividade é baixa, cuja vontade é fraca e o vigor é quase inexistente. É que os velhos e crianças estão situados em pontos extremos da escala da vida humana: os primeiros perto do mundo dos mortos porque estão no fim da vida, os segundos muito perto da natureza porque são recém-nascidos. Para os Apinayé, o processo de envelhecimento é marcado por uma perda gradual de sangue. Sangue e água, como fluidos vitais, são voláteis e têm a capacidade de escapar do corpo. Normalmente, a saída do sangue (que traz o ressecamento da pele e a morte) é gradual. Mas, em casos de cortes, o sangue pode escapar de modo violento e, assim, uma pessoa morre. Em 1962, um homem seccionou acidentalmente uma veia do pé com um machado enquanto cortava lenha. Perdeu muito sangue. Quando estive em sua casa para os curativos, observei que os índios não deixavam que os cachorros lambessem seu sangue. Posteriormente, quando estava recuperado, ele nos revelou: "Naquele dia, quase perdi meu *me-karon* (= imagem, sombra, alma)!" É que a "alma"[14] deixa um corpo sem sangue, embora os Apinayé digam que as almas também têm sangue, mas um sangue fraco, descorado, esverdeado *(gran-gran* = verde e amarelo), um sangue "vegetal".[15] Há, pois, uma ideia de enfraquecimento gradativo do sangue, correlacionado à perda gradativa da vida. Assim, a equação *alma = sangue* é plausível. De modo concomitante,

---

[14] Em outros contextos, é possível traduzir *me-karon* mais precisamente por *imagem*. E como tudo tem uma imagem, tudo tem um *me-karon*. Há, assim, a noção de que existe um mundo real e um mundo feito de imagens. Só que os Apinayé, como antiplatonistas que são, dizem que o mundo real é melhor do que o seu duplo, pois todas as imagens são mais fracas e mais efêmeras do que a realidade concreta.

[15] O que é totalmente coerente com a concepção de que, depois de passar algum tempo na aldeia dos mortos, as almas finalmente morrem e a alma-da-alma entra num toco de pau ou em corpos de animais que, mortos, fazem com que elas desapareçam na natureza. Esses animais são caracterizados por terem pouco sangue e não são comidos pelos índios (cf. também Nimuendaju, 1956: 108).

pessoas com muito sangue são pesadas (como as mulheres) e não podem atualizar o ideal masculino de ligeireza e rapidez. É por isso que, nas iniciações, os jovens noviços (*pẽb*) também se sujeitam a uma dieta alimentar e muitas vezes fazem escarificações para tirar um pouco de sangue (cf. Nimuendaju, 1956: 57). Quando se pergunta aos Apinayé por que eles fazem resguardo — de criminoso, de menstruação ou de parto —, eles dizem que é por causa do sangue. No caso da precaução pela morte de um inimigo, o sangue indica precisamente a substância vital que foi tirada do morto e contaminou o assassino. É que o sangue, como ficou implicado linhas atrás, não é somente definido como líquido. Ele é um fluido que possui um cheiro muito forte e que, sendo volátil, contamina o matador, fazendo com que no seu corpo exista mais sangue (e mais alma) do que o normal.[16] Uma consequência disso é que a alma do morto fica também próxima do criminoso e isso causa loucura. Para descontaminar e equilibrar o matador é preciso desfazer a relação social estabelecida com a vítima. É para estabelecer essa descontinuidade que os Apinayé fazem o resguardo do morto. E, para isso, comem sobretudo muita pimenta misturada com um tatupeba (*aptxête* em Apinayé, *Euphractus s. flaviaramus*), pois a pimenta é quente e afasta o *me-karon* do morto que gosta de lugares frios. E o tatupeba comido vinga-se comendo o cadáver do morto mais depressa, o que liquida os seus fluidos contaminadores. Esse tipo de precaução é, assim, realizada para que uma descontinuidade seja obtida entre matador e morto, como se a morte provocada pelas ações de um homem (o matador) estabelecesse uma relação de substância indesejável entre ele e sua vítima. Este resguardo é feito somente pelo matador.

---

[16] Foi Patrick Menget quem apontou para mim a importância desta relação entre cheiro, alma e sangue e o seu caráter volátil. Segundo ele, ela é também corrente nas tribos do Alto Xingu (onde Menget fez seu trabalho de campo).

No caso da menstruação, diz-se que o resguardo deve ser feito porque a mulher está fraca, pois está perdendo muito sangue. Nessas condições, ela fica reclusa: deve permanecer dentro de casa e não participar de trabalhos normais. Ninguém deve copular ou mesmo se aproximar dela, pois ficaria com o corpo quente (como a mulher, o sangue é quente) e muito fraco e sem vontade. Ela deve, sobretudo, ficar afastada das roças porque o seu olhar seria suficiente para atrair formigas-de-fogo (vermelhas como o sangue) que comeriam todos os vegetais plantados. Sua dieta inclui comidas bastante cozidas (como o beiju) e exclui carne de certas caças consideradas *onduí* (= feias, pesadas) como a paca (*grá* em Apinayé, *Coelogenis paca*), que tem o pelo muito mole e provocaria a queda dos cabelos, e especialmente as que vivem próximas da água (como peixes e o jaboti — *kaprán* em Apinayé, *Testudo tabulata*). Se ela come esses animais poderá perder muito sangue, pois, como vimos, há uma relação entre água = sangue. Quando uma mulher casa-se virgem, o marido fica também submetido às mesmas restrições, especialmente quando da primeira menstruação da mulher (cf. Nimuendaju, 1956: 60). Por outro lado, é esse cuidado com o sangue, sua perda e evaporação que prescreve o uso das "varinhas de coçar", hoje caindo em desuso entre os Apinayé (cf. Nimuendaju, 1956: 60).

O resguardo da menstruação, assim, implica — em certos casos — na participação de um parceiro e numa ênfase nos laços entre marido e mulher, unidos após a cópula com elos de substância comum, o sangue.

Tendo em vista a noção de sangue entre os Apinayé, é possível especular que sua perda no caso da menstruação indica uma fuga de substância vital para a mulher, bem como uma contaminação do responsável por essa perda. Isso é consistente com a ideia Apinayé de que o resguardo é feito pelo homem porque ele "fica devendo sangue". A mulher, deste modo, estaria sujeita a recorrentes perdas potenciais de sua substância vital e, por conseguinte, de parte de sua alma. É por isso que os Apinayé, como os Kayapó, consideram a menstruação como uma doença (*kané*). Os Kayapó só admitem a menstruação como normal no caso de a moça ser solteira. Nas mulheres casadas, isto é, mulheres que têm uma relação de procriação permanente com um homem, esse estado é considerado anormal e deve ser evitado por meio de certas drogas (cf. Bamberger, 1965).

O resguardo mais elaborado, entretanto, é o do parto. Este, além de implicar na participação explícita do marido e da mulher, continua após o nascimento da criança e se prolonga pela vida afora, sendo observado todas as vezes que os membros da família nuclear estão doentes. O resguardo de parto é feito durante dois meses pela mãe e por quatro meses pelo pai. A razão para o tempo menor da mulher é explicada porque ela deve amamentar o filho e precisa comer para "acabar de formar o menino". Hoje em dia, essas evitações são pouco observadas e alguns informantes mais moços chegam a dizer que não aguentam um grande resguardo como se fazia antigamente. Mas resguardos de dois meses foram observados por nós em pessoas mais velhas. Tradicionalmente, contudo, o homem ficava cerca de vinte dias sem tomar banho (entrar na água fria do ribeirão faria o sangue subir para sua cabeça e provocaria a queda dos cabelos) e permanecia em casa, junto com a mulher, fazendo serviços muito leves.

Os Apinayé sempre apresentam a criança como ponto central para esse tipo de resguardo. Aqui, como em outras áreas do sistema social, a noção de processo é fundamental, pois a criança é feita aos poucos e, mesmo depois de nascida, ela deve crescer gradualmente. Por causa disso, comentou um informante, "o resguardo é feito para segurar o sangue do menino que é ainda muito fraco". As crianças novinhas (*karô-re*), que "não veem e não sabem de nada", têm pouco sangue e esse sangue deve aumentar vagarosamente.[17] Neste período de verdadeira transição da natureza para a sociedade, os pais são responsáveis por esse aumento. Na concepção Apinayé, portanto, o resguardo só é abandonado quando a criança atinge a idade de dois ou três anos (*prin-re*), quando está durinha e começa a andar, atividades sintomáticas de que seu sangue (e sua alma) "estão garantidos". A formação do corpo depende do aumento gradativo do sangue e o aumento do sangue é básico na formação da alma da criança, sua imagem física e social. E são os pais (os genitores, para ser mais preciso) os principais responsáveis por esse aumento, pois de todas as pessoas da aldeia são eles os únicos que possuem todas as ligações com a criança, um ser ainda submerso na natureza. Deste modo, quando se pergunta a um Apinayé por que ele evita certas carnes e comidas, a resposta mais frequente é: "os pais não comem caça porque o menino ainda não comeu. Ele está muito novo, só conhece leite materno, ainda não conhece caça. Por isso, a gente também não come!"

Assim, pai e mãe não comem carne de tatu porque isso provocaria *coruba* (inflamação) no corpo do filho. Não comem veado porque sua carne é cheia de sangue e isso ocasionaria a morte do menino (seu sangue aumentaria de modo demasiado rápido). Peixe faria o menino ficar com diarreia. Macaco levaria o menino a não dormir de noite (como os macacos). Seriema (*brekê* em Apinayé, *Microdactylus cristatus*) levaria à loucura (é uma ave que se movimenta sem parar). Se comer rato, o menino passa a noite querendo beber água porque rato gosta de água etc. Há

---

[17] Simultaneamente, sua alma também está fraca, isto é, ainda não está totalmente segura no corpo, o que pode ser interpretado sociologicamente como uma indicação de que a criança ainda não tem uma imagem social, somente adquirida mais tarde, quando recebe nomes cerimoniais. Sabe-se, portanto, que as criancinhas podem perder suas almas facilmente quando se assustam. Quedas e surras inesperadas podem conduzir a esse estado que tem que ser sanado com ajuda do *vaiangá* (curador). Cf. Nimuendaju, 1956: 110 para esse mesmo problema. No próximo capítulo, apresentaremos uma descrição dos *nomes* entre os Apinayé.

certos animais, porém, que comidos pelo pai somente afetam o filho. Desse modo, se o pai comer caititu (*amgrô-re*, Apinayé; *Dicotyles tayassu*), o filho fica louco e morre, mas a mãe nada sofre. O mesmo ocorre se o marido comer anta ou quati, que faria o filho ter diarreia, mas nada de mal traria para a mãe. Já a ema, ao contrário, se comida pelo marido, afetaria somente a mulher, não o menino. A mulher, porém, sempre afeta o filho e não o marido. Essa assimetria indica provavelmente que o laço biológico entre mãe e filho não termina com o parto e é levado a efeito durante o importante período de aleitamento. O marido é, assim, não só responsável pelo bem-estar do filho como também pelo bem-estar da mulher.

De qualquer modo, o resguardo obrigatório entre os membros da família nuclear não termina após o parto. Ele se prolonga por toda a vida. Assim, caindo doente o pai ou a mãe, os filhos fazem resguardo, do mesmo modo que os irmãos devem fazer resguardo uns para os outros e os pais para os filhos. Nesta sociedade, não se encontra a assimetria que surpreendeu Maybury-Lewis entre os Xavante, onde um filho não pode prejudicar a saúde do seu pai. O mesmo ocorre com os Kayapó (cf. respectivamente Maybury-Lewis, 1967: 66, e Turner, 1966: xvii).

A teoria dos resguardos Apinayé expressa uma noção de que, em certas ocasiões, o ser humano se torna particularmente vulnerável a certas influências. Comer em demasia certos animais ou vegetais provoca doenças porque a pessoa pode ficar contaminada pela alma ou sangue dos alimentos (cf. Nimuendaju, 1956: 110). Para que o doente volte ao normal, é preciso então separá-lo da espécie animal ou vegetal ingerida e que está causando a doença. O resguardo é uma das técnicas fundamentais para reordenar a fisiologia do doente e separar dele certas características do animal ou vegetal que foram anormalmente absorvidas. Perder sangue ou fazer perder sangue (quando se mata uma pessoa) é também causa de liminaridade. Do mesmo modo que nas doenças, há perda de substância vital e como o sangue é o repositório da alma (imagem física e social da pessoa), o indivíduo fica particularmente predisposto a contrair doenças e desaparecer. De um ponto de vista geral, portanto, essas ideias expressam e traduzem sempre uma comunicação malfeita entre o domínio social e o natural (onde vivem os espíritos e os animais).[18] Sociologicamente, elas são fundamentais na delimitação de fronteiras entre pessoas e grupos de pessoas, porque marcam as fronteiras onde se passa de uma relação social a uma relação de substância.

A teoria das doenças Apinayé identifica claramente o doente com a planta ou animal ingerido impropriamente, do mesmo modo que a morte violenta identifica o assassino com o assassinado, pois que o perigo é o de ter dois *me-karon* junto de um mesmo corpo. Toda a ação terapêutica do resguardo é feita para separar esses campos perigosamente conjugados. Sua ação é a de estabelecer uma *descontinuidade* entre seres que não podem e não devem estar relacionados substancialmente. O mesmo pode ser dito em relação ao fluxo menstrual que coloca a mulher periodicamente em contato com a natureza e provoca a perda de seus fluidos vitais.

Mas, na gravidez e no parto, tudo se passa ao contrário. Aqui é preciso não deixar que a criança volte à natureza e se transforme em sangue novamente. Trata-se de "salvar" um ser humano potencial do mundo natural. Por isso a ação do resguardo de parto é

---

[18] Essa situação é reproduzida nos mitos que podem ser definidos como narrativas de eventos onde alguém passou de um a outro domínio do cosmos Apinayé. Uma das condições para essa passagem é a solidão. Uma outra é um desligamento do grupo social e uma orientação pessoal quando alguém só procura satisfazer os seus próprios interesses. Os presságios Apinayé revelam, a meu ver, essa passagem de modo muito nítido, como tentei demonstrar em outro lugar. Cf. DaMatta, 1971. E para os mitos, DaMatta, 1970, 1973.

dupla. Primeiro, ela visa estabelecer, como nos outros casos, uma descontinuidade entre a criança e a natureza: daí as evitações de certos animais considerados *ondui*. Depois, ela visa manter o novo ser humano potencial em contato com certos membros da sociedade humana, aqueles que são responsáveis por sua transição da natureza para a cultura. A uma ação descontínua soma-se então uma ação que objetiva provocar uma *continuidade* entre um certo número de pessoas: os pais (mediadores entre natureza e sociedade porque formaram o corpo da criança) e os filhos naturais, por ele engendrados. A descontinuidade que notamos no resguardo de parto é da mesma natureza daquela das outras precauções. Deixa-se de comer certos animais e de se fazerem certas ações (como trabalhos pesados, que causam suor ou perda de água do corpo) que reteriam a criança ou a mulher em contato com o mundo natural, pois esse contato provocaria sua morte ou um comportamento social não controlado socialmente (caso das doenças, onde alguém procede como o animal que lhe está fazendo mal). Sua continuidade, porém, é obtida pela identificação entre os responsáveis pela concepção da criança. É essa identificação que parece ser o elemento crucial numa análise estrutural das evitações Apinayé e é ela que possivelmente explica a sua importância sociológica.

Nesta perspectiva, percebemos que o pai não come certos animais e evita certo tipo de comportamento não porque ele queira chamar a atenção sobre si mesmo, ou estabelecer, como queria Tylor, sua própria linha de descendência (cf. Tylor, 1889). Mas, ao contrário, *mãe* e *pai* deixam de comer certos alimentos porque a criança ainda não os come. Assim sendo, a chamada "couvade" não seria uma imitação da mulher pelo marido, nem um complexo de crenças mágicas destinadas a fazer face à alta mortalidade infantil como quer Niels Fock (1960: 143); mas, isso sim, uma "imitação"

A MORFOLOGIA DA SOCIEDADE APINAYÉ (I)

do filho pelo marido e pela mulher.[19] E mesmo assim, sabemos que a fórmula não é suficiente, porque entre os Apinayé (como entre os outros Jê) as precauções de parto são apenas uma das evitações destinadas a separar terapeuticamente domínios mal misturados. E o corolário disso é a ênfase nos limites de grupos e campos sociais. Assim, quando um dos membros da família nuclear fica enfermo, os pais e irmãos deixam de comer certas coisas que o doente não pode também comer. O tema da identificação e da divisão está presente também aqui, chamando a atenção para a natureza substantiva e assim incorporada da família elementar.

Vista sob um prisma estrutural, portanto, a "couvade" — como o totemismo — se dissolve. Ela, como o seu comparsa etnológico, deixam de ser fenômenos puros e se reduzem, como demonstrou Lévi-Strauss (1962), a mecanismos sociais fundamentais. Num e noutro caso, como acabamos de verificar, esses quebra-cabeças nada mais são do que modos sociais de delimitar e consubstanciar grupos, categorias e relações sociais.

Pode-se dizer, então, que a família nuclear é um grupo definido por intermédio de relações de substância, pois é nesse grupo que o sangue materno e o fluido seminal paterno se misturam, se coagulam e onde seres humanos são formados. Sob esse ponto de vista, a família elementar é uma verdadeira fábrica de produção e de reprodução social. Em outras palavras e mais cosmologicamente, pode-se dizer que o domínio da família nuclear é o domínio da transfor-

---

[19] Lévi-Strauss desenvolve esse mesmo ponto no seu *La pensée sauvage*, p. 258. O leitor, porém, irá observar que o mestre francês está colocando um ponto de vista geral — para não dizer um excelente palpite — enquanto que eu estou interpretando um sistema específico. Além disso, discordo de Lévi-Strauss quando ele diz que na América do Sul "o marido toma maiores precauções ainda do que sua mulher, porque, em virtude das teorias indígenas sobre a concepção e a gestação, é mais particularmente a sua pessoa que se confunde com a do filho" (1962b: 258). Estou inclinado a suspeitar, a partir dos dados fornecidos pelos Jê e de outras análises mais recentes de outras sociedades tribais do continente sul-americano, que esta identificação entre o pai e o filho deve ser rara. Isso seria devido à ausência de grupos unilineares de descendência e a importância social da família nuclear que por meio destas evitações é separada do grupo maior que, muitas vezes, forma a própria comunidade de aldeia.

mação de produtos naturais em comida e de sangue e esperma em seres potencialmente humanos.

Ver a família nuclear Apinayé deste modo é importante porque sabemos que, como todos os grupos sociais, ela também tem um ciclo de desenvolvimento. Ela nasce, como vimos, do casamento. E o casamento entre os Apinayé não é definido em termos de categorias prescritivas. As esposas são sempre definidas (ou redefinidas) como distantes, não relacionadas a um dado Ego masculino. Mas como a família nuclear está fundada em relações genéticas, de sangue, uma vez que o casamento torna-se estável, o elo, que era puramente social, transforma-se numa relação biológica. Como consequência, os Apinayé sempre dizem que a mulher tem o mesmo sangue do marido, pois marido e mulher ficam "trançando" suas substâncias vitais ou, mais poeticamente, "eles dormem no mesmo calor", isto é, dormem entrelaçados e deste modo fabricam uma autêntica transformação das relações sociais em relações biológicas. Os filhos do casal são a prova concreta dessas relações sociais reificadas na natureza, e a família elementar, o núcleo de substância do qual partem outras relações que igualmente podem ser reificadas como relações de sangue. É preciso, porém, chamar a atenção para o fato de que essas relações não têm o mesmo peso. Assim, em vez de ter todo um grupo definido como possuindo o mesmo grau de substância, como é o caso de algumas sociedades com linhagens unilineares, tem-se relações que vão ficando mais fracas e mais tênues, na medida em que se vai afastando da família nuclear. O diagrama da página 138 é uma tentativa de traduzir essas noções visualmente. Nele, *natureza* e *cultura* (ou sociedade) são duas áreas postas em contato pela família nuclear. O mesmo ocorre entre as categorias parentes/afins que, como as anteriores, não estão localizadas geograficamente no esquema. Assim, o que se pretende representar é o fato de que a família nuclear, ou melhor, as relações permanentes entre um homem e uma mulher, são relações que abrem uma brecha nas fronteiras do social e colocam em comunicação natureza e cultura, parentes e afins. Dentro do domínio da nuclear, o sinal positivo indica uma forte relação de substância entre os seus membros. As relações negativas que partem da família nuclear, para cima e para baixo, indicam o enfraquecimento gradual destas relações definidas como sendo de sangue pelos Apinayé. Deste modo, só se faz resguardo para os membros da família elementar, os outros ficam de fora. Como disse um informante, e eu transcrevo corrigindo a linguagem: "os parentes que pelo sangue faz a gente ter resguardo é só o pai, a mãe, os filhos e os irmãos. Para neto (classificado como sobrinho cruzado entre os Apinayé e todos os Jê do Norte) já não há mais resguardo. Em caso de doença grave, a família próxima (i.e., nuclear) tem que guardar resguardo e comer somente o que o doente comer. Não há resguardo para netos e sobrinhos porque o sangue está fraco e de longe. Só se faz resguardo para um sobrinho (ou neto) quando ele perde a mãe e então a gente cria ele no peito. Mas se a gente pegar a criança depois que ela mamou, não faz resguardo".

Entre outras explicações Apinayé, escolhi a declaração transcrita acima porque ela realça o importante problema da identificação estrutural e traduz um aspecto essencial da ideologia da vida cotidiana Apinayé, qual seja: a *gradação* que existe e que é possível estabelecer entre os laços sociais. Pois as famílias elementares ligam-se entre si por meio de relações que nem sempre podem ser justificadas fisiologicamente, mas que vão perdendo sua eficácia biológica e social na medida em que se afastam do grupo tomado como referência, um grupo elementar. De modo concomitante, são as relações entre pais e filhos e entre irmãos as únicas que implicam em obrigações categóricas. Um filho deve sempre ajudar seu pai e sua mãe, bem como seus irmãos em várias situações. Por isso, todas as vezes que se caça, a carne deve ser dada para os pais e depois para os irmãos e irmãs. Do mesmo modo, é sempre possível dizer que um avô (*geti*) ou um tio (também *geti*) tem o mesmo sangue, desde que as relações entre *Ego* e a pessoa que ocupa essa posição genealógica sejam socialmente poderosas.

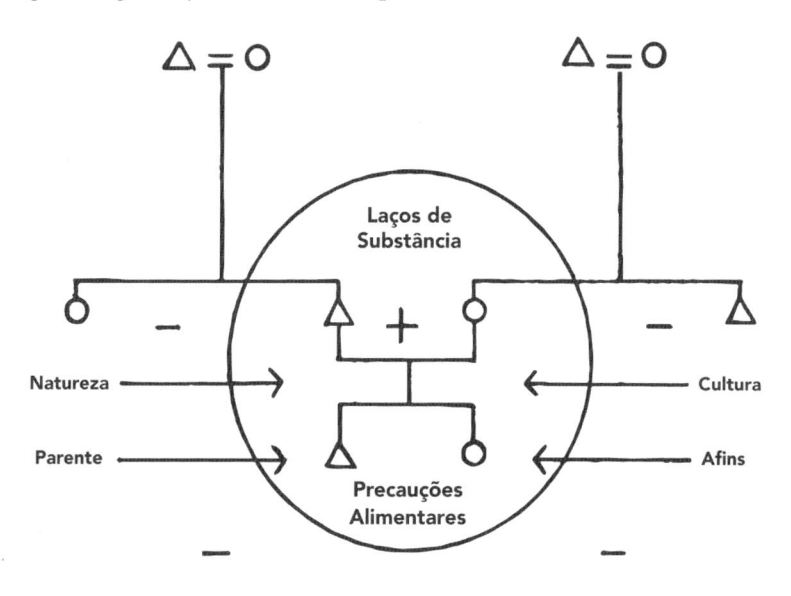

Fig. 10 — Segregação de áreas do sistema de relações Apinayé em termos de laços de substância e cerimoniais

Mas há fatores não biológicos que interferem na família nuclear. O mais conspícuo é a regra de residência uxorilocal que, separando os irmãos do mesmo sexo, pode provocar uma interrupção de seus contatos sociais, que eram intensos quando eles viviam na mesma casa. Por outro lado, tudo indica que as diferenças fisiológicas entre homem e mulher se expressam nas relações entre irmão e irmã que ficam separados pela regra de residência matrilocal e por sua natureza fisiológica básica, já que a mulher (e irmã) tem mais sangue que o homem (o irmão), sendo mais pesada e mais fraca do que ele.

A MORFOLOGIA DA SOCIEDADE APINAYÉ (I)

A definição da família nuclear pelos Apinayé permite, assim, estabelecer um núcleo de pessoas relacionadas por substância comum e, em seguida, todo o conjunto das outras relações que se afastam deste grupo elementar. Com isso, se pode operar com as relações sociais em termos de *gradações*, ou de relações que têm mais ou menos sangue e, por isso mesmo, estão mais próximas ou mais distantes de uma dada pessoa. Isso abre grandes possibilidades de manipular o sistema de classificação de pessoas, especialmente em relação aos parentes situados em volta da família nuclear (ou marginais a ela). Tal manipulação é feita utilizando os laços sociais, mas limitando-se àquelas relações (e àquelas pessoas) com as quais é possível racionalizar obrigações em termos fisiológicos e substancialmente.

No sistema social Apinayé, existem relações que podem ser traduzidas e justificadas em termos puramente fisiológicos (como as vigentes na família nuclear) e as relações que são estritamente sociais (ou cerimoniais) e que não podem ser expressas pela metáfora ou reificação fisiológica. Todas, é óbvio, são relações sociais, mas algumas e apenas algumas são traduzíveis numa linguagem natural.

Como resultado, o sistema Apinayé é dividido em dois campos complementares: o campo das relações domésticas, reificadas em termos de substâncias comuns que unem os seus membros; e o campo das relações "sociais" ou cerimoniais, reificadas em termos de obrigações rituais e políticas. Esses dois campos se cortam na vida cotidiana, mas a sua concepção como sendo domínios divididos e separados é fundamental para uma interpretação do mundo social dos Apinayé.

É, então, fundamental que tais grupos e relações cerimoniais sejam descritos, pois é nela que laços estritamente sociais são estabelecidos e é nela que se fundam as relações e o domínio que serve como contrapartida às conexões engendradas pela família nuclear.

CAPÍTULO III

A MORFOLOGIA DA SOCIEDADE APINAYÉ: OS GRUPOS CERIMONIAIS

NO CAPÍTULO ANTERIOR TENTEI APRESENTAR OS GRUPOS SOCIAIS responsáveis pela vida diária dos Apinayé. Famílias nucleares e famílias extensas matrilocais domiciliadas em casas na periferia da aldeia são os grupos diretamente responsáveis pelo estabelecimento do que pode ser chamado de o *continuum* da vida diária da tribo. Hoje, são esses grupos que tendem a dominar cada vez mais a vida social Apinayé, na medida em que o contato e o atrelamento dos índios à sociedade brasileira regional enfraquecem a sua vida cerimonial.

A ideologia desses grupos, como vimos, é baseada numa "infraestrutura" biológica que, coerentemente com as atividades cotidianas, se apresenta conceitualizada também num *continuum*. Uma continuidade manifesta em relações de "sangue" (ou verdadeiras = *kumrendy*) que vão ficando mais fracas e mais tênues à proporção que se deixa um grupo cujo paradigma é a família nuclear, tomado como o núcleo dessas relações. É na família nuclear onde começa uma continuidade biológica entre os membros da sociedade Apinayé, continuidade que se atenua quando a pessoa se afasta do grupo nucleado e considerado responsável pela formação do seu corpo. Como consequência disso, existem dificuldades para

A MORFOLOGIA DA SOCIEDADE APINAYÉ: OS GRUPOS CERIMONIAIS

se estabelecerem limites de parentelas (*kindreds*), pois como dizem os próprios Apinayé: "o sangue se espalha por toda a aldeia!"

Mas *pari passu* a essas relações, existem outras, manifestamente reconhecidas pelos índios como relações não biológicas, relações onde o sangue não pode ser mais tomado para racionalizar efetivamente o relacionamento entre pessoas porque elas não estão mais contidas no campo da família nuclear. São essas as relações que vou chamar de "sociais" ou cerimoniais, mantendo-me fiel à concepção expressa pelos Apinayé. Não que os índios tenham uma visão limitada das relações sociais, pois todas implicam obviamente em elos sociais. Trata-se simplesmente de um sistema de relações[1] dividido em duas dimensões essenciais, que cortam o sistema em duas partes: uma formada por pessoas relacionadas biologicamente (ou melhor, onde o substrato físico tem proeminência na justificativa dos laços); e outra, constituída por pessoas ligadas por laços sociais onde o elo básico é uma relação formal ou cerimonial que é dada após o nascimento. Ambas, porém, são fundamentais na definição do sistema de relações Apinayé, pois há sempre sangue e elos sociais unindo as partes do sistema entre si. A lógica do dimensionamento do sistema repousa na maior ou menor ênfase das relações biológicas, implicadas, como diz Melatti (1970, 1973), na reprodução; ou nas relações sociais, implicadas nos cerimoniais.

No próximo capítulo, devotarei a esse problema maiores explicações. Por enquanto é apenas necessário que se tenha em mente o

---

[1] Já é tempo de conceituar melhor o uso que faço da expressão "sistema de relação ou sistema de relações" (*relationship system*). Ao fazer uso deste conceito, estou tentando seguir Maybury-Lewis e uma tradição de estudos de termos e relações de parentesco nascida com Kroeber e Hocart (1909, [1969]) (cf. Hocart, 1937) que pretende descrever e analisar esse domínio como um instrumento de classificação de relações e posições sociais. Com isso, como aponta Maybury-Lewis, pretende-se libertar a expressão sistema de parentesco das suas conotações biológicas e genealógicas. Pois há sistemas de termos que são satisfatoriamente traduzíveis numa linguagem genealógica, mas há outros que são refratários a tal tipo de tradução, *ao nível da análise sociológica*. Por outro lado, todo sistema genealógico (ou assim definido) sofre distorções vindas de áreas que nada têm a ver com a tradução das suas relações em termos de genealogias ou consanguinidade (cf. Maybury-Lewis, 1965).

contraste que parece existir entre a vida cotidiana e a vida cerimonial dos Apinayé. Assim, os índios associam o domínio público ou cerimonial da sua ordem social à praça ou centro da aldeia (vide diagramas). Por outro lado, os grupos sociais responsáveis por sua vida ritual são dominados pela absoluta igualdade, já que eles têm que ser sempre dois, e ambos são fundamentais para quaisquer atividades coletivas. Deste modo, enquanto a vida cotidiana decorre dentro de uma continuidade de visitas, fuxicos, trabalhos nas casas e roças, em trocas informais de carne e informações, atividades que se repetem e não provocam uma parada no fluxo da vida social, o domínio público ou cerimonial decorre num contexto de nítidas separações; descontinuidades que necessariamente separam indivíduos e grupos sociais da área privada e provocam o seu realinhamento numa outra ordem de relações e campos sociais. Esta é a área onde, por assim dizer, tudo faz sentido na sociedade Apinayé. Isto é, onde tudo é estereotipado, formal, integrado e teórico. Não é, pois, por acidente que os índios preferem conceber e falar de sua sociedade descrevendo com certa prioridade os seus cerimoniais. Na verdade, lendo-se as descrições de Nimuendaju para os Canela e Apinayé (1946, 1939-1956), não cabem dúvidas de que aquele antropólogo tomou este domínio e o descreveu e privilegiou como sendo a própria *estrutura social* de ambas as tribos, como sugeri em outro lugar (cf. DaMatta, 1967).

Visto através dos seus cerimoniais, o sistema Apinayé é sempre concebido como composto de grupos e relações sociais descontínuas cujo estabelecimento se realiza por meio de regras bem definidas. Enquanto no domínio privado um indivíduo pode encontrar dificuldades para dizer onde termina o seu grupo de parentesco, pois as relações são baseadas numa continuidade biológica, no domínio cerimonial não há dúvidas quanto às distinções e à composição dos grupos ou das relações sociais, já que o contras-

A MORFOLOGIA DA SOCIEDADE APINAYÉ: OS GRUPOS CERIMONIAIS

te entre elas é parte integrante de sua concepção como unidades. Deste modo, dado o nome de certos indivíduos, os Apinayé dizem com segurança a que metade cerimonial pertence o seu portador. Ao passo que é muito mais difícil separar nitidamente as parentelas de uma mesma aldeia ou mesmo da tribo.

Realmente, na área doméstica o que parece distinguir um grupo de parentes de outro é a prática social, com a residência sendo um fator proeminente destas separações. Em teoria, porém, é sempre possível relacionar um grupo com outro, desde que se tome como referência um "parente pivô". No caso das unidades cerimoniais, porém, os grupos são distintos conceitual e praticamente, não havendo gradações entre eles e a passagem de um a outro implicando em mudança de nomes ou de amigos formais.

Neste capítulo, por conseguinte, vou apresentar os grupos sociais responsáveis pela vida cerimonial da tribo, discutindo especialmente os seus princípios de incorporação. O leitor irá por certo observar a falta de informação de primeira mão, especialmente no que diz respeito aos cerimoniais. De fato, como já tornei claro na introdução deste trabalho, foram poucos os rituais que observei, e a vida cerimonial Apinayé está em franca decadência. Entretanto, entre os Apinayé ainda persistem os grupos cerimoniais e é ainda possível discutir com os índios os modos de incorporação a essas unidades. Embora eles não sejam tão ativos como eram outrora, todos os membros da sociedade Apinayé pertencem a eles e podem descrever os responsáveis pela sua incorporação. É preciso não esquecer que nesta parte do trabalho estou interessado em estabelecer um conjunto de regras sociais que podem persistir mesmo quando sua aplicação deixou de ser observada. Por outro lado, não se deve também esquecer que o desuso de certas práticas sociais são indicativo de condições, potencialidades e, consequentemente, da natureza do sistema social.

1. GENERALIDADES

Os Apinayé sempre se referem aos seus grupos cerimoniais pelos seus próprios nomes e não é facilmente que o informante revela em termo geral para essas unidades. Assim, eles sempre falam dos seus *pikiyê-re* ou *pikizê-re* (= partido, divisão) mencionando os seus nomes e raramente utilizando o termo acima assinalado. A palavra *kiyê*, que, para Nimuendaju, designaria um conjunto de grupos especiais cuja função seria a de regular matrimônios, não foi entendida pelos informantes (cf. Nimuendaju, 1956: 26). Por outro lado, essas divisões são invisíveis na vida diária dos Apinayé. Em outras palavras, grupos de trabalho nas roças e casas, bem como facções políticas, são formados e reorganizados de acordo com relações *ad hoc* entre famílias nucleares. Esses grupos são muito mais dependentes de fatores contingenciais como a residência e a frequência de contatos, troca de força de trabalho e alimento do que pela filiação a um grupo cerimonial determinado. Tive a ocasião de observar índios justificando sua conduta em termos de relações de parentesco, mas nunca constatei o mesmo com base em filiação comum num sistema de metades. Assim, tudo indica, como veremos mais claramente a seguir, que os grupos cerimoniais são utilizados num plano que pode ser chamado de classificatório. Isto é, uma área onde posições (e relações sociais) são reorganizadas em termos de unidades e elos sociais diretos e complementares por definição.

Os grupos cerimoniais Apinayé, assim, não regulam casamento e não servem prioritariamente como agentes de recrutamento para unidades de ação política. E aqui temos alguns pontos em comum com os outros Jê do Norte, com exceção dos Kayapó, cujas *casas dos homens* servem como elementos básicos para o alinhamento das facções dentro da aldeia (cf. Turner, 1966: Cap. III).

O que caracteriza os grupos cerimoniais Apinayé parece ser a sua total separação da esfera cotidiana e dos grupos que regulam essa esfera, como a outra face da mesma moeda. Assim, entre vida diária e vida cerimonial existem relações complementares em vez de serem áreas que se interligam e se contaminam mutuamente como ocorre com os Kayapó e com os Akwẽ-Xavante (cf. Maybury-Lewis, 1967).

Atualmente, dado o atrelamento da sociedade Apinayé ao sistema econômico regional, esses grupos perdem dia a dia a sua importância sociológica. Mas isso não inutiliza a concepção acima de que os índios ainda pensam na sua sociedade como constituída dessas unidades cerimoniais (veja, por exemplo, o diagrama nº 4). O que está acontecendo com os Apinayé é uma redução das relações sociais. De relações múltiplas (que implicavam num possível equilíbrio entre os dois domínios) a relações cada vez mais contaminadas pelos elos formados na residência e ativados na vida diária da aldeia.

O domínio cerimonial da sociedade Apinayé se divide em dois pares de grupos e são duas as relações que permitem o recrutamento para essas unidades.

2. GRUPOS E RELAÇÕES CERIMONIAIS: O PROBLEMA DO DUALISMO E AS METADES *KOLTI* E *KOLRE*

Todos os indivíduos Apinayé de ambos os sexos pertencem a um desses grupos que lhe são transmitidos com os nomes. Algumas vezes, em virtude do recebimento de dois grupos de nomes, um indivíduo pode pertencer às duas unidades ao mesmo tempo. Isso, ao contrário do que pode ser imaginado, não traz nenhum problema de divisão de lealdade ou personalidade aos Apinayé. Pelo contrário, eles tomam essa possibilidade de escolha como uma vantagem e desde que o indivíduo duplamente filiado escolha o seu grupo durante um cerimonial, ele tem todas as prerrogativas do grupo escolhido. Como esses grupos só entram em plena atividade nos festivais, a dupla filiação não é um problema e a definição da filiação fica relegada a uma decisão contextual.

Chamo esses grupos de metades, seguindo Nimuendaju e outros porque tal é a ideologia que os índios utilizam para conceitualizar essas divisões. Os Apinayé, como todos os outros Jê, concebem o universo como uma totalidade fechada, onde todos os seus elementos são ordenados dois a dois, uns em oposição aos outros (veja a Figura 7, por exemplo). Para os Apinayé, colocar o universo em ordem é engendrar antíteses entre os seus elementos. Em oposição ao dualismo cristão, familiar a todos nós, os Apinayé não ordenam elementos de modo *relativo*, isto é, eles não dão ênfase explícita ao papel de uma unidade como sendo anterior, proeminente, suficiente ou mais importante que a outra. Isso significa que os Apinayé procuram evitar uma hierarquização dos termos postos em oposição, como ocorre, por exemplo, no caso do dualismo que é parte da Teologia Católica Romana. Neste caso, como sabemos, Deus e o Diabo (ou o Bem e o Mal) estão em oposição complementar apenas quando se trata de interpretar certos aspectos da vida humana. Mas, na realidade, Deus não só é o criador supremo e a fonte de todas as coisas como também é Ele o objetivo final da evolução do homem e do cosmos. Assim sendo, pode-se dizer que o dualismo cristão é um dualismo *hierarquizado, relativo, não dialético*; ou na linguagem de Lévi-Strauss e Robert Hertz, um dualismo concêntrico (cf. Lévi-Strauss, 1963 [1970]: Cap. VIII e Hertz, 1960: 96).

Por outro lado, é sabido que o dualismo cristão, exatamente por ser concebido como parte integrante da divindade suprema que, em última análise, o engendrou, criando Lúcifer, gera um conjunto de problemas de ordem moral e religiosa. De fato, a história das chamadas heresias maniqueístas da Idade Média pode ser vista como uma tentativa de assumir e interpretar, de modo radical, o problema lógico e filosófico fundamental colocado por um dualismo hierarquizado ou concêntrico (cf. Runciman, 1960: Cap. VII e Weber, 1963: 144). Nestas doutrinas maniqueístas, convém lembrar, o Bem e o Mal são concebidos como criações independentes, paralelas, já que é inconcebível imaginar que a fonte de todo o Bem (Deus) possa ter sido também a fonte de todo o Mal.

É evidente que esse é um problema para os teólogos e historiadores da religião. Entretanto, não se pode deixar de apontar que numa perspectiva estrutural o maniqueísmo se coloca como uma solução lógica para um problema de classificação. Em outras palavras, o modo adotado por essas variações doutrinárias foi o de assumir o dualismo Bem/Mal de modo integral. E, neste sentido, o problema do maniqueísmo é o problema perene de todo o dualismo, qual seja: como integrar uma divisão em dois elementos aparentemente descontínuos, como o Bem e o Mal, numa totalidade.[2]

O dualismo Apinayé se aproxima do dualismo cristão e do maniqueísta, segundo o contexto e o nível focalizado. À primeira vista, tem-se a impressão de que o dualismo da tribo é relativo, como o dualismo cristão. De fato, para os Apinayé, Sol e Lua são

---

[2] Minha comparação do dualismo Apinayé com o dualismo cristão e maniqueísta pretende chamar a atenção para dois pontos. Primeiro, que o problema tem um aspecto lógico (estrutural) que não pode ser ignorado. Sob esse aspecto, o dualismo é uma técnica ou um modelo lógico capaz de resolver o problema de unir dois elementos numa totalidade organizada e coerente. Por outro lado, em termos do que Weber chama de teodiceia (cf. Weber, 1963: Cap. IX), o dualismo surge como uma doutrina capaz de assumir desvios de comportamento (os atos chamados de pecaminosos numa linguagem teológica) de uma maneira radical. Neste sentido seria possível e importante discutir o dualismo Apinayé como teodiceia.

as duas entidades masculinas que criaram a ordem universal e humana quando resolveram descer para a terra, então imersa no caos. Entretanto, os índios sempre mencionam o Sol como o principal elemento: foi ele quem teve a ideia de vir para a terra e é ele quem, em geral, tem preeminência nas ações do mito que relata a criação do mundo segundo os Apinayé. É sempre o Sol quem inicia as ações que logo em seguida são contrariadas por Lua. Mas quando se toma o mesmo mito de um ponto de vista mais geral verifica-se que é inconcebível a existência de Sol sem a existência de Lua, do mesmo modo que na sociedade Apinayé é impossível ter-se a metade *Kolti* (associada ao Sol e por ele criada), sem se ter o grupo *Kolre* (associado a Lua e por ele criado). Pode-se, pois, dizer que o dualismo Apinayé é maniqueísta quando as entidades em oposição são focalizadas de um ponto de vista geral. Mas quando se observam os modos de interação das entidades, nota-se que elas tendem a uma hierarquização, com a preeminência de Sol e, consequentemente, do grupo *Kolti* (que tem as prioridades rituais). Mas, mesmo aqui, ainda há polaridade e complementaridade, pois a metade *Kolti* se caracteriza como o grupo líder e a *Kolre* como o grupo complementar, dos seguidores.[3] E como só há dois grupos, as relações entre eles (e entre Sol e Lua), mesmo quando se trata de uma área tendente à hierarquização, é a seguinte:

Sol	Lua
Kolti	Kolre
Líder	Seguidores

---

[3] Este é outro aspecto capaz de revelar as potencialidades de um sistema classificatório dualístico, pois a fórmula é tão rica nas suas possibilidades que ela permite expressar, dependendo do contexto, complementaridade e hierarquia.

A hierarquização é, assim, mais um modo de relacionar outra vez os dois grupos (ou elementos) antiteticamente separados do que uma técnica de marcar a superioridade absoluta de um sobre o outro. De qualquer modo, quero chamar a atenção para o fato de que os grupos *Kolti* e *Kolre* bisseccionam a sociedade Apinayé e com isso reduzem a diversidade das famílias, dos grupos residenciais e dos indivíduos a uma dualidade que tende a assumir uma forma complementar. Por causa disso, é possível falar em *dois grupos* que de fato só podem existir como uma unidade. Assim, eu chamo esses grupos de *metades*, isto é, unidades complementares.

Tal modo de descrever os grupos *Kolti* e *Kolre* é realmente a maneira mais correta de traduzir as noções Apinayé, quando dizem: "*Kolti* e *Kolre* são *atpen burog*" (= idênticos, de mesmo peso, iguais).

Como se pode imaginar pelos dados apresentados acima, essas metades remetem imediatamente ao universo Apinayé e servem como paradigmas para uma série de oposições cosmológicas. Assim, temos as clássicas equações:

Kolti	**Kolre**
Sol	Lua
Dia	Noite
Homem	Mulher (mais Meninos e Velhos)
Fogo	Água
Verão	Inverno
Direita	Esquerda
(Norte)	(Sul)[4]

---

[4] O simbolismo esquerda (*apké*)/direita (*ipogrum*) é encontrado entre os Apinayé. A associação do Norte e Sul com a Direita e a Esquerda, respectivamente, explica a direção dos iniciandos durante suas marchas diárias para a aldeia, como também algumas direções utilizadas nos rituais. Assim, os *Kolti* sempre marcham para o Norte (= Direita), ao passo que os *Kolre* sempre vão para o Sul (= Esquerda). Isso pode explicar a associação que faz Nimuendaju entre *Kolti* = Norte, *Kolre*

Nascente	Poente
Chapada (campo)	Mato
Vermelho	Preto
Buriti (tem frutos vermelhos)	Babaçu (tem muito no inverno)
Seca	Chuva
Animais "mansos"	Animais "brabos"
Anta	Ema
Certos	Errados

Essas oposições podem ser estendidas ou contraídas. Assim é possível começar com quaisquer pares e, por extensão, chegar aos outros. *Sol/Lua* e *Kolti/Kolre* servem como elementos catalisadores para pares de oposições mais concretas ou mais abstratas (cf. Lévi--Strauss, 1962a; Cap. V). De modo coerente com isso, o esquema acima vai dos elementos mais concretos: como a divisão dos animais em "mansos" e "brabos" e a oposição entre a anta (*Tapirus americanus*) e a ema (*Rhea americana*).[5] Aos mais abstratos, como a oposição entre tipos de condutas antitéticas, traduzidas grosseiramente por nós como certo/errado.

Este sistema classificatório tem basicamente duas vantagens. Primeira, ele permite — como já implicamos linhas atrás — fazer uma radical redução na realidade empírica, reunindo numa só fórmula entidades, elementos, objetos e seres humanos. Isso traz a possibilidade de se poder ordenar os animais. De dar ordem às

---

= Sul, não verificada no nosso trabalho de campo (cf. Nimuendaju, 1956: 24, 37, 55, 103 e 109). Acredito que quando se faz essa equação, isto é, quando se observa que o Norte = Direita e Sul = Esquerda, pode-se descobrir as mesmas associações em outros grupos Jê do Norte. Foi o Prof. Evon Z. Vogt de Harvard quem chamou minha atenção para esse problema que ocorre do mesmo modo em Chiapas, México.]

[5] A anta representa poder, força, generosidade. Está equacionada aos homens e os ajudou no roubo do fogo da onça (cf. Nimuendaju, 1956: 117). A ema é o animal mais próximo das mulheres, pois segundo os Apinayé elas fazem os machos chocarem seus ovos.

cores por meio de um eixo que as polariza como mais próximas ou mais afastadas do *vermelho* e do *preto*; ordenar a periodicidade estacional, fazendo com que ela entre em harmonia com as outras partes do cosmos. Numa palavra, o sistema integra a ordem humana e social à ordem natural por meio de reduções. Ele, assim, como já indicaram Henri Bergson e E.E. Evans-Pritchard, proporciona a todos os elementos do mundo real um sentido humano (cf. Bergson, 1935; Evans-Pritchard, 1937).

A segunda vantagem, cuja importância sociológica é capital, é que essas oposições permitem focalizar certas características do mundo real, deixando outras de lado. Assim, quando os Apinayé estão orientados para a divisão *Kolti* e *Kolre*, eles estão dando ênfase a um certo número de traços distintivos que pertencem às pessoas reunidas nestes grupos. Em vez de tomarem as divisões em residências, famílias nucleares ou grupos de ação política, como componentes que separam e unem indivíduos (tal como acontece, como vimos, na vida cotidiana), eles focalizam os nomes e as relações implicadas na sua passagem. O sistema social fica, então, orientado para uma dicotomia entre grupos e pessoas essencialmente diversa daquela que ocorre cotidianamente. A divisão *Kolti* e *Kolre*, como consequência, realinha relações sociais em termos de princípios que atravessam toda a sociedade Apinayé e assim levam a orientação dos seus membros para as dimensões mais universais e coletivas do sistema. Como aponta Victor Turner, esse é também o mecanismo utilizado pelos Ndembu da Zâmbia; pois, do mesmo modo que os Apinayé, os Ndembu ritualizam as relações categóricas de sua sociedade em pares opostos e, com isso, transferem conflitos vigentes entre os grupos incorporados para categorias sociais polarizadas (cf. Turner, 1968: 139).

O mesmo ocorre com o sistema de metades Apinayé quando a divisão entre *Kolti* e *Kolre* orienta as ações sociais da comunidade para categorias mais radicais e universais, como a oposição entre sexos, idade e status marital. Muitas vezes, as metades *Kolti* e *Kolre* aparecem como os times destinados a trazer toras para a aldeia, num jogo que é característico de todos os grupos Jê do Brasil Central. Assim diz Nimuendaju: "As turmas competidoras são formadas pelos homens e moças das duas metades *Kolti* e *Kolre*. A corrida é feita pela mesma maneira que entre os Timbira Orientais e Xerente, do lugar da confecção das toras para a praça da aldeia" (cf. Nimuendaju, 1956: 86). A corrida, assim, sempre começa de fora para dentro da aldeia. Os Apinayé também faziam, segundo o mesmo autor, corridas "sem grande ostentação quando um grupo de homens volta(va) para a aldeia, depois de qualquer trabalho comum" (1956: 86). Em ambos os casos, portanto, a divisão em times expressa a necessidade de se terem dois grupos competidores, ressaltando-se o ato físico da corrida (ou da competição mesma) e não o seu resultado. As corridas de tora, deste modo, seriam uma atividade situada entre o rito (que leva à conjunção) e o jogo, que leva à disjunção (cf. Lévi-Strauss, 1962: 46-47). Em entrevistas com os Apinayé sobre esse problema, eles indicaram que algumas corridas provocavam comentários sobre o time vencedor e perdedor, mas também indicavam explicitamente que o ideal era quando os dois times chegavam junto no pátio.[6] É possível então que se tenha a corrida como jogo ou como rito, segundo vários fatores.

---

[6] Em 1966 eu obtive um mito da origem das tribos Timbira onde o episódio da separação de cada um dos grupos era explicado como sendo decorrente de uma corrida de tora. A luta iniciou-se porque o time perdedor não se conformou com a derrota e os comentários decorrentes dela. Ao menos neste caso o aspecto esportivo superou o aspecto ritual.

A ocasião, porém, onde essa divisão em metades *Kolti/Kolre* é essencial é durante as duas fases dos ritos de iniciação dos jovens Apinayé. Pois aqui não só se tem a formação de times de corridas, como também o uso de uma série de dimensões que distinguem os dois grupos entre si, marcando as diferenças próprias de cada unidade. Logo que os jovens iniciados são separados de suas casas maternas, na primeira fase das iniciações (*pẽb-kaág*, onde *kaág* = falso, de imitação), essa divisão começa a ser imediatamente focalizada. Eis algumas das áreas onde um contraste entre os grupos é estabelecido:

a) Na escolha dos líderes das iniciações, cujos nomes são sempre associados aos *Kolti* ou *Kolre*.

b) Na escolha de distintivos tanto na forma de cavilhas para as orelhas e lábios, quanto na forma de testeiras com duas pontas. Quando o homem é *Kolti*, as pontas desses distintivos são vermelhas, quando ele é da metade oposta, são pretas.

c) No estilo de canto e dança, em que cada metade tem modos especiais de cantar e dançar, e tendo os *Kolti* sempre a preeminência nos rituais e nos esportes.

d) Na posição especial (em termos de direção e espaço) de cada grupo no seu acampamento, situado a leste da aldeia. Assim, os "pẽb" pertencentes à metade *Kolti* sempre tomam o lado Norte, da direita; e os *Kolre* sempre tomam o caminho do Sul, da esquerda.

e) Como consequência, em todas as atividades coletivas, os "pẽb" sempre ficam repartidos entre *Kolti* e *Kolre*. E até as moças associadas a essas metades e a esses rituais são filiadas num ou noutro grupo.

Essas diferenças marcam os grupos de iniciandos fazendo com que eles adquiram um caráter incorporado temporário (o que é facilitado pelo uso de emblemas, locais de reunião, estilos de canto e dança etc.). Entretanto, é preciso acentuar que a divisão nunca é levada às suas últimas consequências. Em outras palavras, entre *Kolti* e *Kolre* não há separação total, mas complementaridade, pois as ações rituais dos *Kolti* são complementadas pelas ações rituais dos *Kolre*, como se os Apinayé quisessem indicar a necessidade intrínseca de cada grupo para a realização do rito. Isso é claro em dois momentos desses rituais de iniciação. O primeiro é quando os iniciandos fazem um jogo-ritual chamado de *peny-tág*, onde pequenas bolas de látex são atiradas de um lado para o outro na segunda fase das iniciações (cf. Nimuendaju, 1956: 50ss). Para a prática deste rito, os iniciandos ficam divididos nas metades *Kolti* e *Kolre*, mas toda a ênfase da passagem dessas bolas de um lado para outro é uma maneira de reunir numa totalidade esses dois grupos. Sua tarefa consiste, como é colocado explicitamente no ritual e no mito que lhe serve de texto, na captura das bolas.[7] Assim, após um período em que as metades estavam diferenciadas, elas voltam a formar uma unidade expressa em propósitos rituais semelhantes.

O segundo momento é quando na festa final do segundo período das iniciações, os "pẽb" correm com toras não mais divididos em *Kolti/Kolre*, mas contra os membros da classe de idade imediatamente superior, homens casados ou *uyapês* (cf. Nimuendaju, 1956: 56-57). A festa de graduação dos iniciados é, assim, a expressão de duas ordens de fatores:

---

[7] O mito é o de *Tetxôaré* (O perna de Lança), e um dos motivos mais salientes da história é a sua transformação num crânio rolador (*Krã-grogrôd-re*) que ataca pulando os antigos Apinayé (cf. Nimuendaju, 1956: 131). No rito mencionado acima, o crânio rolador é simbolizado pelas bolas de látex. Tenho a impressão, contrariando Nimuendaju, de que o tema aqui é o de que os noviços devem ser leves e alertas (1956: 51-54).

a) A redução das diferenças entre *Kolti/Kolre*, que formam uma unidade de idade e de posição social contra os homens casados e maduros da aldeia.

b) Concomitantemente com isso, o estabelecimento de uma nova dicotomia, agora marcada pelas oposições: homem casado/homem solteiro, homem maduro/homem entrando na maturidade e no casamento. Há, portanto, uma transferência de divisões sociais entre membros de uma mesma classe de idade, para uma divisão natural em classes de idade. Divisão que, convém acentuar, é também marcada por uma série de fatores sociais, já que em muitos casos a corrida quer colocar em competição ritual os homens que têm poder político contra aqueles que irão, um dia, possuir esse poder. A corrida expressa de modo dramático a dialética da recomposição física e social da aldeia. E o rito de passagem nada mais é do que a sua expressão.

Num dos seus artigos devotados ao entendimento dos ritos de passagem, Victor Turner sugere que, nesses períodos, a sociedade pretende chamar a atenção de seus membros para certos aspectos fundamentais do sistema social (cf. Turner, 1967: Cap. IV). No caso Apinayé, o uso intensivo da dicotomia *Kolti/Kolre*, neste período, indica que essa divisão é um dos aspectos cruciais do sistema social. Deste modo, a desproporcionada ênfase colocada em emblemas, locais de reunião e estilos de canto e dança desses grupos serviria como uma expressão de um princípio básico do sistema Apinayé, a saber: o dualismo e a complementaridade que permeiam o sistema social.

A passagem da vida diária à vida cerimonial Apinayé, portanto, corresponde a uma transferência de ênfase em diferentes relações e grupos sociais. Num plano ritualístico e ideal, as metades

Kolti e *Kolre* seriam tão importantes quanto as casas e as famílias nucleares nela localizadas. E a passagem expressa no ritual corresponde à passagem da casa materna para relações sociais com implicações públicas muito mais importantes. Vejamos agora quais as relações sociais que permitem a um indivíduo Apinayé a sua incorporação numa ou noutra dessas metades.

3. OS NOMES E AS METADES *KOLTI* E *KOLRE*

Como já observamos no início da parte anterior, há entre os Apinayé uma associação entre os nomes pessoais e as metades *Kolti* e *Kolre*. Cada metade tem um repertório de nomes que lhe é próprio e, dados certos nomes, é sempre possível dizer a que metade o indivíduo pertence. Em várias ocasiões tentei colher, com diferentes informantes, todos os nomes das metades *Kolti* e *Kolre*, mas depois de algum tempo eles simplesmente indicam que os nomes acabaram. Estou certo, porém, de que o problema merece atenção mais detalhada e mais profunda porque a teoria dos nomes e as regras de nominação dos Apinayé indicam um repertório finito de nomes. As implicações sociológicas desta característica serão discutidas posteriormente.

Os nomes Apinayé são conjuntos de nunca menos de quatro palavras, cada qual possuindo um significado independente. Muitos nomes são traduzíveis, outros possuem apenas um sentido sociológico que indica o direito do desempenho de certos papéis cerimoniais. Por outro lado, há nomes que implicam variações, como é o caso do exemplo citado por Nimuendaju, em que o nome Tamgaága (que dá direito a um cerimonial elaborado em troca de esposas e maridos entre os membros da aldeia) aparece, no momento de sua transmissão formal, tendo as seguintes varia-

A MORFOLOGIA DA SOCIEDADE APINAYÉ: OS GRUPOS CERIMONIAIS

ções: Tamgaá-ti, Tamgaá-glú-ti, Tamgaá-rerég-ti, Tamgaá-rãtém-ti, Tamgaá-rái-ti! (1956: 21).

Os nomes que implicam em papéis cerimoniais são chamados de "nomes grandes" (*itxí máati*, onde *máati* = grande) em oposição aos "nomes pequenos" (*itxí kakríte*), cujos portadores não estão obrigados a tomar parte em certos festivais. Como consequência disso, os "nomes grandes" implicam, como entre os Kayapó, na mobilização do grupo de parentesco do seu portador (ou portadora), pois são parentes que devem organizar a festa do recipiente de tais nomes grandes (cf. Turner, 1966: 170). A diferença básica entre os sistemas de nomes Kayapó e o Apinayé, porém, reside no fato de que na primeira tribo os nomes grandes não remetem a nenhuma divisão em metades ou grupos cerimoniais; ao passo que, na segunda, esses nomes grandes são invariavelmente associados a uma das metades mencionadas acima. Certos nomes grandes entre os Apinayé são, pois, usados como substitutos das metades *Kolti* e *Kolre*, como é o caso dos nomes *Vanmen/Katam*. Todos os nomes grandes Apinayé implicam em papéis cerimoniais e em sua associação com o sistema de metades *Kolti* e *Kolre*, o que não ocorre no caso Kayapó, onde os nomes grandes implicam apenas uma transcendência de um grupo restrito de pessoas, pois suas festas conduzem a atividades que envolvem todo o grupo local.

Eis alguns nomes grandes Apinayé com os seus respectivos papéis cerimoniais (cf. Nimuendaju, 1956: 21-25):

Kolti	Kolre	Papel cerimonial
Tegatóro	Rãraké	São sempre os líderes das iniciações.
Amdýi	Koko	São moças associadas aos "pẽb" nas iniciações.
Konduká	Konduprin	Têm o direito de exigir comida para as suas festas.

| Pánti | Ngrére | Obriga o pai (*pater* e não genitor, como veremos mais adiante) a organizar uma festa para a qual uma roça tem que ser feita. Quando o milho plantado estiver maduro, convidam-se os habitantes de todas as aldeias e nesta ocasião é lícito o intercurso extramarital. |

Como se verifica, os nomes indicados acima tendem a operar como títulos e como papéis sociais. Neste sentido eles formam grupos de nomes, tendo como característica a sua associação direta com o conjunto de metades. O sistema de nomes Apinayé tem, pois, semelhanças e diferenças dos sistemas vigentes entre os Kayapó e os Timbira Ocidentais (Krahô, Canela e Krikati). De modo semelhante aos Kayapó, os Apinayé possuem a divisão entre nomes "grandes" e "pequenos", mas a diferença é que os nomes grandes Apinayé são contaminados pela divisão em metades, o que não ocorre com os Kayapó. De modo semelhante aos Timbira Ocidentais, seus nomes formam grupos, mas esses grupos de pessoas de mesmo nome não se separam das metades e assim não têm a importância dos *grupos de nomes* daquelas tribos, onde eles formam um sistema paralelo de metades (cf. Nimuendaju, 1946: 77ss., Melatti, 1970 e 1973, Lave, 1967: Cap. V).

Por outro lado, entre os Kayapó uma criança muito nova não pode receber nomes cerimoniais. Se isso acontecer, acredita-se que a criança morreria porque os nomes cerimoniais são nomes perigosos ou agressivos (cf. Turner, 1966: 171). Entre os Apinayé (como de resto entre os Timbira de Leste), os nomes não são cercados por tais conjuntos de crenças místicas. Assim, logo que nasce um indivíduo Apinayé, ele recebe um conjunto de nomes. Muitas vezes isso pode ocorrer antes mesmo do nascimento, quando o nominador transmite o seu nome estando a mulher grávida, assegurando com isso uma relação especial com a criança e seus pais. Isso explica os casos de homens com nomes femininos e vice-versa (cf. Nimuendaju, 1956: 19). A única proibição existente, e a mais importante, é a de que os pais verdadeiros (*pam* e *nã kumrendy*), isto é, os genitores, não podem dar os seus nomes para os seus filhos. Como os Apinayé indicam de modo claro, isso não "daria certo, pois eles já fizeram o corpo da criança".

Os nomes, como já indicamos linhas atrás, são transmitidos em conjuntos e são combinados segundo o número de pessoas que transmitiram o seu nome para uma dada criança. Isso indica a possibilidade de uma combinação de nomes formados de vários conjuntos que não seriam fixos. Isto é, embora o conjunto de nomes seja finito e associado às metades *Kolti* e *Kolre*, a sua transmissão e organização em conjuntos de quatro, cinco até oito ou nove nomes indicam um número inesgotável de combinações. Essas combinações, por sua vez, seriam suficientes para servir como instrumentos de individualização, pois, segundo a circunstância de sua transmissão, cada homem ou mulher teria um certo conjunto de nomes que indicaria alguma coisa sobre o repertório de nomes da aldeia e sobre as pessoas que lhes deram os nomes. É importante apontar essa possibilidade porque os nomes que colhi no campo sugeriam várias combinações. Se cada Apinayé tivesse apenas um nominador, talvez esses conjuntos de nomes adquirissem uma certa rigidez e indicassem imediatamente todos os papéis sociais de um indivíduo. Mas como pode ocorrer que uma mesma pessoa tenha mais de um nominador, esses conjuntos estão sempre mudando e se recombinando. Há, pois, conjuntos de nomes, bem como permutações entre esses conjuntos, o que alarga imensamente o seu poder individualizante.

Os Apinayé, porém, não são computadores em miniatura. Assim, em vez de serem conhecidos por todos os seus nomes, cada Apinayé é conhecido e chamado por apenas um deles. Do conjunto de nomes, então apenas um é usado cotidianamente, ficando os outros temporariamente relegados a um plano secundário. Modernamente, quando os cerimoniais estão caindo em desuso e raramente o grupo se divide segundo as suas metades, há mesmo dificuldades na lembrança de todos os nomes, especialmente se o informante é jovem. Do mesmo modo, há casos em que os pais não sabem todos os nomes dos seus filhos. "Pergunte a quem lhe deu o nome", dizem eles ao antropólogo perplexo. É que para nós os nomes estão associados a grupos discretos, as nossas "famílias", tendo cada "família" o seu conjunto de nomes; ao passo que, entre os Apinayé (como entre os outros Timbira), eles são usados muito mais para unir e, consequentemente, *classificar as pessoas* do que para separá-las, como acontece entre nós.

É exatamente porque os nomes operam como classificadores que os Apinayé utilizam a redução apontada acima. Assim, em vez de usarem todos os nomes de um indivíduo, eles usam apenas um, tirado do conjunto dos seus nomes. Por outro lado, quando eu colhia os nomes, observei que os índios diziam os seus nomes e depois mencionavam também quem os havia dado e quando seus nomes eram utilizados como termos de tratamento, isto é, apontavam os seus nomes e os contextos em que eles eram usados. Embora eu não tenha anotado todos os nomes Apinayé, estou certo de que isso ocorre com todos eles. Deste modo os informantes sempre se referiam aos nomes usados dentro de casa, quando "eu era molinho" e os nomes utilizados nos cerimoniais, durante ou depois das iniciações. Assim, cada nome é utilizado de acordo com uma área do sistema onde o indivíduo está atuando. Antes, porém, de descrever e analisar este aspecto do sistema de nomes Apinayé, é preciso falar de sua transmissão.

4. A TRANSMISSÃO DOS NOMES

A transmissão de nomes entre os Apinayé não implica somente em nominador e nominado, como ocorre entre os outros Timbira (cf. Nimuendaju, 1946: 77, Melatti, 1970 e 1973, Lave, 1967: Cap. V) e Kayapó (cf. Turner, 1966: 171); mas em nominador, nominado e numa terceira posição: a daquele que vai buscar ou "arranjar" o nominador. Os nomes, entretanto, passam sempre das categorias *geti* (ou *keti*) para um *tamtxúa* no caso masculino e de uma *tui* (ou *tukatui*, ou *tui-re*) para uma *tamtaxúa* no caso feminino. Quando um homem recebe um nome de um *geti*, ele passa automaticamente a chamar esse *geti* de *id-krã-tum*, sendo por ele chamado de *id-krã--dúw*. Essas expressões significam, respectivamente, minha (= *id*) cabeça (= *krã*) velha (= *tum*) e minha cabeça nova (= *dúw*), numa simbolização evidente da união, identidade e solidariedade que deve existir entre pessoas que têm o mesmo nome (cf. Nimuendaju, 1956: 21-22). No lado feminino isso não acontece, demonstrando a pouca importância dos nomes e das mulheres como transmissores de direitos de incorporação a grupos cerimoniais.

As especificações genealógicas dessas categorias são as seguintes:

LADO MASCULINO:
{
geti = tio materno, avô materno e paterno, e marido de tia paterna.
tamtxúa = todos os recíprocos das posições acima, isto é, filhos da irmã, filhos do filho e da filha, filho do irmão da mulher, filha do irmão da mulher.
}

LADO
FEMININO:
{ tui ou tui-re = tia paterna, avó materna e paterna, mulher do irmão da mãe.
tamtxúa = todos os recíprocos das posições acima, isto é, filhos do irmão, filhos do filho e da filha, filho da irmã do marido, filha da irmã do marido.

Os Apinayé, como os outros Timbira e Kayapó, podem muitas vezes indicar o tio materno e a tia paterna como, respectivamente, o *geti* e a *tui* que sempre transmitem o nome para seus *tamtxúa*, tomando essa posição genealógica como a ideal na passagem dos nomes. Mas uma verificação genealógica indica uma grande variação dessas posições que nem sempre são seguidas. Por exemplo, em trinta casos de nominação onde foi possível verificar precisamente a posição genealógica do nominador/nominado, verificou-se que eles pertenciam à categoria *geti* (ou *tui-re*), mas apenas quatro entre eles eram tios maternos. Significativamente, todos esses casos eram de transmissão de nomes em informantes mais velhos, homens que já possuem netos. É pois possível que a flexibilidade da escolha de um *geti* e de uma *tui-re* fora de certas posições apontadas como ideais esteja relacionada à depopulação decorrente do contato com a sociedade brasileira regional e, concomitantemente, com o desuso dos cerimoniais. Mas, pelo menos no caso Apinayé, há evidência para se suspeitar que a estrutura do sistema permita, por sua própria natureza, essa flexibilidade e variação genealógica.

Isso porque existe a figura de um "arranjador de nomes". Assim, quando se pergunta a um Apinayé quem deu nomes para tal criança, ele sempre se refere ao arranjador de nomes, que é o *pai* adotivo (ou *de criação*, como dizem os índios) ou *mãe adotiva* (*pam* e *nã kaóg*) do menino ou menina. Essa tendência a apontar o arranjador de nomes é por certo responsável pelo sistema de transmissão de nomes descrito por Nimuendaju, que é inteiramente discrepante do padrão dos outros Jê do Norte (cf. Nimuendaju, 1956: 19). De fato, quando da minha primeira estada no campo, também cometi o mesmo engano de Nimuendaju e anotei os pais adotivos ou de criação como os nominadores. O resultado, como se pode deduzir, foi uma estrutura de transmissão de nomes totalmente anômala, já que todos os irmãos do pai: adotivos, putativos, classificatórios ou reais eram nominadores, o mesmo acontecendo do lado feminino. Na minha segunda estada entre eles, consegui corrigir esse erro e descobri que, em termos de categoria (em oposição à genealogia), o sistema Apinayé não diferia estruturalmente dos outros Jê do Norte, pois os nomes sempre passam, como vimos, de um *geti* para um *tamtxúa* e de uma *tui* ou *tui-re* para uma *tamtxúa*.[8]

Resumindo, o sistema de transmissão de nomes entre os Apinayé difere do sistema vigente entre os Timbira de Leste nos seguintes aspectos:

1. A transmissão de nomes não é feita diretamente e não implica numa ligação entre nominador e nominado sem intermediários.

[8] Estou distinguindo *categoria* de *genealogia* do seguinte modo: genealogia se refere a uma posição analítica sempre demonstrável em termos de um esquema que pode ser percebido ou não pelos nativos, já que todo sistema terminológico admite uma tradução genealógica. *Categoria* é o que os membros da sociedade fazem das posições genealógicas. Assim, pode ocorrer que uma categoria tenha apenas um tênue ou mesmo nenhum componente genealógico, ou que o componente genealógico não seja um elemento crucial na sua interpretação sociológica. Tudo indica que esse é o caso em certos sistemas com troca matrimonial prescritiva. Estou, assim, seguindo a formulação de Maybury-Lewis e outros quando ele equaciona a abordagem genealógica (ou formal) como *etics* e a abordagem categórica ou sociológica como *emics* (cf. Maybury-Lewis, 1965: 211). Por outro lado, não vejo entre essas abordagens uma contradição insuperável como querem alguns, pois acredito que elas, como em Linguística, se completam e são momentos de um mesmo processo de entendimento (cf. também Needham, 1962).

2. Existe uma figura intermediária na passagem dos nomes, já que a criança é primeiro adotada e é o seu pai ou mãe adotivo quem vai procurar o nominador.

O último ponto aproxima o sistema Apinayé do sistema Kayapó, onde também a figura de um *pai adotivo* é fundamental na introdução da criança na Casa dos Homens durante os rituais de iniciação (cf. Turner, 1966: 145). A diferença é que, entre os Apinayé, os nomes incorporam a criança a uma metade e não a uma Casa dos Homens, inexistente entre eles.

De modo semelhante aos Timbira de Leste, por outro lado, os nomes Apinayé dão direitos de incorporação a grupos cerimoniais. Mas: (a) esses grupos não se diferenciam e são parte de um sistema de metades,[9] e (b) eles passam indiretamente de nominador a nominado. Além disso, enquanto os nomes entre os Kayapó são elementos que operam residualmente no sistema social, sendo apêndices dos rituais de iniciação (cf. Turner, 1966: 169), entre os Timbira de Leste e Apinayé, os nomes são básicos na classificação e incorporação de indivíduos num sistema de metades que é, na realidade, o ponto central das diferenças entre grupos durante os ritos de passagem.

Mas, como ocorre entre os Timbira de Leste e os Kayapó, os nomes Apinayé são passados *prescritivamente* de um *geti* (ou *tui*) para um(a) *tamtxúa*. Isso indica que, embora existam diferenças estatísticas em relação à posição genealógica do transmissor de nomes, a categoria permanece a mesma e quanto a ela não há escolhas.

---

[9] Os Apinayé têm certos nomes grandes, como Ireti, Tapklid, Tamgaága e Amdyág, que não possuem parceiros na metade oposta. Atuando sós em certos cerimoniais, eles formam grupos, à maneira dos Timbira e também dos Kayapó. Mas, mesmo aqui, o nome é associado a uma das metades, pois todos eles são *Kolti* (cf. Nimuendaju, 1956: 21-25).

Esse ponto me parece importante porque ele revela que as possibilidades de variação na terminologia de parentesco dos Jê do Norte podem ser motivadas pelos diferentes resultados da aplicação de uma mesma regra. Assim, embora todas essas sociedades possam ter uma mesma estrutura de nominação (ou melhor, uma mesma regra de nominação), variações nas diferentes posições genealógicas que podem transmitir nomes (porque estão dentro de uma mesma categoria), no peso relativo dos nomes como instrumentos de classificação de pessoas e do peso relativo de certas unidades sociais, pode levar a diferentes resultados terminológicos. No próximo capítulo, esse problema será abordado detalhadamente. Por enquanto, basta repetir que uma mesma regra pode provocar resultados sociológicos diferentes, do mesmo modo que uma regra ou código gramatical engendra um número diverso de sentenças. Assim, embora se possa ter uma mesma regra de nominação entre os Ramkokamekra (Canela), os Krikati, os Krahô, os Kayapó e os Apinayé, as diferenças na aplicação dessas regras podem provocar *distorções genealógicas* distintas em cada caso. A consequência disso é uma terminologia de parentesco aparentemente diversa que possivelmente pode ser interpretada pela mesma regra ou código cultural. Sem se ter em mente essa lição da Linguística transformacionista, não é possível explicar diferenças específicas existentes entre os grupos Jê do Brasil Central, já que, num plano geral, todas elas utilizam — como já apontou Lévi-Strauss em 1952 — um mesmo repertório institucional.

Tomemos como ilustração alguns exemplos de transmissão de nomes entre os Apinayé. Eles certamente servirão para clarificar o processo de nominação e para revelar alguns aspectos fundamentais do sistema de relações da tribo.

Caso 1: **Os nomes da filha de Santana**

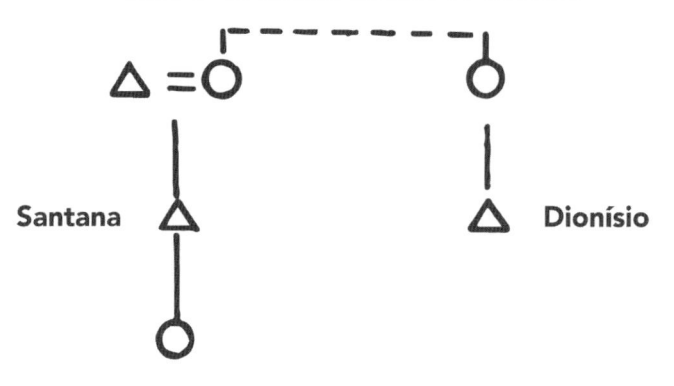

```
    ┌───────┐
  △ = ○     ○
    │       │
Santana △   △  Dionísio
    │
    ○
```

As relações entre a mãe de Santana e de Dionísio são genealogicamente obscuras. Mas elas, como enfatizam os informantes, são "*itõ-ti* (irmãs)". Como consequência, Dionísio é irmão putativo de Santana; ou seu irmão *kaóg* (= falso) como dizem os Apinayé. Quando a mulher de Santana ficou grávida, Dionísio apresentou-se como arranjador de nomes da futura criança e chamou a mãe de Santana, *tui-re* da menina, para que ela lhe transmitisse os seus nomes. Como se verifica, embora tenha sido Dionísio quem escolheu o nome, a nominadora é uma *tui-re*.

Caso 2: **Os nomes do filho de Cândido**

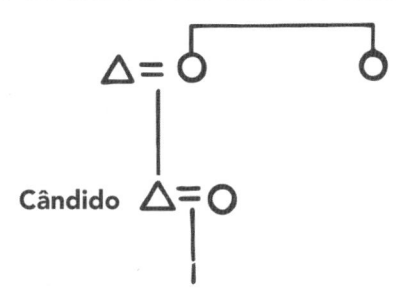

```
          ┌──────┐
       △ = ○     ○
          │
Cândido △ = ○
          │
```

Uma irmã da mãe do Cândido resolveu adotar o menino a ser nominado (filho do Cândido). Não importa que esta mulher seja uma *tui-re* do menino. No momento em que a adoção foi feita — em comum acordo com os pais da criança —, as relações foram redefinidas como relações *mãe de criação-filho de criação*. A mulher então passou a ser irmã do Cândido. Ela, deste modo, chamou sua irmã mãe do Cândido e esta transmitiu seus nomes ao menino. Esse caso mostra como relações sociais podem ser redefinidas para propósitos de nominação. E note que a redefinição aqui implicou no estabelecimento de um elo que corta as gerações. Por outro lado, o caso indica a transmissão de nomes de uma mulher para um homem.

Caso 3: **Os nomes do filho do Kãgrô**

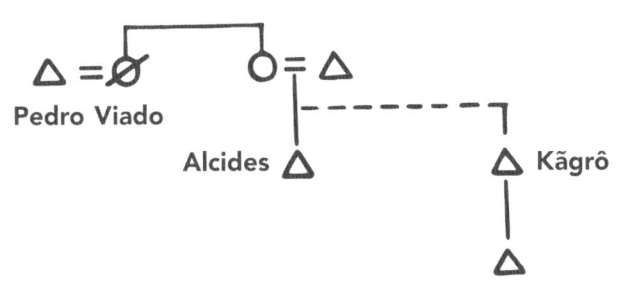

△ = ∅ ○ = △
Pedro Viado
Alcides △   △ Kãgrô
                △

Kãgrô e Alcides são irmãos putativos. Assim, Alcides chamou um dos seus *pam-kaóg* (pai de imitação ou de criação) para nominar o menino (Pedro Viado).

Caso 4: **Os nomes do filho do Miguel**

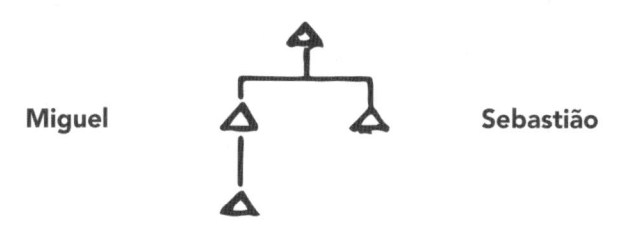

Sebastião chamou o seu pai (que é também pai do Miguel) e este deu os nomes ao seu neto, filho do Miguel. Esse caso indica como os nomes podem ser transmitidos dentro de uma mesma parentela que, no caso acima, forma parte de um mesmo grupo residencial. Este caso é bastante comum entre os modernos Apinayé e é recorrente entre os outros Timbira.

Caso 5: **Os nomes do filho do Permino**

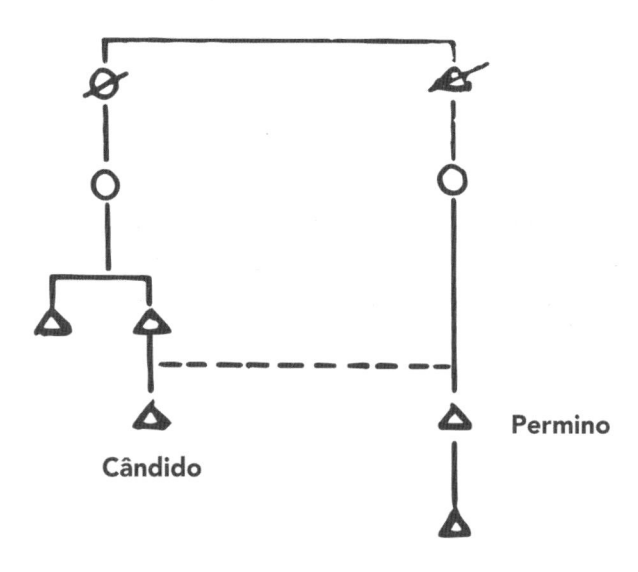

Este caso é interessante porque ele pode ser traçado genealogicamente com certa precisão. Permino e Cândido redefiniram suas relações, que são cruzadas, em relações paralelas. Assim, eles se consideram irmãos. Isso se deve, em parte, à distância genealógica entre eles, bem como à necessidade social, mais importante que os elos genealógicos, de estabelecerem uma relação mais firme (Permino faz parte de uma facção muito forte e Cândido de um grupo oposto). Assim, Cândido adotou o filho do Permino e chamou o irmão do seu pai para nominá-lo. São fatores como esses que provocam distorções genealógicas entre os Apinayé.

5. OS NOMES E SUAS RELAÇÕES SOCIAIS

As relações entre pais e filhos adotivos (ou entre nominados e arranjadores de nomes) devem ser cordiais como as relações entre filhos e genitores. Essas relações de "criação", porém, não são definidas num plano estritamente formal. Pois há, de fato, uma série de obrigações entre pais e filhos adotivos. Assim, os pais *kaóg* podem "acabar de criar" a criança, caso seus genitores morram e não existam outros parentes próximos. Isso depende das relações entre eles e os genitores do órfão. Como o ideal é que os pais adotivos sejam irmãos da mãe ou do pai da criança (como ocorre no caso nº 4), isso não é um problema difícil. Por outro lado, são os pais adotivos que pagam e recebem indenizações em caso de divórcio com moça virgem ou adultério. Em casos de crimes (furtos e assassinato), são eles que têm a principal obrigação de obter o pagamento estipulado, seja dando os bens ou mobilizando toda a parentela do ofensor. São eles também que têm a obrigação de confeccionar enfeites para os cerimoniais, especialmente aqueles relacionados com os amigos formais (*krã-geti/pá-krã*). Os Apinayé dizem explicitamente que são os pais adotivos que devem interferir todas as vezes que seus filhos se acham implicados em disputas. São eles que devem operar como intermediários porque assim, afirmam, tudo pode ser resolvido com mais calma e satisfatoriamente para as duas partes. Como colocou um informante, quando os pais verdadeiros entram nas disputas, "o negócio sempre acaba em briga". Eles são, portanto, verdadeiros mediadores entre a área doméstica, tipificada aqui pelas relações entre filhos e genitores, e a área pública. Isso indica uma mudança de ênfase das relações de sangue e paternidade biológica para as relações implicadas na paternidade social. A diferença entre os pais adotivos e os *geti* (*krã-tum/tui*) — os nominadores e incorporadores em grupos cerimoniais — é a de que os pais adotivos agem nos bastidores e suas ações se dão num campo muito mais jurídico do que cerimonial. De modo concomitante, suas relações com seus "filhos" não são formalizadas, como ocorre com as relações nominado/nominador.[10]

As relações entre nominador/nominado são muito mais ritualizadas. Ainda hoje se consegue observar o aspecto jocoso dessas relações, quando o sistema social perde muito dos seus traços distintivos. Assim, é comum ver-se algum *geti* brincar com o seu *tamtxúa*, mencionando, especialmente se ele é muito moço, as suas amantes que geralmente seriam mulheres casadas ou muito velhas.

---

[10] É curioso observar que Nimuendaju percebeu a importância dos pais adotivos entre os Apinayé, mas ele viu a relação como referida aos *kiyê* e não investigou mais detalhadamente o seu papel. Assim, diz Nimuendaju: "(...) já descrevi como as crianças recém-nascidas, ou mesmo antes de nascer, recebem os nomes dos seus tios ou tias maternas, de acordo com as metades. De maior importância, porém, são os 'pais de criação', que cada criança recebe logo depois de nascida, isso pela ordem dos *kiyê*. Em se tratando de menino, o tio paterno procura os pais e declara: 'Vou criar vosso filho!' Tratando-se de menina, será criada pela tia materna, que lhe deu nome ou irmã desta. Esse compromisso de criar os sobrinhos, as mais das vezes não deve ser tomado literalmente, ao pé da letra, se bem que aos 'pais de criação' cabe sempre uma parte da responsabilidade pela criança" (cf. Nimuendaju, 1956: 83). Os exemplos que dei de transmissão dos nomes e de adoção revelam como essas relações são muito menos formalizadas e como elas nada têm a ver com uma ordem exogâmica, dos chamados *kiyê*.

A MORFOLOGIA DA SOCIEDADE APINAYÉ: OS GRUPOS CERIMONIAIS

Essas alusões ao comportamento sexual dos *tamtxúa* (*id-krã-tum*) sempre provocam risos e embaraço na criança. A meu ver, o aspecto jocoso dessas relações expressa o conteúdo contraditório nelas implicado. De um modo geral, esse conteúdo pode ser caracterizado da seguinte maneira:

1. Entre nominador e nominado há forte relação ritual, pois ambos têm o mesmo nome e, assim, desempenham os mesmos papéis cerimoniais e pertencem à mesma metade. Isso significa que, com os nomes, obtém-se continuidade social, pois eles substituem as pessoas físicas, suas portadoras, quando essas desaparecem. Alguns Apinayé são muito conscientes quanto a esse aspecto da transmissão de nomes e quando falam dela dão ênfase especial ao fato de que passar seus nomes para muitos jovens garante de algum modo sua sobrevivência social.

2. Entre nominador e nominado há também uma certa distância social. Muitas vezes porque eles vivem em casas diferentes, quase sempre porque seus grupos sociais têm interesses divergentes nos negócios da aldeia, invariavelmente porque estão em gerações alternadas ou numa posição estruturalmente equivalente (são irmãos de sexo diferente do dos pais de Ego).

As relações jocosas, portanto, como indica Radcliffe-Brown (1952: Caps. IV e V), são um modelo adequado para ordenar esses conjuntos de fatores sociais conflituosos, tal como ocorre entre os outros Jê do Norte.

Um fator que afirma o caráter formal dessas relações e vem apontar de modo claro o papel de mediador dos *geti* (*krã-tum*) é o fato de os instrutores das iniciações terem justamente esse título. Deste modo, durante os ritos de passagem mais importantes, aqueles relacionados aos jovens, o grupo fica simbolicamente dividido entre *krá-tum/krã-duw* (*tamtxúa*). Esse aspecto é básico porque ele mostra como o sistema Apinayé difere do Kayapó onde, nesta mesma ocasião, é um *pai adotivo* quem assume o papel ritual principal que, entre os Apinayé, é desempenhado pelos *krã-tum*. Assim, entre os Kayapó, a divisão interna da Casa dos Homens é simbólica e modelada nas relações pai/filho, enquanto que entre os Apinayé a divisão dos grupos masculinos, que se reuniam temporariamente durante os ritos de iniciação, é a expressão das relações entre nominador/nominado. Isso, por outro lado, revela as diferenças cruciais entre os pais adotivos dos Kayapó e Apinayé (cf. Turner, 1966: Cap. IV, parte III).

Há pelo menos um cerimonial onde as relações pais-filhos adotivos são realçadas. É o rito destinado a trazer de volta a alma das crianças quando estas estão sofrendo a sua perda acidental. Nesta ocasião, logo após a colocação da alma perdida no corpo da criança pelo *vaiangã* (*medicine-man*), uma velha *tui-re* da criança chicoteia, com uma vara comprida, todos os seus pais e mães adotivos que, por falta de cuidado, deixaram que sua alma se perdesse. Do mesmo modo e *mutatis mutandis,* a cerimônia do marimbondo expressa a identidade entre *geti/tamtxúa*. Assim, quando uma criança é mordida por um desses insetos e chora muito, um dos *geti* (o que mais se identifica com a vítima, provavelmente o seu nominador) vai quebrar o ninho dos marimbondos. Para tanto, ele recebe um pagamento dos pais e mães adotivos do menino, pagamento que consiste em comida ou miçangas. Segundo um informante, ele faz isso "para ficar do mesmo jeito que o menino" (*atpen burog*)!

Algumas implicações desse sistema de transmissão de nomes é importante. Em primeiro lugar, o processo de incorporação de um novo membro nas metades *Kolti* e *Kolre* não se realiza diretamente. Isso, como vimos, traz uma grande possibilidade de escolhas e variabilidade de relacionamento. Por outro lado, a figura dos pais adotivos cria uma troca simbólica de pais (e filhos). Assim, após a ênfase inicial nos genitores, nas relações de sangue e nos membros da família nuclear (*isso é o que o resguardo simboliza*), há um deslocamento ou transferência de ênfase para os aspectos sociológicos da paternidade (*com os irmãos do mesmo sexo do pai e mãe sendo enfatizados como pais adotivos e arranjadores de nomes*) e, finalmente, depois da transmissão de nomes, outro deslocamento para uma pessoa situada fora da família nuclear, numa categoria marginal: um *geti* ou *tui-re* (*os nominadores*). A saída de uma criança do grupo nuclear, portanto, é feita de modo gradativo, como no esquema:

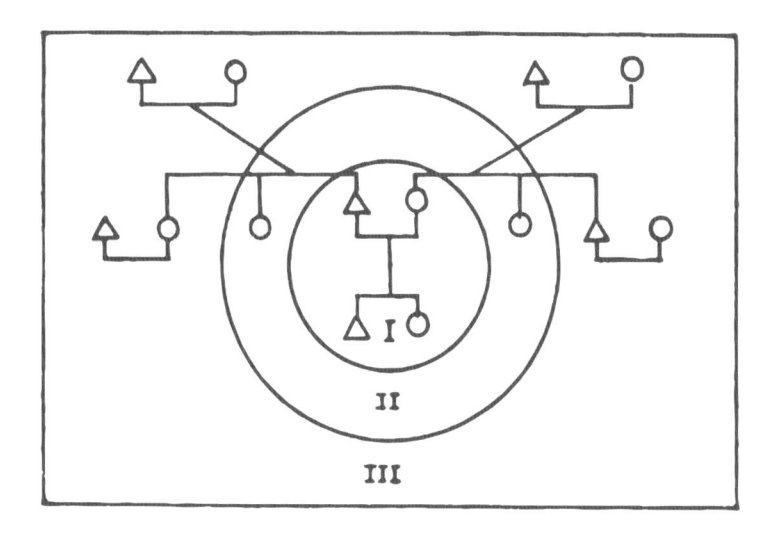

A figura acima pretende revelar, visualmente, as relações básicas que um indivíduo Apinayé adquire na sua trajetória para a maturidade, ao mesmo tempo que procura indicar domínios ou áreas sociais onde cada uma dessas relações tem um papel crítico. Assim:

I. Família nuclear, área essencialmente doméstica onde as relações sociais são expressas em termos biológicos (vide Cap. II).

Essa área faz mediação entre tudo aquilo que escapa das fronteiras da sociedade Apinayé (e que eu chamo de *natureza*) com tudo aquilo que é controlado pelas suas regras (*cultura* ou *sociedade*). É aqui que o corpo da criança é formado e preliminarmente mantido pelo *resguardo* que, como vimos, simboliza e é o modelo dos componentes fundamentais deste domínio.

II. Essa é a área dos pais de criação de um dado Ego. Ela está em contraste com a dimensão I, pois é aqui que se processam mediações de disputas em que Ego está implicado; e é aqui que se inicia a trajetória de um Apinayé para a ampliação de seus laços sociais. Mas esse domínio também contrasta com III, pois as relações em II não são muito formalizadas. A esfera dos "arranjadores de nomes" é essencialmente uma esfera jurídica e política, semipública (ou semirritual) e também semidoméstica. Note-se, neste sentido, que os irmãos paralelos dos pais (irmãos que têm o mesmo sexo do pai ou da mãe; o tio paterno ou a tia materna) de Ego masculino ou feminino não são diferenciados terminologicamente dos seus pais. Assim, a dimensão *mesmo sexo do meu pai* ou *mesmo sexo da minha mãe* é um elemento básico na estrutura de parentesco Apinayé.

III. O Ego entra neste domínio, conduzido pelos seus nominadores. Deste modo, a esfera III é representada pelos seus *geti/tui*, do mesmo modo que a esfera I e a II contêm seus *pam* e *nã*. Vemos aqui de modo claro como a passagem de um sexo para outro equivale estruturalmente, no sistema Apinayé, à passagem de gerações. Assim, os tios cruzados são idênticos aos avós, e todos são unidos por um denominador sociológico comum: são nominadores reais ou potenciais do Ego masculino ou feminino. A esfera III é o limite real da parentela Apinayé. E as relações ali estabelecidas e confirmadas são relações que fazem a mediação entre o Ego e o restante da aldeia, na área dos não parentes e dos inimigos em potencial.

A MORFOLOGIA DA SOCIEDADE APINAYÉ: OS GRUPOS CERIMONIAIS

Na medida em que se passa de I para III, amplia-se o grau de formalização das relações do mesmo modo que se chega perto dos limites efetivos da parentela. De modo concomitante, vai-se de relações fortemente marcadas pelo sangue (na esfera I) para relações tipicamente sociais (ou cerimoniais), na esfera III.

6. AINDA OS NOMES: UMA COMPARAÇÃO

Gostaria de finalizar esta parte tentando desenvolver alguns pontos comparativamente, já que essa é uma instituição fundamental entre todos os Jê e, especialmente, entre os Jê do Norte.

Primeiramente, é preciso retomar alguns problemas já mencionados. Vimos que os nomes Apinayé eram transmitidos em conjuntos, que esses conjuntos podiam ser formados de combinações de vários nomes (e, portanto, de outros conjuntos) e que eles pertenciam ou estavam associados às metades *Kolti* e *Kolre*. Assim, embora seja possível que o repertório de nomes Apinayé seja finito, é bastante provável que suas combinações sejam imensas. Isso já seria uma solução para o problema fundamental colocado por todo sistema de nominação, qual seja: ou o nome "é uma marca de identificação que confirma, por aplicação de uma regra, a filiação do indivíduo nomeado a uma *classe* preordenada (um grupo social num sistema de grupos, um status-natal num sistema de status)"; ou "o nome é uma criação livre do indivíduo que nomeia, e que expressa, por meio daquele que nominou, um estado transitório de sua própria subjetividade" (Lévi-Strauss, 1962b: 240). De acordo com essa colocação de Lévi-Strauss, as combinações verificadas nos nomes Apinayé seriam já uma solução para o problema lógico apontado acima, isto é, *classificar* ou *nominar*? No caso Apinayé, a solução seria *nominar-classificando*. Isto é, cada indivíduo teria um conjunto de nomes que lhe atribuiria papéis no seio de grupos sociais e, *também*, uma combinação única e pessoal desses conjuntos de nomes, que não se repetiria. É evidente, porém, que contra esse argumento há duas objeções: primeiro, a dificuldade em lembrar todos os nomes do conjunto. Segundo, o fato de que ele só ocorreria quando o indivíduo tivesse dois ou mais nominadores. Embora isso aconteça, não acreditamos que tal seja a regra geral.

Uma outra solução para o mesmo problema, que parece ser realmente adotada pelos Apinayé (e talvez pelos outros Jê do Norte), é a de chamar o indivíduo por apenas um nome, deixando os seus outros nomes em esquecimento. Essa solução ocorre também entre nós e entre os Krikati (cf. Lave, 1967: 156). Tomemos um exemplo: numa família cujo sobrenome é Rocha, existem três indivíduos, Pedro, João e José Rocha. Se o sobrenome é usado como forma de endereço, é possível haver confusão entre os três. Assim, usa-se apenas o primeiro nome, havendo um "esquecimento" do segundo. Mas isso não é tudo. Segundo o contexto, pode-se usar o sobrenome ou o primeiro nome. Assim, João Rocha pode ser conhecido em casa como Joãozinho (que estabelece uma diferença entre ele e seu avô, também chamado João) e no escritório ele pode ser chamado e conhecido como Rocha, já que lá não existe ninguém com esse sobrenome. Por outro lado, usa-se João Rocha por extenso somente em situações formais. Quando, por exemplo, João Rocha recebeu o seu diploma de doutor ou quando ele foi multado pela polícia.

Entre os Apinayé, os informantes mencionam que os seus nomes podem ser divididos em partes. Há nomes formais que só seriam usados como formas de endereço quando o informante estivesse em algum papel cerimonial. E é possível que os nomes de "dentro de casa" sejam apelidos, embora eu seja inclinado a acreditar que esses "nomes" sejam sinais que servem para marcar *contex-*

tos onde uma pessoa é *mais ou menos classificada* como pertencente a um grupo cerimonial. Nomes como *Kapran gri* (jaboti pequeno), *Kambôta* (noite), *Bokrãi, Xukaxuro* (pinicador), *"Pēb" grire* etc. são nomes mencionados por alguns informantes como sendo usados dentro de casa. Isso indica que uma criança pode ser chamada por um nome antes de ser investida formalmente em todos os nomes da série que lhe pertence. É por isso que falamos no uso de um nome com os outros ficando numa área de fundo. Os primeiros seriam os nomes usados no cotidiano, os outros no contexto da esfera cerimonial.

Estou me aventurando nessa sugestão de equacionar nomes e contextos, porque essa pode ser muito bem a solução adotada por grupos tribais onde os nomes possuem, como é o caso dos Timbira, um claro poder classificatório. Por outro lado, essa solução mostra até certo ponto (e paradoxalmente) a fragilidade das especulações de Lévi-Strauss em relação aos nomes próprios (cf. Lévi-Strauss, 1962a: Cap. VI). Porque uma sociedade pode muito bem ter nomes que operam como instrumentos de classificação e isso não exclui a possibilidade do sistema prover "apelidos" (ou nomes de "dentro de casa", como colocam os Apinayé) que servem como funções individualizadoras. Nesta perspectiva, o problema não é o de apontar, como faz Lévi-Strauss, que os nomes servem em maior ou menor escala como instrumentos de classificação. Mas o de saber o que um dado sistema de nominação pode revelar em relação à estrutura social da sociedade que o adota. Tenho a impressão de que o primeiro problema (colocado magistralmente por Lévi-Strauss) é importante, mas que deve ser deixado para os filósofos. No nível sociológico, como tentei indicar tomando o caso Apinayé como exemplo, falar em classificação em oposição à individualização é dizer muito pouco da estrutura social, a não ser de uma maneira periférica e sugestiva.

Quando Lévi-Strauss, portanto, enfrenta o problema: nome--estrutura social, ele fica num nível muito geral, terminando por propor uma divisão em sistemas sociais onde os nomes seriam expressões de uma ênfase em posições sociais ou em sistemas de relações sociais. O problema, porém, é saber como é possível ter-se posições sem relações e relações sem posições. Porque só é possível, como Lévi-Strauss mesmo ensina em outros lugares, diferenciar posições quando se contrastam essas posições. E para se estabelecer contraste, fazem-se relações. Do mesmo modo, só se pode descobrir relações quando se descobrem posições.[11]

Diante desses problemas, prefiro tomar as formulações de Ward Goodenough e tentar aplicá-las aos Jê, finalizando esta parte (cf. Goodenough, 1965).

O ponto de partida de Goodenough é o contraste entre o uso de nomes próprios em duas sociedades da Oceania por ele estudadas. Na primeira, Truk, o número de nomes é igual ao número de indivíduos, sendo estes sempre referidos pelos seus nomes. Até mesmo crianças chamam seus pais por nomes próprios, não usando termos de parentesco. Como consequência, "em Truk, todos os indivíduos têm um nome pessoal distinto que ele não compartilha com ninguém — morto ou vivo —, e ele espera ser chamado por todos em todas as ocasiões por esse nome" (cf. Goodenough, 1965: 267). Isso significa que, em Truk, os nomes individualizam.

Na segunda sociedade estudada, Lakalai, ocorre exatamente o oposto. Os indivíduos têm mais de dois nomes, quase todos dividem seus nomes com alguma outra pessoa, os nomes confundem sexo e idade; e termos de parentesco frequentemente substituem os nomes como formas de endereço. Por outro lado, cada pessoa tem vários tipos de nome. Inicialmente, ganha-se um nome "que pode

---

[11] É com base nos mesmos argumentos, e portanto por extensão, que eu discordo da formulação de Jean Carter Lave para o problema dos nomes entre os Krikati (veja-se Lave, 1967: Cap. 5 e 6).

ser chamado primário (*la-isa-la sessele*, 'seu nome próprio ou verdadeiro')". "Ele também pode ter, continua Goodenough, um nome secundário (*la-tohi lavula*) e um nome de defecação" (op. cit. 268). Além disso, existem regras complexas de transmissão de nomes, havendo nomes que têm que ser transmitidos para o primeiro filho, independentemente do seu sexo. Isso provoca o que Goodenough chama de ciclo de nomes (1965: 268, 269). Os nomes, pois, não são usados livremente e há instituições que proíbem o uso de nomes pessoais. Por exemplo, se um homem tem um filho chamado pelo mesmo nome do seu sogro, ele não usa aquele nome para chamar seu filho, mas um apelido ou nome secundário (1965: 271). Os nomes em Lakalai lembram os nomes Timbira, sendo utilizados como mecanismos de classificação.

Goodenough, porém, não permanece num nível geral, apontando as funções lógicas dos nomes. Sua discussão, ao contrário, procura relacionar os nomes com a estrutura social. Assim, em Truk, os nomes são usados individualmente porque naquela sociedade já existem instituições (grupos corporados de descendência unilinear) que classificam as pessoas na maioria de suas ações sociais. De fato, em Truk, há pouca possibilidade de escolhas individuais, tendo a pessoa sempre que operar tomando como ponto de referência as linhagens matrilineares (1965: 272). Assim, ele conclui: "A par dessas considerações, infiro que os nomes e os modos de chamar um Truk compensam de outro modo a supressão da individualidade do sistema social" (1965: 273).

Em Lakalai a situação é oposta. Nesta sociedade, há um número grande de escolhas devido ao fato de o sistema não ter nenhuma instituição classificadora como ocorre em Truk. Assim, a liderança é baseada em senioridade e não na posição do indivíduo como membro de uma linhagem que são "undeveloped" (1965: 270). Em

Lakalai, portanto, cada um tem que conquistar as suas posições no sistema social, sendo este essencialmente aberto a escolhas e a várias possibilidades de alinhamento político e social. Daí, Goodenough concluir: "os modos de nominação e chamamento em Lakalai operam para impedir a competição servindo como instrumentos de lembrança que, afinal, o povo é parte de uma mesma ordem social; uns intrincadamente ligados aos outros por obrigações derivadas de nascimento e contrato" (1965: 275).

Em outras palavras e se eu compreendi bem, Goodenough está dizendo que os nomes, como instituições classificadoras, estão em distribuição complementar com outros elementos classificadores e ordenadores de relações sociais num sistema social. Onde linhagens (ou outra instituição) são os elementos classificadores básicos (caso de Truk), os nomes individualizam; onde as linhagens não exercem estas funções, os nomes classificam.

Acredito que essas formulações nos ajudem a entender o sistema de nomes dos Jê. Tomemos primeiramente os Kayapó e os Timbira de Leste e Apinayé.

Não precisamos fazer muito esforço para reconhecer que, entre os Timbira e Apinayé, os nomes operam do mesmo modo que em Lakalai. Em todas essas sociedades, os nomes são importantes instrumentos de classificação e em todas elas não existem outros elementos com o mesmo poder classificatório. Realmente, entre os Timbira não existem linhagens e as ações sociais estão sujeitas a uma série de escolhas individuais, tal como tentamos mostrar no segundo capítulo.

Mas entre os Kayapó, como já vimos, os nomes não estão diretamente associados a grupos cerimoniais tal como ocorre entre os Apinayé e outros Timbira. Do mesmo modo que entre os Xavante, os Kayapó utilizam os nomes como uma instituição secundária. Assim, os nomes servem mais como instrumentos para limitar o poder paterno do que como elementos classificadores. Entre os Xavante, isso é muito claro, pois os nomes "estabelecem formalmente que o tio materno, que agora mudou-se da casa do filho de sua irmã, tem direitos (*in personam*) sobre o rapaz" (cf. Maybury-Lewis, 1967: 232). Tal transferência ocorre como expressão das relações de filiação, já que os Xavante organizam sua vida social em termos de linhagens patrilineares. Assim, as relações entre pai e irmão da mãe nada mais são do que relações entre os afins mais importantes de cada grupo residencial: os cunhados. Os nomes são uma função das linhagens e das relações entre linhagens. O seu papel é o de estabelecer, como demonstra Maybury-Lewis, um laço residual e formal entre pessoas situadas em linhagens diferentes e que estão em posição crítica uma em face da outra (como é o caso do pai e do irmão da sua mulher).

Assim, entre os Xavante, os nomes teriam uma função contaminada pelas linhagens e seriam instituições que estariam dando ênfase a relações individuais e não a relações que incorporam pessoas em grupos sociais mais inclusivos, como ocorre com os Apinayé. Como, entre os Xavante, as linhagens e os clãs são realmente os instrumentos básicos de classificação social, os nomes servem complementarmente como elementos que lembram que as pessoas, como indivíduos, estão elas também relacionadas formalmente a duas linhagens (à do pai e à do irmão da mãe) que, idealmente, estão numa relação complementar *vis-à-vis* ao recebedor de nomes.

Entre os Kayapó, os nomes têm maior poder classificatório, mas estão também submersos no mesmo tipo de estrutura. Pois tal como acontece com os Xavante, os Kayapó dão uma grande importância às relações *pai-filho* e nos grupos formados e simbolicamente orientados para tais relações. É um pai adotivo quem entre eles introduz o menino na Casa dos Homens. E esta instituição, como sede da vida política da aldeia, é formada simbolicamente de grupos de pais-filhos, como se fossem linhagens. Nesta perspectiva, pode-se dizer que a Casa dos Homens Kayapó opera como uma unidade que articula *linhagens patrilineares simbólicas* que contaminam toda a vida política e cerimonial da aldeia. Os nomes nesta sociedade, então, teriam funções idênticas à dos Xavante.

De modo significativo, tanto entre os Xavante como entre os Kayapó, as relações entre nominador/nominado são vistas como pessoais e, com os nomes, passam-se também decorações confeccionadas pelo irmão da mãe para o filho de sua irmã. Os nomes, assim, não remetem a grupos, mas a relações sociais indicativas de posições cruciais em termos da dicotomia parentes/afins. De modo coerente com isso, observa-se entre os Kayapó (e entre os Xavante) que os nomes não são transmitidos ao nascer, mas somente depois que a criança atinge uma certa idade (cf. Turner, 1966: 167ss).

Há, pois, como indicamos anteriormente, um aspecto "místico" nos nomes Kayapó, expressamente reconhecido pelos membros da tribo. Se nós aplicarmos aqui o *insight* de Leach que os aspectos místicos de uma relação social seriam indicativos de um conteúdo ambíguo que marca as relações de afinidade (cf. Leach, 1961: 22, 23), então os nomes Kayapó (e Xavante) seriam realmente expressões das relações entre marido (pai), irmão da mulher (irmão da mãe) e filho (filho da irmã). Eles então seriam simbólicos não de incorporação em uma unidade social, mas de relações de afinidade, daí o seu revestimento místico. Por isso, talvez, os nomes Xavante mudem segundo a posição dos seus portadores na estrutura social. Assim, é bem possível que eles estejam dando ênfase a qualidades e posições individuais, em contraste com as qualidades e posições que são automaticamente adquiridas porque o indivíduo pertence a um clã ou uma determinada linhagem patrilinear (de fato, essa é a sugestão de Maybury-Lewis. Cf. 1967: 235).

A MORFOLOGIA DA SOCIEDADE APINAYÉ: OS GRUPOS CERIMONIAIS

A correlação entre nomes e grupos masculinos entre os Jê indica algumas variações interessantes:

a) Que na medida em que as classes de idade e os grupos masculinos, baseados em instituições como a Casa dos Homens e/ou linhagens patrilineares (caso dos Xavante), são importantes como elementos classificadores, os nomes tendem a ser instrumentos de individualização. Com isso, pretendo sugerir uma solução para o problema dos nomes entre os Xavante. É que entre os membros desta sociedade os nomes operam como catalisadores de posições conquistadas individualmente. Isso num sistema onde o número de escolhas individuais é determinado pelas linhagens que tendem a contaminar toda a sua vida social. Daí a mudança constante de nomes que Maybury-Lewis observou entre os Xavante (1967: 235). Pois a cada movimento dentro da estrutura social corresponde um novo nome.

b) De modo correspondente, o caso Kayapó seria semelhante ao do Xavante, com os nomes servindo de ligação entre pessoas e entre "linhagens simbólicas". Os nomes, assim, lembram aos membros desta tribo outras relações além daquelas estabelecidas na Casa dos Homens. Entre os Apinayé e Timbira de Leste, os nomes teriam funções inversas. Eles seriam os elementos fundamentais de classificação social, não existindo linhagens nem Casa dos Homens. Como consequência, teríamos que, entre os Xavante e Kayapó, as relações entre pai (real ou simbólico) e filho são relações que transcendem o grupo doméstico e se projetam no sistema social. É pois através dessas relações que, nestes grupos, um jovem é incorporado no sistema político e cerimonial da sua sociedade. De modo concomitante, o irmão da mãe e as posições que lhe são genealogicamente equivalentes representam um elo pessoal. Entre os Timbira, por outro lado, a fórmula é a mesma, mas invertida: o tio materno é uma figura essencialmente pública, passando aos seus sobrinhos a sua *pessoa social* (cf. Melatti, 1970, 1973), ao passo que as relações entre pai e filho são privadas. O caso Apinayé parece ser uma síntese dessas duas posições, mas o pai adotivo Apinayé, é preciso sublinhar, opera como um arranjador de nomes. De modo que todo o simbolismo público e cerimonial Apinayé tende a ser muito mais próximo dos outros Timbira.

c) Finalmente, e quero frisar esse ponto, verificamos, com a ajuda de Goodenough, que uma mesma regra social pode ser distorcida em sua aplicação, produzindo resultados inteiramente diferentes. Entre os Jê, como já vimos, a regra de nominação é a mesma. Mas há variações e possibilidades de escolhas que são fundamentais quando se quer determinar o resultado total da regra. Essas escolhas e variações indicam as suas transformações no contexto de cada sociedade. Assim, entre os Xavante, a ênfase parece estar num irmão da mãe como posição genealógica e como categoria, já que o tio materno tem uma posição distinta no sistema terminológico. Mas entre os outros Jê do Norte, embora haja uma ênfase no irmão da mãe (que, aparentemente, se expressa quantitativa e normativamente), a possibilidade de transmissão de nomes é prescrita ao longo de uma categoria. Como essa categoria cobre um largo número de posições genealógicas (que incluem tanto o lado paterno, quanto o materno), existe nesses sistemas a possibilidade de se separar ou indicar a conjunção dessas "linhas". A possibilidade de escolher o nominador existe como parte integrante do sistema de nomes por definição, o que não acontece com os Xavante. Isso já indica diferentes modos de realinhar relações sociais em cada uma dessas sociedades. Assim, a ênfase dos Xavante numa posição genealógica pode muito bem ser a expressão de que entre eles as linhagens são grupos mais efetivos como unidades de ação política e como grupos cujos limites são bem demarcados. Deste modo, a transmissão de nomes entre os Xavante tem que ser feita segundo uma posição genealógica que é crítica em termos do sistema de linhagens, do sistema político por ela contaminado (cf. Maybury-Lewis, 1967). Talvez o mesmo ocorra entre os Kayapó.

No próximo capítulo, espero demonstrar como a transmissão de nomes é importante como determinante da terminologia de parentesco Apinayé, um fato que não ocorre entre os Xavante e Kayapó e que parece ser uma função dos nomes como instrumentos de classificação social. Embora, portanto, todos os grupos Jê tenham basicamente a mesma regra, seus resultados em termos de aplicação são diversos.[12] Mas, por enquanto, é ainda preciso continuar a descrever e analisar os grupos cerimoniais Apinayé.

7. AS METADES *IPÔGNOTXÓINE/KRÉNOTXÓINE*

O segundo par de metades a que todo Apinayé pertence é transmitido pelos amigos formais (*krã-geti*/*pá-krã*), através de um mecanismo de filiação estruturalmente semelhante ao que vimos na parte anterior.

---

[12] Desejo apresentar este exemplo como "comparação estrutural", em oposição a uma "comparação funcional", onde instituições são tomadas sem o estudo das diferenças entre *regras* e sua *aplicação* no contexto específico de cada sociedade.

Esse segundo par de metades é chamado *Ipôgnotxóine* e *Krénotxóine* e os nomes significam, respectivamente, "gente do centro ou pátio" e "gente da casa ou periferia". A oposição aqui é marcada pela relação de cada unidade com uma posição mais ou menos próxima da parte considerada como mais pública (ou social) da aldeia, o seu centro. É preciso, entretanto, qualificar melhor essas metades.

Em oposição as metades *Kolti* e *Kolre*, elas têm caráter mais conceitual do que social. Com isso eu quero dizer que as metades *Ipôgnotxóine/Krénotxóine* não fazem aparições na vida cerimonial Apinayé como grupos sociais, do mesmo modo que as suas congêneres, pois enquanto às metades *Kolti* e *Kolre* são, como vimos, fundamentais na organização dos rituais de iniciação e nas corridas de tora, as metades que estamos estudando agora não marcam tão claramente divisões de grupos cerimoniais nem tomam parte em corridas de tora. De fato, são poucas, como veremos mais adiante, as ocasiões em que esses grupos aparecem como corporações, congregando todos os seus membros.

Durante o meu trabalho de campo, vi os *Ipôgnotxóine* congregados apenas uma vez, durante um cerimonial onde os Apinayé reproduziam ritualmente o mito das *Kupen-ndíya* (cf. Nimuendaju, 1956: 132): as mulheres que, indignadas pela morte do seu amante, um jacaré, resolveram fundar uma aldeia somente para elas, com a exclusão de todos os homens. Nesse cerimonial, realizado no verão de 1962, um grupo de pessoas pertencentes ao grupo *Ipôgnotxóine* apareceu em bloco no seu final e percorreu todas as casas da aldeia fazendo uma série de gestos cômicos, trazendo espingardas que eram apontadas contra os espectadores e provocando riso pelo seu comportamento desconcertante, alusivo de movimentos realizados durante o ato sexual. Ao parar em cada casa, esses *Ipôgnotxóine* "tiravam" do meio dos espectadores aquelas pessoas que também pertenciam ao mesmo grupo e então era realizada uma série de pulos e passos que igualmente provocava risos. Nessa ocasião, meu tutor na tribo, o Velho Estêvão, mencionou que eu deveria ficar calado, pois que pertencia ao grupo *Krénotxóine*, cujo comportamento era sempre sério e comedido.

Do mesmo modo, são poucas as ocasiões em que Nimuendaju descreve essas metades como grupos corporados, exceto durante um cerimonial ligado a uma das fases da iniciação (1956: 26) e quando há uma variação simbólica dos caminhos radiais da aldeia, isso na segunda fase das iniciações dos jovens (*pẽb kumrendy*) (1956: 43). O comportamento descrito por Nimuendaju é idêntico ao que eu observei no cerimonial descrito sumariamente linhas atrás.

Por outro lado, os modernos Apinayé falam muito mais facilmente nas metades *Kolti* e *Kolre* do que nos grupos em estudo. E quando o fazem, a ênfase cai, invariavelmente, numa descrição dos traços distintivos do comportamento dos membros dessas unidades: os *Ipôgnotxóine* são "mentirosos", indiscretos, explosivos e cômicos; ao passo que os *Krénotxóine* são sérios, discretos, comedidos e controlados. Não se pode, dizem eles, confiar nos *Ipôgnotxóine* nem se pode participar das suas "brincadeiras". Fazer isso seria correr o risco de ser espancado e expulso do grupo sem nenhuma consideração. Creio, portanto, que essas metades estariam em oposição de modo residual. Isto é, os *Ipôgnotxóine* sempre aparecem no centro das festas, pois seu comportamento é imediatamente notado, ao passo que os *Krénotxóide* participam observando, como típicas "pessoas da casa", as travessuras dos primeiros. Daí, certamente, a impressão de que os dois grupos se distinguem muito mais numa área conceitual do que social.

Uma outra distinção entre as metades *Kolti/Kolre* e o segundo par de metades é que o dualismo subjacente às primeiras é do tipo diametral (sendo a ênfase colocada na simetria e complementaridade dos grupos em oposição). Ao passo que a dos segundos é do tipo concêntrico, com ênfase na assimetria e hierarquia que marca as relações entre esses grupos em oposição. Assim, pode-se resumir a dualidade dos *Ipôgnotxóine/Krénotxóine* na seguinte fórmula:

Ipôgnotxóine = irregularidade, imprevisibilidade.
Krénotxóine = regularidade, previsibilidade.

Os primeiros são equacionados explicitamente à Lua e os segundos, ao Sol. É curioso, também, que os Apinayé realcem sempre o papel dos *Ipôgnotxóine* como o mais importante. Eles justificam essa escolha remetendo ao mito do Sol e da Lua, onde houve uma troca: o Sol, que deveria ser *Ipôgnotxóine* (= centro, regularidade, homem, vermelho, dia etc.), trocou de "partido" com a Lua, que passou de irregular, feminino, noturno etc. ao inverso. Minha sugestão para essa troca é que os *Ipôgnotxóine* são claramente mais dinâmicos do que os *Krénotxóine*. Suas ações e sua irregularidade possuem um elemento que traz movimento e indica basicamente o seu papel transcendente, de algum modo semelhante ao papel da Lua no ciclo mitológico correspondente (cf. Nimuendaju, 1965: 103 e 120). Assim, os *Ipôgnotxóine*, como a Lua, estão sempre fazendo travessuras e demandas opostas às do Sol, o que é compatível com o papel do homem junto da natureza e, mais ainda, da aplicação e manipulação das regras sociais pelos homens.[13]

---

[13] Colhi pelo menos cinco variantes do mito de Sol e Lua em Apinayé e Português. Minhas variantes são mais claras do que as de Nimuendaju em relação a dois aspectos: (a) a dialética das ações do Sol, em oposição às da Lua (sempre fazendo o contrário daquilo que Sol realiza); e (b) o papel sintetizador que têm as ações da Lua no final da maioria dos episódios do mito. De fato, o ciclo segue um padrão antitético que é extraordinariamente semelhante aos movimentos de uma dialética hegeliana. De um ponto de vista geral e abstrato, que não pode ser desenvolvido aqui, considero que esse ciclo é a expressão codificada das relações e ações sociais mais importantes da sociedade Apinayé. Assim, no mito do Sol e da Lua, estão "expressos" não só os dois conjuntos de metades (Sol = *Kolti*, Lua = *Kolre*; Sol = *Ipôgnotxóine*, Lua = *Krénotxóine*) como também a amizade formalizada: Sol e Lua são *krã-geti/pá-krã* e várias situações cruciais da vida tribal: morte, enterro, classificação dos animais e plantas, adultério etc.

De qualquer modo, as metades *Kolti/Kolre* indicam uma perfeita simetria, ao passo que as metades *Ipôgnotxóine/Krénotxóine* expressam uma hierarquia, ou melhor, uma complementaridade hierarquizada, com o centro sendo superior à periferia; daí a posição conspícua dos *Ipôgnotxóine* nos cerimoniais.

8. AS METADES *IPÔGNOTXÓINE/KRÉNOTXÓINE* E O PROBLEMA DOS QUATRO "*KIYÊ*"

Quando Nimuendaju escreveu o seu livro sobre os Apinayé, ele mencionou quatro grupos, chamados "*kiyê*" em Apinayé, que seriam as unidades de casamento entre os membros dessa tribo. Assim, os quatro *kiyê* seriam unidades de troca de mulheres segundo uma regra prescritiva que lembra o estilo australiano de regulamentar casamentos (cf. Nimuendaju, 1956: 26-30, vejam-se p. 4ss. neste trabalho). No campo, porém, esses quatro grupos se reduziam a dois, i.e., as metades mencionadas acima. Vejamos como se pode explicar o erro etnográfico de Nimuendaju e quais são as evidências que se podem oferecer nesta redução dos quatro "*kiyê*" a um par de metades.

a) A evidência da nomenclatura e decoração

Observemos, primeiramente, que as metades *Ipôgnotxóine/Krénotxóine* correspondem a dois dos grupos chamados de *kiyê* por Nimuendaju. Os outros dois grupos mencionados pelo etnólogo são os "*kiyê*" *Krã-ô-mbédy* (= cabelo bonito) e *Kré'kára* (= goteira da casa). Junto com o par de metades acima mencionados, eles formariam os quatro grupos matrimoniais da sociedade Apinayé. Assim, um homem de um *kiyê* "só casa com mulheres de um determinado *kiyê*, dos três restantes", na seguinte ordem: *Ipôgnotxóine* casa com mulher *Krénotxóine*, homem *Krénotxóine* com mulher *Krã-ô-mbédy*, homem *Krã-ô-mbédy* com mulher *Kré'kára*, homem *Kré'kára* com mulher *Ipôgnotxóine*, fechando assim o circuito matrimonial (cf. Nimuendaju, 1956: 26-27 e também Maybury-Lewis, 1960a). Quando, porém, se focalizam os nomes dessas unidades, nota-se imediatamente uma discrepância, pois os *Krã-ô-mbédy* e os *Kré'kára*, de modo contrastante com os *Ipôgnotxóine* e *Krénotxóine*, referem-se a enfeites usados pelos seus supostos membros e não aos grupos mesmos, como é o caso da etimologia dos dois últimos. Assim, diz Nimuendaju que "*Krã-ô-mbédy* significa 'cabelo (*krã-ô*) bonito (*mbédy*)'. Este nome, continua ele, se refere ao enfeite do cabelo dos membros do *kiyê*, que têm esse nome". O enfeite consiste "num pó de casca de caramujo socado, com que se cobre a calota do cabelo acima do sulco horizontal, depois de tê-la untado com resina de almácega". E em relação aos *Kré'kára:* "quer dizer 'goteira da casa'. Talvez o nome se refira também a uma peça característica dos enfeites de *kiyê* e que consiste em pequenas e curtas penas de arara que pendem verticalmente de uma corda que se amarra ao redor do sulco do cabelo e que se comparou à beirada da cobertura de uma casa" (cf. Nimuendaju, 1956: 26). Parece-me claro que Nimuendaju tem dois problemas com relação a esses dois supostos grupos:

1. Os nomes não se referem, como nos dois casos anteriores, a nenhum grupo de pessoas. Nem etimologicamente, nem quando se faz um esforço para depreender o significado das palavras.
2. Os nomes dos dois últimos grupos remetem a decorações. Mas mesmo assim são enfeites que têm pouco valor distintivo e, no segundo caso, do "*kiyê*" *Kré'kára*, um sentido ambíguo ou bastante geral, pois se refere a uma decoração "característica dos enfeites *kiyê*", como coloca Nimuendaju. Decoração, diga-se de passagem,

que até hoje é usada entre os Apinayé. Além disso, os dois grupos apontados acima não usam pintura corporal, que é o distintivo marcante de todos os grupos cerimoniais não só Apinayé (e nós já vimos as associações dos *Kolti* e *Kolre* com o preto e o vermelho), mas de todos os grupos Jê. Assim, enquanto os *Krénotxóine* "usam pintura completa e uma pena curta de rabo de arara, presa a uma corda, em cada antebraço", os *Ipôgnotxóine* "pintam-se em listas, ou somente numa metade do corpo, tendo nas cordas dos antebraços penas compridas de arara" (1956: 26, 1939: 30). Nota-se assim que os dois únicos grupos que possuem uma decoração claramente distinta são os *Ipôgnotxóine* e *Krénotxóine*, as duas únicas unidades que foram encontradas por nós entre os Apinayé.

De modo coerente com isso, os Apinayé são capazes de indicar a pintura decorativa dessas metades, mesmo hoje em dia. São inexistentes os padrões dos outros dois grupos, nunca mencionados.

b) A evidência do Simbolismo Apinayé

Nós vimos que as metades *Kolti* e *Kolre* são estritamente coerentes com o simbolismo dualístico vigente entre os outros grupos Jê do Norte. De modo igualmente coerente se colocam as unidades *Ipôgnotxóine/Krénotxóine*, que seriam caracterizadas por meio de uma hierarquização dualística, também encontrada entre os outros grupos Jê. De fato, a instituição relacionada a essas metades é a da amizade, e ela formalizada, como sabemos, relaciona dois a dois homens de classes de idades diferentes, dando ênfase a uma união conceitualizada como a de um *júnior* com um *sênior*. Mais adiante, voltaremos a elaborar esse ponto. Agora é suficiente dizer que o simbolismo centro/periferia, praça/casa, pintura no corpo todo/pintura em só uma parte do corpo, penas de arara compridas/penas de arara curtas, regularidade/irregularidade, que marca as divisões *Ipôgnotxóine/Krénotxóine*, faz sentido em termos do simbolismo Apinayé, o que não ocorre com os dois outros grupos mencionados por Nimuendaju.

Outro ponto a ser notado é que os enfeites dos *"kiyê" Kré'kárae* e *Krã-ô-mbédy* se referem, respectivamente, à *cabeça* e à *casa* (Nimuendaju diz: "que se comparou à beirada da cobertura de uma casa", quando fala dos enfeites desse grupo, 1956: 26, 1939: 30). Ora, uma associação feita pelos Apinayé é aquela entre *cabeça* = *centro, pátio* e *casa* = *periferia*. Isso foi observado inúmeras vezes, mas mesmo lendo o livro de Nimuendaju é possível suspeitar de tais associações, desde que se tenha em mente que há várias relações sociais importantes onde o termo *krã* (= cabeça) é fundamental, como ocorre entre nominador/nominado e entre amigos formais, chamados de *krã-geti* (= cabeça mais velha?)/*pá-krã* (minha cabeça?). Como temos observado, o que marca essas relações é o seu conteúdo formal e cerimonial, sempre remetendo ao centro da aldeia. Assim, os nomes dos dois segundos grupos indicam uma relação direta com os dois primeiros da seguinte maneira:

$$\begin{array}{ll} \curvearrowright Ipôgnotxóine & Krénotxóine \curvearrowleft \\ \curvearrowright Krã\text{-}ô\text{-}mbédy & Kré'kára \curvearrowleft \end{array}$$

Essa associação foi confirmada por vários Apinayé que ainda podem falar dos seus grupos cerimoniais. Foi assim que eles indicaram que esses segundos nomes se referiam às decorações usadas pelos *Ipôgnotxóine* e *Krénotxóine*, fato que se confirma totalmente. Além disso, como já foi apontado anteriormente, o nome *"kiyê"* não existe como um conceito ou construção cultural entre os Apinayé que não o entendem.

c) A evidência da Etn...a

Estou chamando evidência da etnografia os dados col[...]-te os meses que passei entre os Apinayé. Assim, p[or ex]emplo, no censo de toda a população da tribo, não foi encontrado nenhum informante que se dissesse pertencer aos dois outros grupos. Ao contrário, a população Apinayé se distribuiu nas metades mencionadas. Por outro lado, na genealogia de toda a sociedade, os casamentos são realizados sem nenhuma possibilidade de se descobrir um padrão indicativo de trocas regulares entre grupos definidos como "*kiyê*". Mesmo uma inspeção superficial da genealogia da tribo é suficiente para indicar que estamos diante de um grupo tipicamente bilateral, onde os casamentos nada têm de preferenciais. E mesmo quando se pergunta aos Apinayé, com certa dose de malícia: "Mas não é bom saber que só se pode casar com mulher de tal metade...", eles respondem com veemência: "Não! A gente sempre escolhe as mulheres!" Assim sendo, não há ideologias, nem fatores estatísticos indicativos de um sistema matrimonial prescritivo.

Resta, porém, explicar por que Nimuendaju descreveu os quatro grupos e os associou aos casamentos. Uma explicação inicial já foi apresentada linhas atrás. Nimuendaju provavelmente tomou nomes de enfeites como nomes de grupos. Mas isso não explica como o etnólogo menciona que durante as iniciações esses quatro grupos aparecem como unidades (cf. Nimuendaju, 1956: 26, 36, 43). Vejamos essas aparições em detalhes:

Na página 26, diz Nimuendaju: "Quando os Ipôgnyõtxwúdn como tais aparecem em alguma festa (...) eles se comportam de uma maneira que lembra grandemente a conduta dos membros da sociedade de palhaços entre os Ramkokamekra-Canelas: cometem toda a sorte de travessuras, às vezes muito obscenas para os civilizados, mentem e furtam, o que ninguém leva a mal." Isso indica que Nimuendaju está realmente falando dos *Ipôgnotxóine*. Na página 32 (36 na edição americana), diz ele: "A iniciação dos 'Pēbkaág' é a melhor ocasião para se observar o funcionamento da organização dos kiyê, tanto pelas travessuras que fazem os Ipôgnyõtxwúdn no decorrer dela, como também pela diferença dos enfeites e localização separada dos kiyê por ocasião da limpeza simbólica dos caminhos radiais da casa materna de cada Pēbkaág, que é feita pelo kiyê de que ele faz parte". E mais adiante: "Nesta cerimônia colocam-se os habitantes da aldeia à beira da praça, separados segundo os kiyê. Não possuem, porém, ali, lugares determinados, cada kiyê se coloca na boca do caminho radial que pretende limpar em primeiro lugar. Foi este o único caso em que vi os índios separados segundo os kiyê." Na página 43, Nimuendaju descreve detalhadamente uma das aparições do kiyê *Ipôgnotxóine* novamente. Todas as outras menções a esses grupos no livro se referem a papéis supostamente desempenhados por membros dos outros três kiyê que, significativamente, nunca aparecem individualizados, como unidades.

Felizmente, consegui localizar, no Departamento de Antropologia do Museu Nacional, um manuscrito de Nimuendaju que contém suas notas de campo Apinayé. Uma vez traduzido, esse manuscrito indica o seguinte:

1. Há várias discrepâncias na ordem dos eventos em cerimoniais, bem como na participação dos atores.

2. Há poucas genealogias e uma tentativa frustrada de estabelecer uma genealogia segundo as filiações em *kiyê*.

3. Há uma passagem importante, assim: "Krénotxóine, Ipôgnotxóine, Krakala (sic!) e Krã-ô-mdedy (sic!) se referem somente à forma de decoração." Segue então uma descrição expedita das decorações que é reproduzida no livro com mais detalhes. Em seguida, diz Nimuendaju, ainda se referindo a esses grupos: "Trans-

A MORFOLOGIA DA SOCIEDADE APINAYÉ: OS GRUPOS CERIMONIAIS

mitida para ele (i.e., os seus membros) pelo Padrinho (sic!) que cria a criança." Mais adiante, diz ainda Nimuendaju: "kramgeti — padrinhos do Pepkahak, ordenados pela pintura do grupo, varrem os caminhos dos seus afilhados (sic), pa-krãm". E no meio das linhas do caderno, existe a seguinte observação: "kiyê = partido?"

Essas notas são observações do cerimonial "Pĕb"-kaág. Elas são cruciais porque indicam que Nimuendaju não estava seguro em relação aos *kiyê* como partidos. Depois, porque há uma relação direta entre decoração e nome dos partidos, tal como eu obtive no campo. É possível, então, que a divisão fosse realmente em dois grupos com variações na decoração. E finalmente porque — e esse é o ponto crítico — *o modo de filiação não é de pai para filho e de mãe para filha*, como aparece posteriormente na publicação, mas de *krã-geti* e *pá-krã*, como eu obtive no campo. É possível, assim, que Nimuendaju tivesse confundido a tradução Apinayé de *krã-geti* = padrinho e tomado padrinho como se referindo a pai. De qualquer modo, não há dúvidas quanto ao modo de filiação e isso é importante no exorcismo da chamada "anomalia Apinayé".

Mas para maiores detalhes em relação a esses grupos, passemos ao estudo da amizade formalizada e/ou dos modos de filiação a essas metades.

9. A AMIZADE FORMALIZADA

Os Apinayé de ambos os sexos são incorporados às metades *Ipôgnotxóine* ou *Krénotxóine* através de um amigo formal. Esses amigos formais são chamados de *krã-geti* quando são homens e *krã-gedy* quando são mulheres. O termo recíproco é *pá-krã*. Tal como ocorre com os nomes, uma pessoa pode ter mais de um amigo formal e, como consequência, pertencer às duas metades citadas acima ao mesmo tempo. Tal como acontece nos casos de dupla incorporação nas metades *Kolti/Kolre*, isso não coloca um problema para os Apinayé que consideram a dupla filiação como boa, porque o indivíduo poderia assim escolher em que grupos deverá participar em certos cerimoniais. De fato, a minha impressão é a de que os Apinayé admiram e tentam sempre que possível ampliar o número de possibilidades de cada indivíduo, proporcionando a ele, deste modo, um maior campo de manobra social. Há pessoas, porém, em ambas as aldeias, que são consideradas como *Ipôgnotxóine* ou como *Krénotxóine*. Isso significa que mesmo em casos de dupla filiação é sempre possível que um indivíduo Apinayé se defina como membro exclusivo de um grupo ou de outro. Em São José, por exemplo, uma mulher chamada Maria Barbosa é famosa pela sua associação aos *Ipôgnotxóine*. E os Apinayé desta aldeia apontam o seu comportamento irregular como sendo um dos fatores fundamentais para sua escolha. O mesmo ocorre com Zezinho Tapklúd, de Mariazinha. Mas o Capitão da Aldeia de São José pertence aos dois grupos e faz questão de mencionar essa possibilidade de poder escolher.

Os amigos formais, que dão direitos de filiação a essas metades, são escolhidos logo que uma criança começa a andar, embora o cerimonial de incorporação só ocorra mais tarde, quando a criança tem dez anos. São os pais adotivos (*pam* e *nã kaág*) que escolhem o amigo formal do qual a criança recebe as marcas de uma das metades a que será incorporada.[14] Segundo a regra, o *krã-geti* da criança será um filho de um *krã-geti* do seu pai adotivo. E, no caso

---

[14] É significativo, por exemplo, que Nimuendaju introduz a discussão da amizade formalizada quando ele está descrevendo o sistema dos "kiyê" Apinayé. Por outro lado, a um dado momento, diz Nimuendaju, falando de um cerimonial de amizade formalizada: "Depois Vanmengri entregou sua 'pinta' a Ngrebá'i, renunciando com isso ao uso pessoal dele" (1956: 31). Isso mostra como o amigo formal passa para o seu *pá-krã* a marca do seu grupo cerimonial. Finalmente, uma redução do caso descrito por Nimuendaju revela um padrão muito próximo daquele que acabamos de descrever linhas atrás quando falamos da regra de transmissão dos amigos formais (cf. 1956: 28, 29, 31).

feminino, a *krã-gedy* será a filha da *krã-gedy* de sua mãe adotiva. Há, deste modo, uma continuidade formal entre a incorporação neste par de metades, e as ligações entre um homem (ou uma mulher) e seu *pá-krã* e o filho deste homem e seu *pá-krã*. A consequência disso é que há sempre um mínimo de duas linhas. Uma constituída de um homem e seu filho, transmitindo a uma outra linha, também constituída de um homem e seu filho, direitos de pertencer a um grupo cerimonial quando as duas linhas entram em contato por meio dos laços de amizade formalizada. Numa das linhas temos sempre *krã-geti*; na outra, os *pá-krã*. Há assim uma ênfase muito nítida nas relações mãe-filha e pai-filho e uma focalização em "linhas" que, formalmente, correm *paralelamente*. Mas é preciso acentuar que as relações são entre *pais e filhos adotivos* e que essas "linhas" não operam como corporações. Ao contrário, o grupo é formado justamente por duas pessoas que se acham em linhas diferentes, e ele só opera como grupo residualmente, em ocasiões cerimoniais.

Num diagrama:

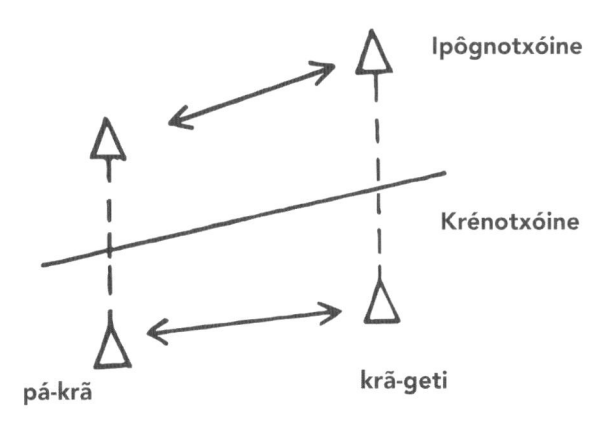

No diagrama acima, as linhas pontilhadas representam as relações entre pai e filho adotivo. De um lado temos uma "linha" de *krã-geti*

e, do outro, uma "linha" de *pá-krã*. Os dois primeiros pertencem à metade *Ipôgnotxóine*, os segundos à metade *Krénotxóine*. Agora é possível ver por que sempre usamos o termo "linhas" com certa suspeita. Pois o diagrama tem o mérito de tornar claro que, na incorporação a essas metades, há uma ênfase nos amigos formais, mas uma separação das relações entre pais e filhos adotivos, cortadas pela incorporação nos grupos cerimoniais. Assim, as relações pai-filho adotivo ficam segregadas em benefício de outra relação social. Crianças muito novas não recebem amigos formais porque "ainda não entendem a importância da relação". E uma vez que a pessoa recebeu um *krã-geti*, ela só se refere àquela pessoa usando o termo apropriado. Além disso, os *pá-krã* chamam os filhos do *krã-geti* de *mebó-krá-re* (onde *mebó* = coisa, bicho; *krá-re* = filho) ou de *mebó-re* e é chamado por eles do mesmo modo. A filha do *krã-geti* (ou do *pá-krã*) é chamada de *iprõ-ti* (onde *iprõ* = esposa, *ti* = aumentativo). Mas o uso deste termo, antes de indicar uma terminologia sintomática de prescrição matrimonial (como pensei inicialmente), é usado para marcar a separação destas posições. Pois se o termo *iprõ* pode ser traduzido corretamente como "esposa", o termo *iprõ-ti* aplicado a uma moça ou menina tem a conotação de que o homem que assim a chama vai violentá-la, em vez de casar-se com ela. Fiz essa experiência várias vezes com as meninas da aldeia de São José e o resultado era o medo e choro das crianças assim chamadas por mim. Outra possibilidade, que vem reforçar a interpretação aqui desenvolvida, é chamar os filhos do *krã-geti* de *ikamde-re* (= assassino, criminoso. Onde *kandê* = "aquele que mata") e ser chamado por eles do mesmo modo. Essa possibilidade de mudar os termos de relações é apontada pelos informantes como um mecanismo destinado a manter *pá-krã* e *krã-geti* separados. Essas relações, portanto, provocam uma distorção nos laços genealógicos e sociais (tal como ocorre no caso dos nomes) anteriormente existentes entre as pessoas que assim ficam relacionadas. Voltaremos a esse importante ponto no próximo capítulo.

Os Apinayé traduzem essas relações como "padrinho/madrinha" e "afilhado", revelando assim uma grande capacidade de observação dos costumes brasileiros regionais, pois tanto numa sociedade quanto na outra, pessoas assim relacionadas devem se tratar com todo o respeito e evitar referência a certos tópicos, especialmente àqueles relacionados ao sexo. Entre os Apinayé, as relações se caracterizam como sendo evitativas, onde uma pessoa não pode falar com a outra a não ser em ocasiões específicas. Não devem se olhar nos olhos, nem devem discutir. Um *pá-krã* tem que obedecer ao seu *krã-geti* e fazer-lhe as vontades. E basta que um *krã-geti* se interponha no caminho do *pá-krã* para ele parar ou mudar de direção. Casamento entre eles é estritamente proibido, bem como que eles tenham relações sexuais. Por outro lado, o ideal é que eles não estejam relacionados de perto, o que por certo militaria contra a cerimônia que é prescrita para a relação. Assim, quando os Apinayé falam dos seus *krã-geti*, eles invariavelmente apontam o outro lado da aldeia (vide Figura 11). Por outro lado, tal como acontece na sociedade brasileira, os *krã-geti* são sempre mais velhos pelo menos dez anos que o seu *pá-krã*, o que marca ainda mais o respeito e a evitação que deve existir entre eles. Tudo indica que essas relações marcam, como no compadrio brasileiro (cf. Cascudo, 1962: 227; Mintz e Wolf, 1950), a delegação de poderes sobre a criança para uma pessoa situada fora do alcance imediato e direto da família nuclear onde ela nasceu. A transmissão desses direitos sobre a criança é feita num ato formal onde se trocam bolos de carne pelos enfeites preparados pelo *krã-geti* e que o identificam com a criança social e cerimonialmente. Nas palavras de um dos meus informantes: "Quando eu tenho um *i-krá* para o qual eu fui procurar nomes, eu vou e digo para um dos filhos do meu *krã-geti* para ele fazer enfeites para o menino. Assim que o enfeite fica pronto, eu faço um bolo de carne com os parentes e dou ao filho do meu *krã-geti* que passa a ser *krã-geti* do meu filho."

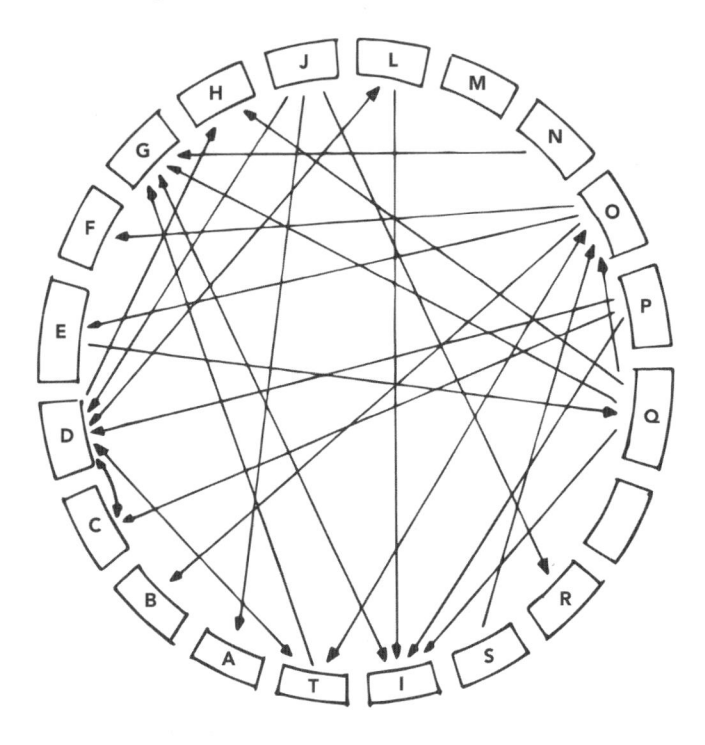

Fig. 11 — Relações de amizade formalizada (*krã-geti/pá-krã*) na aldeia de São José (1967). O diagrama não pretende ser exaustivo de todas as relações, mas pretende revelar que, realmente, a amizade formalizada corta os grupos residenciais diametralmente, unindo as casas opostas do círculo da aldeia. Como se observa, são raros os casos de amizade formalizada entre casas vizinhas, tal como é o caso das relações entre as casas C e D e Q e O. As letras deste diagrama correspondem às mesmas letras do diagrama 3 (p. 88). Este diagrama é circular simplesmente para facilitar o desenho das flechas, correspondentes às relações de amizade formalizadas entre os membros de cada residência. Quando as flechas apontam numa só direção, é que as relações são de *krã-geti* para *pá-krã*. Quando elas apontam em ambas as direções é que houve reciprocidade, isto é, um outro membro daquela residência se tornou *krã-geti* de uma criança da casa oposta que primeiro recebeu a relação.

A MORFOLOGIA DA SOCIEDADE APINAYÉ: OS GRUPOS CERIMONIAIS

Durante essa passagem de direitos, os pais verdadeiros do menino devem ficar separados, deixando que todo o ritual corra por conta dos pais adotivos. A troca de enfeites por bolo de mandioca com carne expressa, assim, a passagem desses direitos de uma área doméstica para uma área jurídica (dos pais adotivos) e finalmente para uma área pública, relacionada com as fronteiras da parentela bilateral (dos antigos formais). Assim, o bolo de carne dado pelos representantes da criança é feito de mandioca e carne de caça, indicativo de algo que serve para a manutenção física e que é sempre associado a casa e às mulheres — o que mostra a ligação da criança com o domínio privado da sociedade Apinayé. Por outro lado, o branco da mandioca junto com o vermelho da carne é uma combinação que lembra a formação do próprio corpo físico da criança, feito — como vimos no Cap. II — de esperma e sangue materno. Assim, o bolo de carne simboliza, de um lado, o que é essencial na área doméstica e, de outro, as associações entre homem e mulher, o primeiro contribuindo com a caça, a segunda com a mandioca.

Os enfeites trocados pelo bolo de carne com mandioca, ao contrário, expressam a esfera pública e cerimonial da vida Apinayé, pois eles independem de relações de sangue e só são confeccionados em ocasiões formais. Num certo sentido, isso expressa uma troca de energia física por experiência e sociabilidade, troca que caracteriza os ritos de iniciação e o mito que lhe serve de texto, a história de *Kenkutã* e *Akréti* (cf. Nimuendaju, 1956: 128ss.), quando dois jovens irmãos trocam com seus velhos avós sua força física por experiência social, podendo assim matar o Gavião gigante que havia destruído sua aldeia. O que se passa entre *krã-geti/pá-krã* é pois coerente com a posição social de cada "amigo" em relação à sociedade Apinayé.

Além disso, uma série de obrigações sociais liga as pessoas assim relacionadas:

a) Os *krã-geti* fazem enfeites elaborados, compostos de sete peças, para os seus *pá-krã* durante os rituais de iniciação (cfr. Nimuendaju, 1956: 41).

b) Eles cortam os cabelos das crianças, um outro ato que expressa a entrada do menor numa área onde sua aparência física deve ser controlada e conformada a certas regras sociais. O corte de cabelos denota, pois, o controle do grupo sobre o indivíduo (cf. Leach, 1958). No começo da puberdade, os *pá-krã* recebem outros enfeites adequados para a ocasião. No caso de eles serem homens, recebem os seus segundos enfeites durante os rituais de iniciação. Mas quando são do sexo feminino, o equivalente é o recebimento dos enfeites depois do casamento. Em geral, isso coincide com a primeira menstruação, indicativa entre os Apinayé de que a moça teve relações sexuais (vide Cap. II). A moça fica, então, com duas alternativas. Ou ela escolhe um marido e casa-se, denunciando um dos seus amantes que é pressionado e finalmente pode casar-se com ela, ou ela se torna uma rapariga pública ou moça de pátio (*me-kuprú*), colocando assim à disposição da sociedade os seus favores sexuais. Isso se faz com um ritual onde o *krã-geti* da moça prepara os novos enfeites e a escolta formalmente até o pátio da aldeia. Lá, ela é apresentada formalmente à sociedade. Depois de alguns dias, a moça recebe presentes de todos os homens que com ela tiveram relações sexuais. Para sua proteção, dois homens são designados como seus guardiões. Eles não precisam ser parentes e têm o título de *krã-tum das me-kuprú*. Na aldeia de São José havia, em 1967, pelos menos três *me-kuprú*. O processo de incorporação no papel de *me-kuprú* para as mulheres é então equivalente aos enfeites que os homens recebem dos seus *krã-geti* nos rituais de iniciação, quando, do mesmo modo, estão mudando suas posições no sistema. Em ambos os casos, não custa repetir, colocam-se pessoas diretamente em contato com a parte pública da comunidade, orientando o seu comportamento para dentro do sistema.

c) Os *krã-geti/pá-krã* estão na obrigação de fazerem enterros e enfeitarem-se uns aos outros no caso da morte de um deles. Assim, quando alguém morre, os seus parentes próximos (membros da mesma família nuclear e da mesma residência) não cuidam de enfeitar nem de enterrar o defunto. Naquela ocasião eles estão dando demonstrações de sua dor. Do mesmo modo, é obrigação dos *krã-geti* (ou dos *pá-krã*), conforme o caso, consolarem ou mesmo admoestarem os parentes próximos do morto que estão inconsoláveis. Para isso eles lembram a essas pessoas que elas têm outros filhos e irmãos e que devem pensar nos vivos e não mais naquele que já morreu. Com isso, eles controlam certas demonstrações de dor e pesar que tendem a ser antissociais, como parece ser típico entre os Apinayé (cf. Nimuendaju, 1956: 115). Do mesmo modo, são os *krã-geti* que fazem terminar o luto, cumprindo uma função estruturalmente idêntica a que mencionei linhas atrás.

d) Nas iniciações, os rapazes ganham novos *krã-geti*, escolhidos pelos seus pais adotivos. E na mesma ocasião adquirem um amigo formal (*krã-djúa*) escolhido entre os membros da sua classe de idade. As relações com esses *krã-djúa* são simétricas e não há trocas de enfeites. Mas os novos *krã-geti* ficam na obrigação de fazer novos enfeites, seis peças que são confeccionadas após o convite formal dos noviços, feito quando eles entregam a cada futuro amigo formal cilindros feitos de aroeira. Creio que esses cilindros de aroeira (madeira extraordinariamente dura e resistente) representam não só a durabilidade ideal das relações entre *krã-geti/pá-krã*, como também a virilidade dos "pĕb" prontos agora para o casamento e o controle da sua vida sexual. Mas antes de continuar com essa lista de obrigações entre amigos formais é preciso entrar em detalhes com relação aos enfeites. Pois, mais uma vez, eles indicam uma divisão em dois e não em quatro grupos, como quer Nimuendaju. Vejamos as decorações: O primeiro é um cordão para se usar na testa. Atrás dele existem franjas que vão até as costas do portador. Aí se amarram penas de arara mais curtas ou mais compridas, "segundo o *kiyê* do portador" (cf. Nimuendaju, 1956: 41). Os enfeites nº 2, 3, 4 e 5 nada têm que possam apontar sinais diacríticos indicativos de grupos diferentes. No enfeite nº 6, que é um par de ligas para tornozelos, existem pingentes de penas de arara ou cascos de veado, "conforme o *kiyê*" (1956: 41). Há, pois, dois enfeites usados segundo os "*kiyê*". Mas o que se observa nestes enfeites é uma distinção binária e não quaternária, que seria o normal, caso houvesse realmente quatro grupos. Assim, o primeiro enfeite é plenamente coerente com as marcas distintivas dos *Ipôgnotxóine/Krénotxóine*: penas de arara curtas ou compridas, como vimos linhas atrás. E os últimos enfeites opõem cascos de veado e penas de arara. Ora, as araras são animais totalmente humanizados na classificação de animais Apinayé. São estas aves que fornecem penas para os homens. Pode-se dizer, então, que há uma associação de arara com o centro da aldeia e, consequentemente, com os *Ipôgnotxóine*. Ao passo que os cascos de veado seriam associados com o mato e a periferia da aldeia = *Krénotxóine*. O contraste das decorações é binária e só poderia distinguir dois grupos e não quatro, como descreve Nimuendaju.

e) Além disso, os *krã-geti* fazem também os cacetes para os "pẽb" na segunda fase das iniciações, no final da reclusão dos noviços. Para isso, há outra vez uma troca entre produtos de roça (colhidos pelo *krã-geti*) e produtos de caça (trazidos pelos "pẽb"-*pákrã*), revelando a complementaridade das relações. Os "pẽb" também recebem dos seus amigos formais cavilhas auriculares, cordão para o cabelo e varas de pau-de-leite de um metro de comprimento por um dedo de grossura, pintadas com urucu (cf. Nimuendaju, 1956: 41), isso na primeira fase das iniciações.[15]

f) São os *krã-geti* que ficam perto dos meninos quando suas partes genitais são examinadas por um preceptor. Isso é feito para que eles possam controlar sua vergonha e não fujam, deixando que o exame formal decorra num clima de contida tranquilidade. Muitas vezes, quando se descobrem indícios de masturbação, as crianças são espancadas e seu amigo formal também se submete ao castigo (cf. Nimuendaju, 1956: 59). Os *krã-geti* são, pois, figuras importantes num rito que visa inibir atividades sexuais que nada tenham a ver com a sociedade. Eles servem para ajudar a canalização da atividade sexual para dentro do sistema, isto é, para o casamento.

---

[15] Esses cacetes mencionados acima são recebidos na segunda fase das iniciações (*Peb-kmrendy*). A descrição de Nimuendaju é muito parecida com a de Maybury-Lewis para os cacetes dos Xavante, que possuem (como acontece com os Apinayé) uma forma e um simbolismo tipicamente fálico. Em ambos os casos, como indica Maybury-Lewis (cf. Maybury-Lewis, 1967: 242) para os Xavante, este componente fálico é um dos temas básicos da iniciação. Assim, os cacetes dos Apinayé tem duas pontas, uma parecida com a ponta do pênis e outra decorada com penas de arara que pode sugerir, como acontece com os Xavante, o duplo papel da sexualidade: agressividade e criatividade, relacionada ao grupo doméstico e ao casamento. O controle do sexo, representado por cacetes feitos e doados pelos *krã-geti* é bem um ato que simboliza como os amigos formais canalizam pessoas e certo tipo de energia para dentro da sociedade.

g) Quando se faz uma queixa a um *krã-geti*, ele fica na obrigação de defender seu *pá-krã*. Daí sua ação crucial em casos de conflitos muito sérios. Por exemplo, se um homem quiser sair da aldeia, o seu *krã-geti*, como último recurso, tenta impedir que isso aconteça. Do mesmo modo, não pode haver raiva entre *krã-geti/pá-krã*, pois isso tem consequências físicas automáticas e incontroláveis (veja Cap. II).

h) Finalmente, na festa final dos "pẽb", a varrição dos caminhos radiais da aldeia (caminhos por onde passam os "pẽb" na sua volta reintegrativa ao sistema social) é feita pelos *krã-geti*. O mesmo, aliás, ocorre entre os Canela (cf. Nimuendaju, 1946: 103).

10. A ESTRUTURA DA AMIZADE FORMALIZADA

Uma vez descrita a série de obrigações que unem e dão conteúdo às relações entre amigos formais, resta procurar saber se existe algum denominador comum entre elas. Isso é equivalente a descobrir a estrutura dessas relações, isto é, os seus elementos invariantes.

Os Apinayé modernos não mais mencionam as obrigações dos *krã-geti* nos cerimoniais de iniciação. Isso porque as classes de idade não existem mais como grupos e esses festivais estão caindo no esquecimento. Entretanto, todos os Apinayé com quem discuti o assunto mencionam as obrigações dos *krã-geti* em relação aos funerais e, especialmente, a sua ação como elementos capazes de impedir a saída da aldeia de algum homem ou mulher decidida a romper as suas relações com a sua comunidade. Por outro lado, os Apinayé sempre mencionam o perigo que existe quando alguém fica com raiva de um *krã-geti*. Juntando essas observações com as de Nimuendaju, como fizemos linhas atrás, notam-se alguns elementos constantes:

1. Os *krã-geti* estão sempre ocupados na elaboração de enfeites. Sua marca de identificação social com seus amigos é dada por decorações.

2. Os *krã-geti* são fundamentais quando alguém se acha em situações criticamente marginais. São eles que devem intervir quando um Apinayé decide abandonar a aldeia, quando alguém está morto, quando eles se encontram nos ritos de iniciação, passando por um estágio liminar e perigoso. São os amigos formais que se encarregam de preparar as suas decorações, justamente nas fases finais e reintegrativas na sociedade destes rituais. Na primeira fase desses rituais de passagem, os *krã-geti* preparam os segundos enfeites (que foram detalhadamente descritos linhas atrás, cf. Nimuendaju, 1956: 41). E na festa final deste mesmo rito são os *krã-geti* que atiram aos pés dos rapazes os produtos da roça por eles colhidos, numa manifestação caraterística dos *Ipôgnotxóine*. Essa devolução de produtos de roça (bananas, batatas, amendoins) pode muito bem representar um ato que afirme e confirme a separação dos "pẽb"-*kaág* da esfera agrícola e doméstica da sociedade. A mensagem é a de que eles agora são pessoas prontas para serem caçadores e entrarem numa área masculina (cf. Nimuendaju, 1956: 43).

Na segunda fase das iniciações, são também os *krã-geti* que preparam cacetes para os "pẽb". Isso ocorre justamente antes da festa final. Ora, o conjunto dos enfeites preparados pelos *krã-geti* nesta fase é indicativo da passagem dos iniciandos para a classe de homens em idade de casamento, fase final da integração de um homem Apinayé na estrutura da sociedade. Nesta mesma ocasião seus cabelos são cortados e cavilhas são colocadas nas suas orelhas. É bem possível que o furo das orelhas e a introdução de cavilhas nesta parte do corpo seja a expressão de intercurso sexual, tal como ocorre entre os Xavante (cf. Maybury-Lewis, 1967: 248). Isso porque a orelha entre os Apinayé é considerada como "órgão" essencialmente social, pois é ela que liga o mundo exterior com o indivíduo. Quando um Apinayé revela um tipo de comportamento considerado como antissocial, ele é chamado de *ambâ-kró* (= orelha podre). O realce deste órgão num ato que é simbólico do "pênis perfurando a vagina" indica o controle e o grau de alerta para as coisas sociais que todo o "pēb" deve doravante possuir. Além disso, é sempre um *krã-geti* quem fica por perto do rapaz nas operações mais dolorosas, como as de examinar as partes genitais e a de furar a orelha e o lábio inferior.

Estruturalmente, então, as relações entre amigos formais indicam uma conexão entre uma posição que está *dentro* do sistema e outra que está *fora* dele. A conexão, como consequência, tem uma série de elementos que seriam indicativos disto. Primeiro, o fato dos indivíduos serem de idades diferentes; segundo, o fato de existir entre eles uma hierarquização de comportamento, hierarquização que se expressa nitidamente no componente de evitação que marca as relações *krã-geti/pá-krã*. A amizade formalizada, portanto, tem um componente hierárquico (ou concêntrico) que é parte e parcela de sua estrutura, como se todo o indivíduo tivesse uma relação dentro do sistema que seria o seu último elo social. Uma vez rompido esse elo, ele estaria totalmente fora da sociedade. Daí a obrigação básica e crucial de os amigos formais de enterrarem-se mutuamente, colocando o corpo numa categoria apropriada, a de morto, e fazendo desaparecer a ambiguidade de um corpo sem vida que ainda tem algo de social. Finalmente, as relações de amizade formalizada são ativadas quando um dos parceiros se acha numa situação crítica em termos de suas relações com a comunidade: quando ele morre e precisa ser segregado da sociedade, quando ele deseja sair da aldeia, quando ele precisa ser sustentado porque está sofrendo dor física (como ocorre nas iniciações) e quando ele precisa ser reincorporado ao sistema porque estava fora dele por algum tempo (como acontece nos ritos de passagem e quando o indivíduo está de luto).

Terminemos esse capítulo comparando os nomes e as metades *Kolti/Kolre* com a amizade formalizada e as metades *Ipôgnotxóine/ Krénotxóine*.

11. CONCLUSÕES: A IDEOLOGIA DOS GRUPOS CERIMONIAIS

Uma comparação entre as relações de nomes e as de amizade formalizada indica:

Nominação	**Amizade Formalizada**
Estabelecida com os nomes.	Estabelecida com decorações.
Prescritiva em termos do sistema de relações: quem dá o nome é sempre uma pessoa situada na categoria *geti* ou *tui*.	Não prescritiva em termos do sistema de relações. O amigo formal, ao contrário, deve ser uma pessoa situada fora da parentela.
Idade não é um requisito fundamental.	Idade é crucial.
Tem um aspecto de "joking" que indica uma relação de incorporação e identificação entre nominador/nominado.	Tem um aspecto de evitação que indica separação entre amigos formais.
Dá direitos de incorporação a grupos concebidos como simétricos.	Dá direitos de incorporação a grupos concebidos como assimétricos.
Não tem nenhum aspecto "místico".	Tem um aspecto místico: um *pákrã* não pode ficar com raiva do seu *krã-geti* porque isso traz doença física.
Liga a área doméstica com a área pública.	Liga uma área marginal com a área pública (normal) da sociedade.

Como se observa, nomes e amizade formalizada são instituições semelhantes entre os Apinayé. Em ambos os casos tem-se o mesmo resultado estrutural, qual seja: o relacionamento de um indivíduo com um outro, situado numa área diferente do sistema social. Mas, enquanto a nominação ainda se situa nos limites teóricos da parentela bilateral, o amigo formal fica teoricamente situado fora dela. Por outro lado, num caso a identificação social é perfeita: o nominador transmite à criança papéis cerimoniais e um nome que é parte intrínseca de sua própria pessoa ou personalidade social (Radcliffe-Brown, 1952: 193 [1973: Cap. X]). Já no caso da amizade formalizada, transmitem-se enfeites, marcas externas da personalidade social. Por outro lado, os nomes — como partes de posições definidas do sistema de parentesco — tendem a ser mecanismos de reativação, laços entre residências de algum modo relacionadas; ao passo que os laços de amizade formalizada — nada tendo a ver com parentesco — tendem a reativar laços entre casas opostas no círculo da aldeia, onde dificilmente há uma relação intensa entre as pessoas. A esse aspecto das relações da amizade formalizada, junta-se o seu componente de evitação (hierarquização), talvez o traço distintivo mais saliente entre essas duas instituições.

De fato, a evitação entre amigos formais serve para dar ênfase, como colocam os Apinayé, entre os parceiros, reforçando assim a eficácia dos laços, sempre ativados quando um dos "amigos" se acha numa posição desordenada em termos do sistema de classificação. De modo concomitante com esse aspecto, os amigos formais podem ser prejudicados fisicamente se houver raiva ou forte desentendimento entre eles. Há, portanto, o que Leach chama de um componente místico, mais ou menos incontrolado entre essas posições, que permite inferir um aspecto de "afinidade" entre essas relações (cf. Leach, 1961: 22ss.). É que os amigos formais estão estabelecendo ligações entre casas não diretamente relacionadas da aldeia. Assim, a direção onde se encontra o amigo formal é a mesma direção onde um Apinayé geralmente vai buscar uma esposa. Daí certamente a relação *Ipôgnotxóine/Krénotxóine* e grupos matrimoniais feita pelo informante de Nimuendaju.

Do ponto de vista do sistema social Apinayé, as metades *Kolti/Kolre* e as metades *Ipôgnotxóine/Krénotxóine* indicam os dois tipos de dualismo que são utilizados como mecanismos de classificação do cosmos e das relações sociais da tribo. Por outro lado, a incorporação nos dois pares de metades é feita por pessoas situadas sempre fora da família nuclear, através de uma posição que os Apinayé classificam como "os pais de criação" ou "pais adotivos". Assim, a incorporação nesses grupos cerimoniais se faz quando se muda de ênfase nas relações obtidas na família nuclear para as relações situadas na aldeia como uma totalidade. De fato, uma criança nasce numa casa no círculo da aldeia e, gradualmente, vai adquirindo novas relações que a colocam em contato com pessoas situadas cada vez mais longe da sua casa natal. A ideia de uma passagem gradual ou processual de uma para outra relação social é marcada, bem como certos aspectos de cada uma dessas relações. Não é que exista uma segregação completa entre pais e filhos, o que ocorre é uma mudança de ênfase de relações e papéis sociais.

Logo que uma criança nasce, ela é corpo e sangue ainda indiferenciados dos seus genitores. Depois ela ganha um pai e uma mãe de criação e eles vão obter os seus nomes. A mudança de ênfase aqui é da paternidade e maternidade biológica para uma paternidade e maternidade social.

Com a passagem dos nomes por uma pessoa situada numa categoria fora da família nuclear, há uma ligação deste grupo com o *kindred* bilateral, ligação que é feita através da criança. Em seguida, com os amigos formais, a criança se relaciona a uma outra pessoa situada completamente fora do círculo de parentes. Num esquema:

UM MUNDO DIVIDIDO

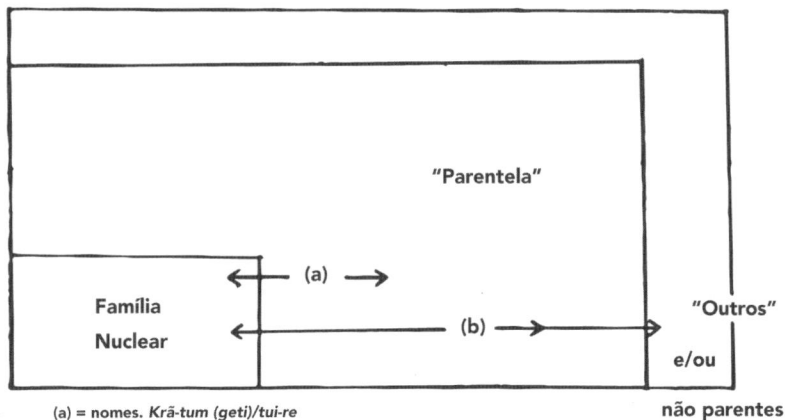

```
┌─────────────────────────────────────────────────────┐
│                                                     │
│                                                     │
│                    "Parentela"                      │
│                                                     │
│          ┌──── ← (a) →                              │
│  Família │                                  "Outros"│
│  Nuclear │    ← ─── (b) ───→                        │
│          └────                                 e/ou │
└─────────────────────────────────────────────────────┘
```

(a) = nomes. *Krã-tum (geti)/tui-re*   não parentes
(b) = amizade formalizada

Devo observar que o esquema anterior pretende ser tão somente a expressão de um conjunto de regras sociais (um esquema, no sentido preciso da palavra) e não uma representação da complexa realidade social Apinayé. Assim, no esquema os domínios estão nitidamente separados, ao passo que na prática social Apinayé é muitas vezes difícil separá-los claramente. Além disso, desejo chamar a atenção para os seguintes pontos, tornados claros no diagrama:

1. Que um dado Ego sempre vai buscar sua esposa na mesma categoria onde ele vai se relacionar com um "amigo formal". Isto é, na área ou domínio dos não parentes.

2. Do mesmo modo, o diagrama revela a conexão entre nomes e um campo social que circunda a família nuclear e com ela estabelece laços fundamentais através deles. O termo família nuclear, por outro lado, deve ser entendido em seu sentido Apinayé, se assim posso me expressar. Porque como está indicado no esquema da página 173, neste grupo estão incluídos os irmãos paralelos dos genitores do Ego, que, estrutural e terminologicamente, estão a eles equacionados.

3. Finalmente, o diagrama mostra como os nominadores e amigos formais são mediadores entre domínios mais ou menos bem separados e definidos da sociedade Apinayé. Uma passagem de um desses domínios para outro implica sempre numa dramatização que tem sua expressão nos elaborados ritos de passagem, típicos de todos os Jê.

Tudo indica, portanto, que o mecanismo fundamental dos grupos cerimoniais Apinayé é um mecanismo que evita a duplicação de laços sociais. Em outras palavras, relações que são importantes num domínio não se repetem quando se passa de um domínio a outro neste sistema social. Se os genitores são fundamentais quando o indivíduo nasce, eles deixam de ser básicos na esfera jurídica do sistema (são os pais adotivos, como vimos, que devem resolver disputas); e se os pais adotivos são mediadores como arranjadores de nomes e como defensores da criança nesta área, eles são secundários quando se trata da incorporação nos grupos cerimoniais *Kolti/Kolre*, feito pelos nominadores. O mesmo ocorre em relação aos amigos formais e às metades *Ipôgnotxóine/Krénotxóine*.

A lógica do sistema social Apinayé é atualizada no seu sistema de metades cerimoniais, obedecendo aos mesmos princípios que informam as relações dos grupos sociais que operam no cotidiano do sistema. Tal lógica, como temos visto, se funda no princípio da *divisão* de domínios e relações sociais, de modo a impedir uma *contaminação* de um domínio pelo outro. Assim, em contraste com os sistemas unilineares, onde um mesmo princípio sociológico domina e contamina todas as áreas do sistema social (pois tudo é tomado das relações que nascem dos elos verticais entre pai e filho ou mãe e filha), o sistema social Apinayé (e Timbira) procura deter e inibir tal contaminação.

Nesta perspectiva, pode-se dizer que os Jê do Norte e os Apinayé implementam um modelo sociológico bem conhecido, desde que A.L. Kroeber, em 1919, demonstrou como os Zuni não poderiam ser adequadamente interpretados, caso se tomasse como ponto de partida que os grupos daquela sociedade seriam todos congruentes entre si e operassem baseados nos mesmos princípios sociais. A revelação de Kroeber de que as sociedades devem operar muito mais na base de laços e domínios entrecortados encontrou mais tarde em A.R. Radcliffe-Brown (1924, republicado em 1952) uma formulação independente (mas idêntica), quando ele mostrou que algumas sociedades devem dividir os direitos sobre seus membros entre vários membros adultos do sistema social. Assim, a paternidade e a maternidade seriam compensadas estruturalmente em sociedades unilineares pela importância do tio materno ou da tia paterna e, pode-se acrescentar agora, sistemas bilaterais (como os Timbira Ocidentais e Apinayé) tomariam o tio materno (ou a tia paterna), para focalizar melhor a transmissão de direitos sociais de uma para outra geração, como ocorre com os nomes próprios entre os Jê do Norte e com os laços de compadrio nos sistemas Ocidentais.

Em outras palavras, em sistemas sociais unilineares, o parente marginal (tio materno ou tia paterna, dependendo da regra de descendência) seria o ponto focal para conexões difusas; e, em sistemas bilaterais, o tio materno ou a tia paterna (os parentes marginais) seriam o fulcro de conexões mais fortemente estruturadas. Tanto num caso, quanto noutro, temos aí um *continuum* e, provavelmente, uma distribuição complementar. Mas o ponto básico em Kroeber e Radcliffe-Brown permanece, pois num e noutro caso o sistema não opera contaminando de modo inapelável suas relações sociais, como as teorias dos anos 1950 sugeriam. Existem graus de contaminação e para que as descrições sejam realmente operativas é preciso procurar separá-las e distingui-las.

Os casos africanos conhecidos parecem fornecer uma primeira aproximação desta tentativa, já que as relações com os parentes marginais seguem também um princípio unilinear. Tais casos indicam uma relativa contaminação de princípios, embora as pessoas que os atualizam sejam diferentes. Já o caso Timbira e Apinayé revela, como vimos, uma total independência de relações e domínios, cada qual atualizando um princípio social diferente. Os Jê do Norte, assim, estariam muito mais próximos dos Zuni do que dos grupos africanos.

Essas considerações teóricas, nascidas da reflexão sobre o sistema Apinayé, indicam a possibilidade de rever os famosos e complexos casos de descendência dupla, especialmente aqueles encontrados no continente africano (cf. Forde, 1950). De fato, é possível que sociedades com dupla descendência sejam apenas ilustrações de um mesmo princípio unilinear aplicado por pessoas diferentes. As pessoas que transmitem direitos são diferentes, mas a lógica do sistema é a mesma.

Além disso, pode-se acrescentar — agora com apoio nas brilhantes hipóteses de Victor Turner (1969 [1974]) — que todos os sistemas sociais permitem leituras múltiplas de sua realidade sociológica, devendo ser raras as sociedades fundadas em princípios rígidos. Realmente, mesmo em sistemas com descendência unilinear, como é o caso dos Tallensi — reinterpretados por Turner —, o tio materno desempenha o papel de um operador difuso no sistema, permitindo uma integração de linhagens por meio de laços intermediários fornecidos pela mãe e não mais pelo pai.

O mesmo, diga-se de passagem, ocorre entre os Jê onde, entre os Xavante, os nomes próprios criam conexões difusas e pessoais entre tio materno e filho da irmã, isto é, elos de solidariedade de tipo comunitários (ou de *communitas*, para usarmos a expressão de Victor Turner); ao passo que, entre os Timbira e os Apinayé, os nomes próprios classificam e servem como instrumentos estruturais e jurídicos, sendo as relações entre os genitores e filhos elos puramente individualizantes (ou de *communitas*).

Tais argumentos serão retomados na parte final deste livro. Agora é suficiente mencionar que, entre os Apinayé, a ideologia dos grupos cerimoniais parece apontar a direção de uma lógica de divisões entre domínios, relações e princípios sociais, de modo plenamente coerente com a lógica já indicada para os seus grupos sociais cotidianos.

CAPITULO IV

O SISTEMA DE RELAÇÕES

Nos DOIS CAPÍTULOS ANTERIORES VIMOS COMO O SISTEMA SOCIAL Apinayé está dividido em dois domínios cruciais, correspondendo um deles aos grupos que operam cotidianamente; outro que conduz ao estudo dos grupos cerimoniais. Observamos também como eram classificadas as relações sociais fundamentais de cada um desses domínios, mostrando como elas estão em contraste ao longo de uma série de dimensões críticas. O objetivo desses capítulos, porém, foi o de trazer à luz alguns dos princípios básicos da morfologia social Apinayé, tomando como ponto central da análise o estudo de grupos e ideologias e não as relações sociais.

Agora existem suficientes informações sobre esses grupos para que se passe ao estudo detalhado do seu sistema de relações. A pergunta, então, não é mais como a sociedade Apinayé está dividida em termos de grupos sociais, mas como esses grupos se relacionam entre si e quais são as suas interligações. Essa pergunta é equivalente à tentativa de descobrir como uma sociedade faz sentido de todas as suas divisões e como essas divisões são conceitualizadas pelos seus membros.

Focalizar esta área é focalizar o *sistema de relações* de uma sociedade. Isto é, o conjunto de termos utilizados pelos membros de uma sociedade para classificar suas relações sociais. Toda sociedade utiliza um código ou uma linguagem para definir suas divisões internas, para dar ênfase às relações sociais obtidas através dos seus grupos mais importantes e para traduzir o seu sistema de papéis sociais de uma maneira geral. Nesta perspectiva, o seu sistema de relações é um código que só pode ser decodificado quando a ele o antropólogo sobrepõe divisões internas e tenta descobrir como estas divisões estão interligadas.

Na nossa sociedade, por exemplo, as expressões "X é meu amigo", ou "Y é meu patrão", ou "Z é meu confessor" denotam três termos de relações, três relações sociais específicas e, ainda, três domínios críticos do sistema, a saber: o domínio da família, o do trabalho e o da religião.

Um estudo do sistema de relações da nossa sociedade teria que considerar os termos e seus usos em cada contexto (ou domínio) e isso seria claramente equivalente às divisões internas do nosso sistema social. De fato, cada um dos termos remete a certos domínios específicos, fazendo parte da sua área, já que cada domínio de um sistema social possui não só uma nomenclatura como também ideologias e objetos específicos.

A primeira tarefa do pesquisador seria a de localizar cada termo como parte de um domínio e, depois, procurar saber quais os termos que serviriam como elementos de relacionamento entre esses domínios. Vale dizer que termos de relações teriam os atributos de transcender o seu domínio específico e servir para definir relações sociais de maneira paradigmática ou metafórica.

Sabemos que na nossa sociedade tal emprego metafórico é comum. E por isso as expressões "Deus é nosso pai" e "Meu patrão é um amigo tão sincero que parece um irmão" têm sentido em muitos contextos. Realmente, no caso da segunda expressão, o informante primeiro indicou uma redução da relação entre ele e seu patrão como amigos, isto é, como pessoas que em muitos contextos têm relações simétricas; depois, ele indicou uma redução ainda maior onde patrão = amigo = irmão. Se uma investigação posterior demonstrasse que o papel de patrão é concebido como sendo o de um "irmão mais velho", poder-se-ia concluir que os termos patrão e irmão seriam mediadores de esferas sociais autônomas e, muitas vezes, contraditórias. Tais termos seriam, além de demarcadores de posições sociais, categorias inteligíveis em função da morfologia daquela sociedade.

Nesta perspectiva, seria inútil tentar reduzir "patrão" a "irmão" como sendo o seu significado primário; do mesmo modo que seria supérfluo reduzir "irmão" a "patrão". O problema é indicar e descobrir que esses dois termos de relação estão em oposição num certo contexto, mas que ambos servem para expressar uma ligação entre as esferas da família e do trabalho. Assim, pode-se descobrir como certos termos adquirem funções metafóricas e, com isso, podem permitir leituras específicas de um mesmo sistema, como ocorre na equação hipotética entre irmão = patrão do exemplo discutido acima.

Porque se a equação "Deus nos governa" é correta, a equação oposta "o governo é nosso Deus" indica uma anomalia de um sistema político; do mesmo modo que o uso das expressões "Deus é nosso Pai" e o inverso "O Pai é nosso Deus" serviria para a descoberta de um sistema de autoridade familiar anômalo ou desviante. Existem, então, conexões gramaticais e conexões não gramaticais, problemáticas, indicativas de funções metafóricas e conectivas expressivas de relações especiais entre certos domínios de um dado sistema. Seria assim que conjuntos de termos específicos se transformariam em categorias sociológicas.[1]

---

[1] Veja-se Ward Goodenough (1965) para a noção de identidades sociais gramaticais, que obviamente têm relações com o que estamos colocando.

Tudo indica que o estudo de sistemas de relações é uma tentativa de revelar precisamente o que indicamos acima. Assim, pode-se dizer que a explicação de Radcliffe-Brown para os sistemas chamados Crow-Omaha pode ser traduzida do seguinte modo:

a) a descoberta de que certos termos são sempre utilizados para membros de um domínio (a linguagem do Ego).

b) a descoberta de que outros termos são sempre utilizados para os membros de um outro domínio (as linhagens relacionadas à linhagem do Ego).

c) a conclusão crucial de que a ligação entre esses domínios é realizada por meio de certos indivíduos intermediários. No caso dos sistemas Crow, o irmão da mãe que sai da nossa linhagem, mas é ainda membro dela. No caso dos sistemas Omaha, pelo irmão do pai que, do mesmo modo, deixa nossa linhagem mas continua a pertencer a ela (cf. Radcliffe--Brown, 1952: Cap. III [1973]).

O problema com Radcliffe-Brown é que ele não foi suficientemente explícito em relação a essas "posições conectivas" entre domínios e resolveu utilizar e reificar um conceito (o de "unidade de linhagem") para qualificar estes tipos de sistemas de parentesco e suas relações. Com isso ele conseguiu produzir não só uma explicação circular (linhagens = sistemas Crow-Omaha. Sistemas Crow-Omaha = linhagens), como também perder de vista algumas diferenças fundamentais entre sistemas de relações onde o princípio de geração não é levado em consideração (cf. Lounsbury, 1964).

Do mesmo modo que na nossa sociedade os termos de relações "camarada", "amigo", "irmão", "esposa", "mãe", "chefe" etc. são passíveis de compreensão quando se verifica que cada um desses termos é um elemento que marca domínios e alguns deles conexões entre os domínios; entre os Apinayé, o uso de certos termos pode ser visto do mesmo modo. De fato, pode-se dizer que cada domínio de um sistema social, qualquer que seja ele, possui um sistema de relações e que esse sistema só pode ser decodificado quando se leva em consideração dois fatores fundamentais: (a) o estudo do domínio em si mesmo e (b) o estudo do domínio e do termo a ele correspondente em relação aos outros. Assim, a terminologia usada, por exemplo, no Exército pertence a um domínio específico da nossa sociedade, mas ela tem um referente institucional, que é dado pelo sistema de valores e de relações sociais contidos naquela esfera da vida social. Isso não significa que a terminologia de relações militares fique totalmente divorciada dos outros sistemas de relações da nossa sociedade, como outros sistemas não ficam *mutatis mutandis,* isolados dela. É sempre possível dizer: "Meu pai dirige a nossa casa como um capitão", do mesmo modo que é possível dizer: "Meu capitão nos comanda como um pai." De fato, uma vez que se têm dois sistemas de termos correndo paralelamente numa mesma sociedade, a passagem de um para outro é possível e deve ser investigada. Há, assim, equivalência de termos e de posições cobertas pelos termos, mas isso não legitima a atribuição de valores de um sistema no outro, tomado como secundário ou como uma "extensão" do primeiro.

O fundamental neste tipo de análise é descobrir as transformações e as permutações das dimensões vigentes em cada sistema quando se passa de um a outro domínio. Isso pode revelar a existência de um código que contamina todos os sistemas de relação e classificação daquela sociedade, mas pode também revelar algumas diferenças fundamentais entre esses diferentes sistemas.

No caso dos Apinayé, e de outras sociedades Jê do Norte, há vários sistemas terminológicos que correm lado a lado. Cada qual, como tentei mostrar nos capítulos anteriores, está ancorado a um

UM MUNDO DIVIDIDO

domínio básico do sistema social. Mas há interferências entre eles, bem como a possibilidade de expressar suas equivalências funcionais. Assim, os Apinayé dizem que os termos para os afins são muito semelhantes aos termos para os amigos formais (*krã-geti/ pákrã*). Alguns desses sistemas, por outro lado, são utilizados para separar pessoas e relações sociais de modo drástico, como é o caso dos dois sistemas mencionados acima. Outros são utilizados para estabelecer ligações entre domínios e pessoas, como é o caso explícito dos termos usados para os instrutores durante as iniciações e entre os iniciandos que se tratam como "amigos", "companheiros" (= *krã-txúa*, em Apinayé). Todos, porém, marcam relações e ênfase em campos sociais específicos e todos podem ser suficientemente interpretados na base da dicotomização centro/periferia da aldeia.

Realmente, como vimos nos capítulos anteriores, o sistema Apinayé é marcado pelo dualismo indicado acima e os seus grupos sociais mais importantes parecem ser contaminados e separados por ele. Mas, pode-se perguntar, como um Apinayé estabelece a ligação entre um e outro campo? Quais são as posições sociais relevantes nesta passagem? Qual a linguagem utilizada quando um Apinayé procura definir suas relações com todos os outros membros da sua aldeia?

É o código utilizado nesta área mais inclusiva que constitui o sistema de relações Apinayé. Por isso é fundamental falar dos termos utilizados em cada domínio (como fizemos nos capítulos anteriores) e, agora, tentar isolar estes termos como categorias capazes de serviços como instrumentos de classificação do universo social Apinayé. Nesta perspectiva será fácil entender por que o sistema de termos pode ser tomado como um mecanismo de ligação entre centro e periferia e, portanto, como uma linguagem geral que permite a um Apinayé integrar todas as suas relações sociais num esquema único e coerente.

1. DEFINIÇÕES GERAIS

Os Apinayé classificam suas relações sociais em categorias inclusivas capazes de abarcar todos os habitantes de uma mesma comunidade e, às vezes, todos os membros da tribo. De fato, essas categorias gerais são inicialmente difíceis de serem apreendidas e muitas vezes parecem não ter fronteiras bem definidas. Há vários fatores que contribuem para isso, e a melhor maneira de procurar entender esse sistema de classificação é começar pela sua descrição. O segundo momento é procurar contrastar essas categorias entre si e, em seguida, procurar definições unitárias. Vejamos, primeiramente, as categorias usadas e sua descrição.

Os Apinayé usam as seguintes expressões para a classificação geral de pessoas e relações sociais:

1. Kwóyá — o termo se refere às pessoas que um dado Ego masculino ou feminino conhece, que são membros de uma mesma comunidade, com os quais Ego pode ou não entrar em relações íntimas, trocar comida, pedir apoio em disputas e força de trabalho. O termo *kwóyá* é sempre traduzido pelos Apinayé como "parente" ou como "meu povo", e aqui é preciso acentuar que o uso da expressão brasileira é realizado nas suas conotações vigentes no sertão do Brasil Central. Assim sendo, "parente" — na sua tradução Apinayé — não é necessariamente uma relação que implica em elos categóricos ou prescritivos em termos de obrigações sociais, mas um conceito que denota um vago e flexível sentido de solidariedade. Daí o uso paralelo da expressão ainda mais vaga "meu povo", para traduzir igualmente a categoria denotada acima. Nesta perspectiva, fica bastante claro que o termo *kwóyá* se refere muito mais a uma área ou campo social do que propriamente a um grupo (ou grupos) social com fronteiras ou limites bem definidos e, consequentemente, capaz de ação incorporada imediata e constante.

Realmente, um dos problemas mais sérios tanto para os índios quanto para o antropólogo é procurar equacionar esta expressão com um grupo de pessoas delimitado no terreno. Os *kwóyá* de um dado Ego tanto podem se referir a membros da tribo quanto aos membros de uma aldeia; tanto aos membros de um grupo residencial quanto aos membros de uma só residência. Esses usos, segundo vários níveis, serão elaborados mais adiante, quando todos os termos classificatórios gerais forem apresentados. Por enquanto basta sublinhar que o termo *kwóyá* cobre um *campo de relações* e assim não tem como referente direto nenhum grupo social.

2. **Kwóyá két** (onde *két* = partícula que indica negação) — essa é a categoria que está no mesmo nível de contraste da primeira expressão descrita. Como se verifica, ela indica uma classe de pessoa para as quais certas relações sociais estão inibidas ou não são estabelecidas de modo direto. Num certo sentido, essa expressão é o oposto da primeira, isto é, ela nega todas as potencialidades de relacionamento dadas com o termo *kwóyá*. Esse termo é aplicado para algumas pessoas da tribo e do grupo local. E os Apinayé traduzem o termo como "não parente". Do mesmo modo que sua congênere positiva, a expressão *kwóyá két* não é aplicada a nenhum grupo social, mas a pessoas e relações sociais.

Relações sociais e pessoas assim classificadas são pessoas que não se conhecem bem, de que não se sabe o nome, não se pode traçar relações genealógicas com precisão e que vivem ou não na mesma aldeia. Pessoas com as quais não se troca comida, não se visita etc. Em suma, é desta categoria que saem os inimigos potenciais e também os afins.

O SISTEMA DE RELAÇÕES

A expressão *kwóyá két* não pode ser refinada em subdivisões dadas no sistema de classificação. É possível ouvir um Apinayé dizer que sua esposa será um membro da classe *kwóyá két*, mas ele usa um outro termo para designar essas relações sociais estabelecidas com o casamento e não mais o termo indicado acima. De fato, uma vez casado, sua mulher e alguns dos seus parentes passam a ter com ele relações definidas ao longo de uma série de obrigações sociais e isso é o suficiente para colocar essas relações de afinidade numa outra classe que será descrita mais adiante.

O termo *kwóyá*, porém, tem subdivisões que permitem refinar o tipo de relação que existe entre uma pessoa e todas as outras colocadas naquela categoria. Assim, existem duas qualificações que refinam o termo *kwóyá*, ou melhor, que fazem parte desta classe:

1a — **kwóyá kumrendy** (onde *kumrendy* = legítimo, verdadeiro) e 1b — **kwóyá kaág** ou **kwóyá purô** (onde *kaág* e *purô* = falso, de imitação, de longe).

Frequentemente, os Apinayé traduzem essas duas expressões como, respectivamente, "parentes de perto" ou "parentes legítimos" (uma expressão bastante comum no Brasil Central para os parentes próximos) e "parentes de longe".

Do mesmo modo que a expressão *kwóyá*, essas categorizações podem designar pessoas situadas em outra aldeia, mas é mais raro o uso destes termos para classificar tais relações. Eles são muito mais usados para o campo de relações sociais imediatamente próximo de uma dada pessoa e assim permitem traduzir relações sociais importantes. Os *kwóyá kumrendy* são definidos como as pessoas que moram perto, os "parentes verdadeiros" e com os quais se pode traçar sem problemas relações genealógicas,[2] aquelas pessoas com as

---

[2] Embora as genealogias Apinayé tenham pouca profundidade, elas podem ser consideravelmente estendidas horizontalmente. São poucos os informantes que ultrapassam duas gerações ascenden-

quais reside, se troca alimento, que se dão apoio em disputas, que se conhecem muito bem, que com um dado Ego compartilham de fuxicos e informações confidenciais (como aquelas relacionadas a feitiço e matança de gado de fazendeiros da região), as pessoas que comem juntas, as pessoas que se encontram a todo momento etc.

Numa palavra, os *kwóyá kumrendy* são as pessoas com as quais se têm obrigações categóricas, e um dos seus traços distintivos parece ser o fato de que para essa categoria de relações existe uma constante troca de alimentos. Essas são as pessoas que, segundo um dos meus informantes, "não precisam pedir, elas sempre recebem". Isto é, para as quais um Apinayé está orientado socialmente sem solicitação explícita.

Já o termo *kwóyá kaág* (ou *purô*) cobre a área dos parentes adotivos e das pessoas situadas fora dessas definições. É possível haver troca de carne e força de trabalho entre eles, mas elas se fazem de uma maneira descontínua e não sistemática. Assim, por exemplo, os Apinayé dizem que quando um parente *kumrendy* briga, "a gente entra logo do seu lado". Mas, quando um parente *kaág* briga com outro parente *kaág*, "a gente procura ficar no meio".

É claro, então, que as definições dessas categorias indicam uma melhor adequação entre os termos ou categorias e grupos sociais. De fato, todas as vezes que tentei uma definição exclusiva para essas duas classes de relações, fui levado a uma redução cada vez mais drástica do campo de relações sociais dos *kwóyá kumrendy*, até chegar à família nuclear do informante, único grupo com o qual obrigações categóricas podiam ser definidas sem nenhuma ambiguidade ou escolha. Os Apinayé podem falar dos *kwóyá kumrendy* de uma maneira geral, dando a impressão de que essa classe é for-

---

tes, mas todos podem usar relações genealógicas (isto é, dizer "X é irmão da mãe do meu pai e assim é meu *getí*") para justificar, reclamar e clamar uma certa relação social e um tipo específico de comportamento. Em geral essas relações são traçadas com ajuda de um parente de referência.

mada por muitos indivíduos. Mas, quando eles são pressionados no sentido de sua identificação, o ponto terminal é sempre a família nuclear. São várias as informações que indicam essa tendência de ligar os *kwóyá kumrendy* à família nuclear de origem ou casamento. Assim, dizem os Apinayé: "só se pode confiar em pai, mãe e irmão". "A família mais importante é a que a gente nasce. Porque a gente tem liberdade de ir, apanhar o que quiser e comer sem ser convidado." Ou "a união maior é entre a família de dentro da casa (onde casa, neste contexto = família nuclear), pois com os outros parentes há, às vezes, desentendimentos e brigas. Com o pessoal da casa, mesmo que haja confusão, ninguém se zanga". E, ainda, "eu só peço para pai, mãe e irmãos. Somente para parentes de perto. Para os outros não gosto de pedir". Observações como essas podem ser multiplicadas, mas ainda melhor do que elas é descobrir que todos os Apinayé adultos sempre enviam comida para os seus pais e irmãos.

Além disso, é possível a um Apinayé usar as expressões "*kãbrô atpenburog*" (= mesmo sangue) e *kãbrô atpen nikzé* ou *purô* (= sangue diferente) para designar, respectivamente, as classes *kwóyá kumrendy* e *kwóyá kaág*. Um dos meus informantes, por exemplo, classificou minhas relações na aldeia como sendo do tipo *apunhã kãbrô* (onde *apunhã* = ponta, extremidade; *kãbrô* = sangue), em oposição às suas relações com algumas pessoas da mesma comunidade que seriam do tipo *kãbrô atpen burog*. Outro caracterizou os "parentes legítimos" como sendo o que ele designou de "parentes de parto".

O uso dessas expressões denotativas de uma relação biológica não exclui a possibilidade de seu emprego metafórico para simplesmente reforçar um laço de forte solidariedade entre duas pessoas que, na realidade, não são membros de uma mesma família nuclear. Mas é importante observar que o sangue e as relações por ele estabelecidas são elos definidos como sendo de substância e se referem ao único grupo social Apinayé cujos limites são bem determinados, a família nuclear. O chamado resguardo de parto e de doenças, por exemplo, só pode ser explicado e integrado no sistema de relações Apinayé de modo satisfatório quando se leva em conta o sangue como um fator crucial da sua ordem social.

É então satisfatória a definição e a equação da subclasse *kwóyá kumrendy* com os parentes de mesmo sangue (ou pessoas que têm o sangue fortemente ligado), isto é, os membros da família nuclear de origem ou casamento. Mas é preciso, por outro lado, qualificar essa equação. O fato de se chegar a esse grupo por meio de reduções indica que os limites desta classe de pessoas não são totalmente rígidos. De fato, os dois traços distintivos dos *kwóyá kumrendy* são, como vimos, a troca sistemática e categórica de comida (símbolo de laços fortes e de uma orientação para aquela pessoa), e o fato de o grupo tomar o sangue como uma substância comum. Mas ocorre que trocas de comida são também realizadas entre pessoas situadas fora da família nuclear do informante. Muitas vezes, um nominador ou uma pessoa relacionada a um dado Ego por laços de amizade pode receber carne sistematicamente. Isso é particularmente saliente no caso do chefe das aldeias e do líder de facções, que sempre mandam carne para pessoas situadas fora de sua família nuclear. Do mesmo modo, os Apinayé dizem que "o sangue se espalha por toda a aldeia!".

Uma definição dos *kwóyá kumrendy*, deste modo, tem que levar em consideração a noção subjacente de gradação para ser fiel ao pensamento classificatório Apinayé. É por isso que sempre falamos da família nuclear como um *paradigma* das relações de sangue, em oposição às relações cerimoniais, cujo *paradigma* são as relações entre nominador e nominado. Pessoas que trocam sistematicamente alimento e que se apoiam mutuamente em casos de disputa estão atualizando esses dois tipos de relacionamento, embora elas possam, muitas vezes, estar fora dessas categorias.

Isso nos leva a definir os *kwóyá kumrendy* como sendo uma classe que possui um núcleo — onde pessoas são fortemente ligadas por meio de substância comum (sangue) e uma periferia, onde esse sangue fica mais fraco para orientar a conduta dos membros daquele grupo categoricamente. E é justamente nessa fronteira, em que o sangue é fraco, de onde saem os parentes cerimoniais de um dado Ego. Na medida em que o sangue é definido como fraco, as relações de troca tendem a ficar mais tênues e são menos sistemáticas. Como consequência, elas dependem mais das pessoas envolvidas nas relações do que numa definição formal dos seus laços sociais.

A subclasse dos *kwóyá kumrendy* tanto pode se referir aos membros de uma família nuclear quanto à classe de pessoas relacionadas a um dado Ego por meio de laços cerimoniais. De um lado as relações são de substância, de outro elas são marcadas por trocas constantes — fato que, aliás, marca todos os outros Jê do Norte. Assim sendo, eu diria que, fora da família nuclear, a distinção entre *kwóyá kumrendy* e *kwóyá kaág* torna-se tênue e que só se pode distingui-los quando se trata de justificar certa prática social ou um certo tipo de comportamento.

É possível, pois, dizer que os *kwóyá kumrendy* são definidos mais precisamente ao longo de duas dimensões de contraste: o sangue (ou as relações de substância) e os laços cerimoniais. A primeira dimensão tem como ponto focal a família nuclear. A segunda tem como foco as relações cerimoniais, cujo paradigma são as relações entre nominador/nominado. Laços sociais são eliminados na medida em que se focaliza o grupo de sangue; laços sociais tornam-se básicos e são criados e ampliados quando se focalizam as relações cerimoniais. Ambas se acham situadas ao longo de um *continuum* terminológico e genealógico que tem a família nuclear como ponto de partida biológico (na concepção Apinayé, é bom acentuar), mas a primeira dimensão remete a uma visão mais aberta e integrativa dessas mesmas relações. Realmente, os Apinayé tendem a usar a dimensão ou a noção de substância quando querem dar ênfase a gradações entre relações ou termos usados para duas ou mais pessoas. Nestes casos, é o sangue que traz à luz as suas diferenças como "parentes próximos" ou "parentes distantes". E assim se diz que dois homens chamados pelo mesmo termo, *tõ* (irmão, filho do irmão do pai, filho da irmã da mãe), que X é um irmão de sangue, um *tõ kumrendy* ou, como os Apinayé modernos acentuam, "um irmão legítimo"; ao passo que Y é um irmão *kaág* ou um "irmão de longe".

A dimensão biológica do sistema permite estabelecer exclusões e gradações entre as pessoas, mas a dimensão cerimonial opera produzindo o inverso,[3] pois ela implica em integração de relações e pessoas em grupos bem delimitados. Como vimos no Cap. III, é através do nome que se passa a pertencer a uma das metades cerimoniais da tribo. Nesta perspectiva, portanto, é possível examinar os laços cerimoniais entre os Apinayé em particular e entre os Jê do Norte em geral, como mecanismos orientados para a criação de poderosos laços sociais que estão situados fora da dimensão de substância. As relações cerimoniais são elos que cortam domínios, grupos e classes de relações e que trazem, como consequência, uma união entre elementos situados em áreas fundamentalmen-

---

[3] Essas duas dimensões que permeiam o sistema de relações Apinayé expressam um dualismo que é coerente com o que já vimos da cosmologia da tribo. Assim, sangue/relações cerimoniais estão em oposição complementar ao longo de várias dimensões de contraste, mas é interessante apontar aqui que eles operam segundo a lógica do dualismo concêntrico ou do dualismo diametral. Isto é, as relações de sangue seguem um padrão dualístico concêntrico, permitindo estabelecer gradações e exclusões e, consequentemente, distância e hierarquização de relações sociais, umas sendo mais importantes que outras. No segundo caso, das relações cerimoniais, temos integração e simetria, como é típico das relações nominador/nominado. Voltaremos a esse assunto mais adiante.

O SISTEMA DE RELAÇÕES

te diversas do sistema social. Em outras palavras, os cerimoniais são mecanismos de transformação de relações sociais e eles abrem brechas em domínios mais ou menos bem definidos.[4] Deste modo, um nominador pode estar situado na classe dos *kwóyá kaág* (ou mesmo na classe dos *kwóyá két*, dos não parentes), mas depois que a relação foi estabelecida ele pode passar a ser considerado como um *kwóyá kumrendy*, desde que essa relação seja tomada como o ponto de partida para uma estreita solidariedade entre as pessoas assim relacionadas. Se o nominador tem apenas relações formais com o nominado, então ele continua na categoria dos *kwóyá kaág*. Mas se ele visita, troca alimentos e força de trabalho, dá seu apoio político em disputas para o seu parceiro, então gradativamente passa a ser um parente *kumrendy*, ficando classificatoriamente incorporado aos membros da família nuclear do nominado. Pois sua conduta transformou relações sociais distantes em próximas e, consequentemente, sua posição em termos do sistema geral de classificação.

O mesmo fenômeno ocorre no casamento, quando a mulher e seus parentes passam a ser considerados como *kwóyá* do marido, depois que o casamento produziu filhos e mostrou-se estável. No início do processo matrimonial, as relações são tipicamente cerimoniais e definidas ao longo de distâncias sociais (*piáam*), mascom a consolidação dos laços entre um homem e seus afins, ele e a esposa passam a ter o mesmo sangue e, como dizem os Apinayé, as duas famílias então "viram uma coisa só". Deste modo, a esposa e seus parentes podem ser inicialmente classificados como *kwóyá kaág* e terminar como *kwóyá kumrendy*. Como consequência, há

---

[4] Essa noção de troca como um elemento que relaciona fortemente áreas ou pessoas bem separadas do universo Apinayé (e Jê em geral) é, naturalmente, bastante clara nos cerimoniais e mitos. Todos os cerimoniais Apinayé implicam numa troca de comida (cujo simbolismo é, se estamos corretos, coerente com essas dimensões apresentadas acima; vide Cap. III: 143) por enfeites; de comida por direitos sobre uma pessoa; de comida por certos favores. Nos mitos, quando se troca algum elemento, obtém-se um forte relacionamento social com o parceiro. Quando há uma recusa de trocar, as relações são rompidas. Isso é claro no mito de Fogo (cf. Nimuendaju, 1956: 117).

sempre a possibilidade de alternativas de comportamento que se expressam no uso de dois ou mais termos para uma mesma pessoa.

Isso se passa do seguinte modo: Um Apinayé chama várias pessoas de uma dada residência por certos termos de relação e sabe que elas são parentes *kaág*. Assim sendo, ele não tem para com elas nenhuma obrigação categórica e, eventualmente, pode mandar parte de sua caça para aquela casa. Mas seu irmão germano casa-se com uma mulher desta residência. Assim, o Ego tanto pode continuar usando os termos anteriores para as pessoas desta casa quanto pode mudar o modo de chamar essas pessoas, usando termos de afinidade (e, traduzindo melhor, respeito). Assim, ele pode escolher a classificação das relações entre um eixo de respeito e distância social (afinidade) ou no mesmo eixo em que elas estavam anteriormente. Essa duplicação de laços sociais é um fator tão comum entre os Apinayé, que estou inclinado a crer que ela é parte estrutural do seu sistema de relações. A possibilidade do uso de dois termos para uma mesma pessoa ocorre não só em casos onde laços de afinidade se superpõem a laços considerados como de *kwóyá*, mas em situações em que é possível aplicar dois termos de relações da classe *kwóyá* para uma mesma pessoa. Tudo indica, entretanto, que a escolha de um termo em oposição a outro, também possível, é dependente da relação que é tomada como mais importante naquela ocasião. Assim, observa-se que laços cerimoniais tomam o lugar de outros termos que também podem ser usados para a mesma pessoa, como foi indicado nos casos de nominação descritos no Cap. III. E laços de afinidade recentes são superpostos a laços anteriores com a consequente mudança nos termos de endereço. Assim, um dos meus informantes chama a esposa do seu *geti* (neste caso, um pai do pai) de *itõdy* (irmã, filha da irmã da mãe, e filha do irmão do pai) e não de *tui-re* (mãe do pai), porque ela é "irmã de criação" (isto é, irmã adotiva), pois foi adotada (para receber seus nomes) pela mãe do Ego. O mesmo ocorre com outro informante que chamava um dado Alter de *geti* e era chamado por ele de *ikrá* (filho, filho do irmão etc.) e não de *tamtxúa* (filho do filho, filha do filho, filho da irmã, filha da irmã), porque esse Alter era também seu pai adotivo e arranjador de nomes. E num terceiro caso, o informante chama sua sogra de *iña* porque ela é "irmã" de longe (*itõdy kaág*) de sua mãe e essa relação é mais forte e mais vantajosa. Esses casos poderiam ser multiplicados. O padrão observado, porém, é o de ter relações cerimoniais ou relações formadas mais recentemente, como sendo preeminentes e assim determinando o uso de certos termos de relação. Num certo sentido, então, eles seriam uma expressão da situação do informante num certo momento de sua história, bem como dos alinhamentos de relações sociais de uma comunidade num certo período de tempo. Assim sendo, a mudança de uma relação social pode igualmente significar uma mudança de termos, com a consequente reclassificação de um conjunto de relações sociais.

São esses fatores que trazem a chamada flexibilidade dos sistemas de relação dos Jê do Norte e dos Apinayé, pois a transformação de pessoas situadas inicialmente em campos diferentes pode ou não provocar a sua reclassificação terminológica, como um índice de seu realinhamento social. Pode-se dizer, então, que a classificação social entre os Apinayé é um fator dependente de alinhamentos da vida social e sua dinâmica.

Por outro lado, a dimensão biológica está sempre presente nas relações sociais, e pode ser chamada para estabelecer distância ou proximidade como justificativa para certas relações sociais. Estou mais ou menos convencido de que muitas das aparentes confusões dos usos do sistema terminológico Apinayé é uma resultante da não especificação destes fatores e, especialmente, das gradações estabelecidas através do uso das relações de substância.

De fato, foi somente quando comecei a analisar o sistema de precauções alimentares dos Apinayé (o sistema de resguardos ou "couvade") que descobri a importância da noção de substância, subjacente ao seu sistema de relações. Toda a justificativa do resguardo de parto, por exemplo, é realizada em função da proximidade de sangue. Foi então possível obter uma classificação dos termos de relações tomando o sangue como dimensão crucial para o sistema. Só se faz resguardo, dizem os Apinayé, para os *kwóyá kumrendy* (ou "parentes de perto"), cujo sangue "é forte". E de modo coerente com isso, eles podem dizer: "O sangue do *ikrá* (filho, filha) é mais forte porque está mais perto do sangue da mãe e do pai. O do *tamtxúa* (netos e filhos da irmã) é mais fraco porque já mudou, fica mais longe." E ainda, como coloca outro informante: "o resguardo para nos *tamtxúa* porque o sangue já está longe e mais fraco".

Esses dados são importantes porque é ao longo dessa mesma dimensão de substância que os informantes são capazes de explicar abstratamente o sistema de relações Apinayé. Alguns índios, por exemplo, comparam a sua rede de relações com uma árvore, onde o pé ou raiz (*me ô pó kráti*) são os velhos, cujo sangue se espalha e se enfraquece por toda a parentela. Assim, disse o informante: "Quem enfraquece o sangue é quem dá. Quem ganha fica sempre mais forte. Se um casal tem um filho, e este filho vem a ter outro filho, os avós vão sempre enfraquecendo o sangue." Isso significa que não só os velhos vão ficando mais fracos porque perdem o sangue e, portanto, envelhecem, como também que as suas relações com os seus descendentes vão ficando cada vez mais tênues em termos de substância.

Outro informante comparou o sistema de relações a um pé de milho gerando caroços mais novos na parte de cima do pé. Caroços

O SISTEMA DE RELAÇÕES

que representavam os membros mais novos da comunidade, sendo gerados pelos mais velhos que ficavam embaixo, na raiz. Aliás, esse mesmo informante desenhou uma imagem do sistema tal qual ele o vê (vide Figura 12), onde as linhas significam sangue, e os círculos com pequenos pontos, as famílias nucleares. Para um Apinayé, portanto, o sistema de relações visto do modo mais abstrato e como uma totalidade é feito de ligações entre pequenos grupos que doam sangue a outros grupos do mesmo tipo. E isso demonstra como a noção de substância é crítica na conceptualização do sistema de relações. Como os Apinayé dizem e convém repetir mais uma vez, "o sangue se espalha realmente por toda a aldeia". E mais, os grupos consecutivos têm mais sangue (ou sangue mais forte); os grupos alternados têm sangue mais fraco.

Em resumo, pode-se dizer que a subclasse *kwóyá kumrendy* tem dois componentes básicos e que eles operam como fatores distintivos na medida em que são focalizados. Em termos de substâncias, os *kwóyá kumrendy* se reduzem primariamente à família nuclear, tomada como modelo destas relações (o grupo mais forte ou que tem o sangue mais forte). Em termos de cerimoniais, os *kwóyá kumrendy* são constituídos basicamente de relações cerimoniais e, como tal, ficam tenuemente separados dos *kwóyá kaág*.

Outra categorização também utilizada pelos Apinayé é a classe dos *iprom kwóyá* (ou seja: os *kwóyá* da esposa). Do mesmo modo que ocorre com as classes já estudadas, esse termo não se refere a um grupo social determinado, mas a uma classe ou categoria de pessoas e relações sociais. Assim sendo, a classe dos *iprom kwóyá* é formada *a posteriori* depois que alguém contraiu matrimônio. De fato, perguntados onde ficam os *iprom kwóyá*, os Apinayé, no máximo, apontam o outro lado da aldeia, as casas opostas às suas próprias casas, onde seus filhos devem idealmente buscar uma esposa. Mas a expressão não denota nenhum grupo especial onde

Fig. 12 — Uma representação Apinayé do seu sistema de relações sociais. As linhas indicam laços de substância e os círculos são casas.

O SISTEMA DE RELAÇÕES

um homem deve sempre casar-se. Como o casamento é explicitamente vedado entre os *kwóyá kumrendy*, isto é, os parentes de perto,[5] é possível dizer que os *iprom kwóyá* (ou afins) são sempre constituídos *a posteriori* de pessoas situadas na classe *kaág* ou, obviamente, na classe dos não parentes. O que é coerente com a possibilidade de casamento com pessoas designadas por quaisquer termos de parentesco, desde que sejam consideradas como distantes, *kaág*. Daí as alternativas terminológicas que discutimos linhas atrás. Os afins, portanto, como ocorre no caso *Krahô*, são relações que foram transformadas em dois sentidos: ou para perto (caso eles sejam não parentes) ou para longe (caso eles sejam *kwóyá kaág*) (cf. Melatti, 1970). Essa ideia de transformação é plenamente coerente com a ideia de incesto, pois os Apinayé dizem que a cópula com a mãe ou a irmã ou *tamtxúa de perto* transforma a pessoa numa coisa, num bicho (= *me-bóyá*). Tal como ocorre no mito em que um bando de meninos se transformam em pássaros depois que copulam com suas irmãs (cf. Nimuendaju, 1956: 136).

Vejamos agora como se pode representar essas categorias num esquema, concluindo essa parte:

---

[5] Como se pode adivinhar, um dos problemas mais difíceis entre os Apinayé é saber os limites das categorias discutidas acima com precisão e, portanto, prever seguramente onde se pode casar. Isso porque os termos de relações estão divorciados de grupos sociais, existindo um *overlaping* de categorias gerais e, consequentemente, duplicação e escolhas de laços sociais e de sistemas terminológicos. Isso é certamente uma consequência da depopulação, mas é igualmente parte e parcela do sistema Apinayé, centralizado no indivíduo, tal como ocorre em outros sistemas bilaterais. Dados genealógicos e entrevistas indicam que os Apinayé evitam casamentos com pessoas fortemente relacionadas genealogicamente, isto é, onde a relação é obtida com facilidade e não depende de muitos intermediários para ser estabelecida. O caso mais famoso de incesto que encontrei entre eles foi o de um homem que havia se casado com sua sogra, depois que sua esposa havia falecido. Um caso de troca de irmãs era justificado como sendo correto porque as famílias já se conheciam e um caso de casamento com uma prima paralela patrilateral foi justificado na mesma base. Para um estudo mais detalhado deste sistema veja DaMatta, s.d.

UM MUNDO DIVIDIDO

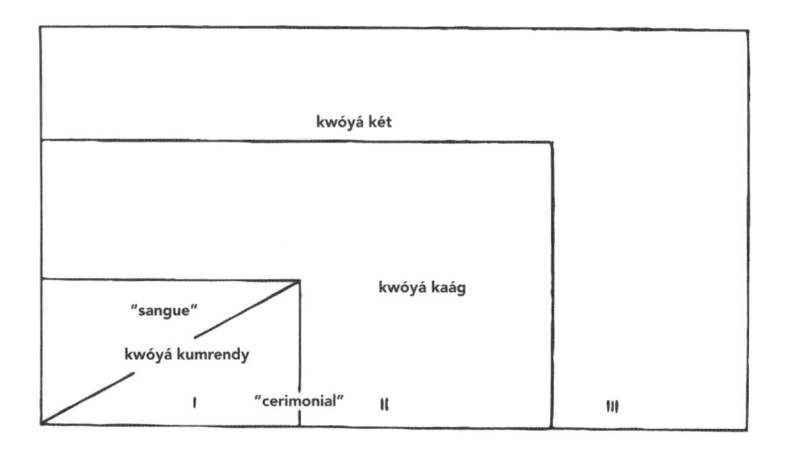

```
                    kwóyá két


                          kwóyá kaág
        "sangue"
     kwóyá kumrendy

              I    "cerimonial"   II         III
```

O diagrama permite revelar alguns traços fundamentais do sistema de relações gerais dos Apinayé.

a) Pode-se entender melhor a distribuição e as relações das categorias entre si, segundo os vários níveis de contraste. É possível assim tomar as áreas I e II (*kwóyá*) e contrastá-las com a área III, dos *não kwóyá*. Quando isso é realizado, a tribo pode ser contrastada a outra tribo. Sublinha-se então uma unidade tomada como referência (a tribo) em oposição à outra unidade. Pode-se também usar a mesma classe para estabelecer uma distinção entre uma e outra aldeia. Assim, os Apinayé de São José seriam todos *kwóyá* em oposição aos de Mariazinha, que seriam *kwóyá két*. É evidente que essas oposições e níveis de contraste só podem ser estabelecidos quando se focaliza um grupo capaz de operar potencialmente como uma unidade. E isso, como tenho sublinhado, é uma consequência do fato de os termos não terem um referente social como grupos. Numa disputa entre aldeias, os laços de um indivíduo com sua comunidade residencial são enfatizados em detrimento dos laços que esse mesmo indivíduo possa ter com pessoas da outra aldeia. Assim ele pode separar os dois grupos em conflito conceitualmente.

b) Que o tamanho do núcleo onde se situam os parentes *kumrendy* é pequeno, o mesmo acontecendo com a classe dos "não parentes". Isso é inteiramente consistente com a visão dos próprios Apinayé, pois eles dizem: "têm-se poucos parentes *kumrendy*, muitos *kaág* e poucos não parentes" (cf. DaMatta, s.d.).

c) É possível visualizar o campo dos parentes cerimoniais sendo penetrado pelo campo dos parentes *kaág* e assim estabelecendo uma relação entre o grupo central, onde as relações são de substância, e o grupo periférico, onde as relações são cerimoniais e tornam-se consistentes por meio de trocas e apoio mútuo. Seria possível, ainda, incluir no esquema acima a classe dos *iprom kwóyá*, dos parentes afins, como uma classe situada numa área que cobriria o campo abrangido pelos *kwóyá kaág* até o campo dos não parentes.

d) Finalmente, o esquema permite visualizar melhor as áreas onde existem interpenetração de relações e, como consequência, de domínios sociais. As flechas indicam as possibilidades de passagem e de transformação de relações e pessoas de uma a outra área.

Neste ângulo, a flexibilidade do sistema de relações Apinayé, nos seus aspectos mais gerais, parece ter uma função de dois aspectos cruciais. O primeiro é que, neste sistema de classificação, os termos não são aplicados a grupos sociais, mas a campos ou esferas de relações sociais. É o campo que é definido com precisão e não as pessoas ou grupos que nele podem estar operando. Os termos do sistema, por conseguinte, são aplicados para indicarem conjun-

UM MUNDO DIVIDIDO

ções e separações de domínios e de relações sociais. O segundo é que, embora as relações sociais possam ser definidas prescritivamente em termos de classes, elas não indicam com precisão nem pessoas, nem grupos sociais, apenas sugerindo um campo ou domínio social. Assim, sabe-se que o nominador de um indivíduo do sexo masculino, por exemplo, não pode ser o seu genitor e tem que ser um *geti* (*krã-tum*), mas não se pode determinar precisamente quem será a pessoa coberta por essa categoria (vide os casos de nominação apresentados no Cap. II). Nos outros grupos Jê do Norte, essas variações são estatisticamente reduzidas. Entre os Kayapó, o irmão da mãe é normativa e quantitativamente o nominador. E entre os Timbira de Leste (Canela, Krahô e Krikati), ocorre o mesmo, mas com uma importante ênfase na reciprocidade. Assim, um irmão dá seus nomes aos filhos da sua irmã e essa dá os seus nomes aos filhos do seu irmão. Esse aspecto parece ser fundamental e está relacionado aos nomes como instrumentos de classificação social entre os Timbira, o que não ocorre entre os Kayapó, como vimos no Cap. III. Entre os Apinayé, entretanto, a variação é grande do ponto de vista estatístico, embora normativamente ainda existam informantes falando num irmão da mãe quando se trata de definir com precisão o nominador. Essas variações são importantes e serão apreciadas mais adiante.

Aqui, quero salientar essa determinação da categoria e indeterminação da pessoa (e, como consequência, do grupo social) como uma parcela básica do sistema de relações Apinayé, pois se isso acontece, muitos dos termos só podem ganhar conteúdo sociológico pela prática social. Assim, é possível dizer que, num certo sentido, a vida social Apinayé é feita de um constante transformar de pessoas em parentes verdadeiros. De parentes falsos em afins. De estranhos em parentes. Isso, segundo a dinâmica social da sociedade e do grupo local. Assim, uma pessoa vinda de outra aldeia

O SISTEMA DE RELAÇÕES

ou de outra tribo começa sua vida social como *kwóyá két* para uma maioria (senão todos), os membros da aldeia que a receberam. Mas com o passar dos anos e segundo os seus relacionamentos, ela vai mudando de categoria para mais e mais pessoas. De modo que, depois de alguns anos, ela pode ser considerada como um parente *kumrendy* (especialmente quando se faz apelo a sua dimensão cerimonial) de muitos membros daquela aldeia. Foi isso, por exemplo, que aconteceu com dois Xerente que vivem na aldeia de São José, lá se casaram e conseguiram manter laços estáveis com os membros daquela comunidade. Um outro Xerente, porém, não conseguiu o mesmo tipo de integração e é sempre discriminado como estranho, como um *kwóyá két*. E nestes casos o casamento estável, o nascimento dos filhos e boas relações com os afins foram os fatores invocados para diferenciar os dois primeiros homens do terceiro que sempre esteve implicado em dificuldades matrimoniais.

O processo inverso ocorre com uma criança Apinayé, no ciclo de sua vida social. Uma criança começa dentro de uma casa mantendo relações exclusivas com seus *kwóyá kumrendy* e, depois que recebe nomes e amigos formais, ela passa a se relacionar com pessoas que representam campos sociais cada vez mais inclusivos. Finalmente, quando se casa, ela forma um outro polo de parentes *kumrendy* (com sua mulher e seus filhos). É por isso que os Apinayé falam dos seus afins como *iprom kwóyá*, pois o casamento é inicialmente uma relação tipicamente cerimonial. Mas depois essas relações são também integradas numa esfera de substância. Isso acontece quando se têm filhos e fica demonstrada a segurança ideal dos laços entre marido e mulher. A transformação e a passagem de *kaág* a *kumrendy* é então realizada.

Não pretendo ter esgotado todas as possibilidades do sistema de classificação de relações Apinayé, nem creio que ele possa operar com a simplicidade que estou apresentando aqui. Mas a virtude dos modelos é apresentar uma situação em seus termos mais elementares. Assim sendo, estou convencido de que o sistema utilizado acima é bastante fiel para poder ser tomado como uma tradução mínima do sistema utilizado pelo Apinayé. Além disso, é possível sugerir que as classificações gerais, encontradas entre os outros Jê do Norte, têm as mesmas propriedades do sistema acima representado.

Realmente, os termos correspondentes para os Krahô são os seguintes: *mekhuampéimã* (= parentes consanguíneos próximos, na tradução de Melatti), *meikhuamkahók* ("parentes consanguíneos longínquos"), *meikhói'nare* ("não parentes") e *meikhúa* (= parentes em geral) (cf. Melatti, 1970 e 1973). Se considerarmos que com toda a probabilidade a expressão *me* no início de cada palavra Krahô é um coletivizador, então ficamos com termos que são cognatos dos termos Apinayé. Entre os Krikati, os termos são os seguintes: *khwá* (parentes que têm definição genealógica precisa), *khwá mpe* (onde *mpe* = verdadeiro) e *khwá kahák* (onde *kahák* = falso) (cf. Lave, 1967: 206). E entre os Kayapó os termos são os seguintes: *õbikwá* = parentes em geral, *õbikwá kaág* = parentes adotivos e afins e *õbikwá kumren* = parentes verdadeiros (cf. Turner, 1966: 300).

Como se observa, os termos para essas classes são cognatos dos termos examinados entre os Apinayé. O problema, porém, é que os outros autores não deram muita atenção a esse sistema de classificação e apenas indicaram sua extrema flexibilidade e, assim, o seu valor integrativo. Melatti e Lave, por exemplo, dão uma grande ênfase ao fato de se poder considerar como parente uma pessoa com quem se troca regularmente alimento (cf. Melatti, 1970, e Lave, 1967: 211). Ao passo que Turner coloca o problema de uma definição biológica das relações Kayapó, mas não elabora esse ponto como uma dimensão crucial do sistema de relações daquela sociedade (cf. Turner, 1966: 302, 303). De fato, ele parece estar argumentando contra uma definição genealógica dos termos de relações Kayapó.

Isso é interessante porque, num e noutro caso, temos autores dando ênfase aos aspectos que chamamos de cerimoniais (a troca sistemática de alimento ou de apoio político, observada como índice de parentesco por Lave e Melatti) ou na dimensão biológica do sistema, como faz Turner. E todos dão ênfase nas possibilidades de manipulação do sistema de categorias e na flexibilidade das fronteiras de cada classe em cada sociedade estudada.[6]

Minha sugestão é a de que, quando se focaliza o sistema de relações dos Jê do Norte em termos de domínios e de relações sociais que colocam esses domínios em contato, é possível construir um modelo capaz de gerar todas essas possibilidades definidas como flexibilidade, ausência de limites, manipulabilidade etc. De fato, se o sistema é considerado em função de um componente de substância e de um outro componente cerimonial, como elementos pertencentes a duas áreas que se interpenetram, então as suas propriedades ficam muito mais salientes. Pois nesta perspectiva observa-se imediatamente que as escolhas e a flexibilidade a ele pertencentes são explicáveis em relação às suas potencialidades como um sistema de classificação e não mais como inconsistências.

Tomemos o sistema Apinayé como círculos, à moda dos diagramas de Venn:

---

[6] Melatti é o único que integra as práticas relacionadas ao nascimento e às doenças no sistema de relações, e eu estou seguindo o seu *insight* neste trabalho. Mas infelizmente ele utiliza as noções de "consanguinidade" e de "afinidade" de uma maneira muito rígida no seu estudo do sistema de parentesco Krahó. Com isso, ele perde de vista as inter-relações entre essas classes e, portanto, as possibilidades de escolhas do sistema.

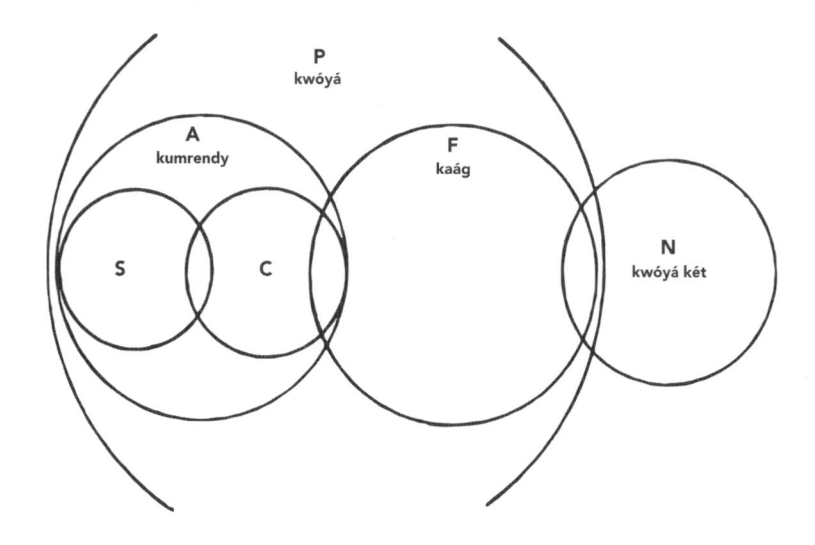

O círculo P contém dois círculos menores, A e F. O círculo N representa a categoria que lhe é oposta. Já o círculo A inclui dois círculos menores, S e C, que representam, respectivamente, as dimensões "substância comum" e a dimensão cerimonial (ou das relações cerimoniais). O círculo A, entre os Apinayé, é definido basicamente através do círculo S, a área marcada por relações de substância, cujo paradigma é a família nuclear. Mas essa esfera, como temos observado, é interpenetrada pelo círculo C, que liga, ao mesmo tempo, o círculo A ao círculo F, o dos "não parentes". E é esse círculo F que faz a conexão entre a classe dos parentes, representada pelo círculo P e a dos "não parentes", representada pelo círculo N.

O diagrama acima, como se nota, é constituído de várias áreas que se entrecortam. Primeiro, há a interseção dos parentes de sangue com os parentes cerimoniais. Isso representa fielmente o fato de parentes cerimoniais (nominadores e amigos formais) serem pessoas que se relacionam a um dado Ego por meio de mediadores (os pais e mães adotivos) que estão de algum modo

O SISTEMA DE RELAÇÕES

ligados aos genitores por laços paralelos (de mesmo sexo). Em seguida, vemos que as relações cerimoniais são os mecanismos de mediação entre os parentes classificados como "verdadeiros" e outros, chamados de "parentes falsos". De modo concomitante com essa distância, os parentes cerimoniais estão ligados ao Ego por meio de elos cruzados (de sexo diferente) ou são pessoas situadas nas gerações acima da dos seus pais. De fato, pode-se dizer que são os nominadores que ligam os domínios A e F; do mesmo modo que os amigos formais ligam a área doméstica com a área mais longínqua socialmente, do círculo N, através de laços francamente públicos.

Além disso, o diagrama tem o mérito de permitir a visualização de dois mecanismos básicos do sistema de relações Apinayé. O primeiro é a sua capacidade de poder ser utilizado para definir campos e relações sociais segundo o que se quer sublinhar. Por exemplo: se eu desejo opor os parentes aos não parentes, então eu focalizo os círculos P e N. Se eu desejo opor os parentes de perto aos de longe, então eu uso o círculo A em oposição ao F, sem distinguir as subclasses do círculo A. Isso, como o diagrama sugere, só é possível ser feito quando há polarização dos membros desta classe. Depois, o diagrama indica claramente o conjunto de escolhas abertas a cada indivíduo Apinayé, que pode estar situado em cada um destes círculos.

Em outras palavras, o sistema visto através dos diagramas de Venn é claro em relação às dificuldades de estabelecer seus limites, em relação a sua flexibilidade e sua manipulabilidade. Isso decorre não só do fato crucial de o sistema de termos estar divorciado de grupos sociais, como também do fato de que a terminologia usada para designar pessoas relacionadas a um dado Ego por cada uma dessas dimensões não ser diferenciada das outras em certos níveis. Mas para que isso fique claro é preciso descrever e interpretar o que se chama de "sistema de parentesco".

2. CATEGORIAS ESPECÍFICAS

Além das categorias gerais, descritas na parte anterior, os Apinayé usam um conjunto de termos para classificar relações específicas entre os membros da sua sociedade. Esses termos são primariamente utilizados para classificar as relações e pessoas situadas no campo definido como *kwóyá*. Para relações do campo imediatamente oposto, dos *kwóyá két*, os Apinayé não usam esses termos, chamando a pessoa pelo seu nome pessoal, ou então utilizando um sistema de termos separado, segundo o tipo de relação estabelecida. Se a pessoa for classificada como um amigo formal, por exemplo, então o círculo de parentes em sua volta pode ser designado pelos termos apropriados a esse tipo de relação (vide Cap. III). Se ele for sua esposa (ou marido, no caso de Ego feminino), então há um conjunto de termos usados para definir essas relações, ou seja, um sistema de termos para as relações de afinidade. É preciso acentuar, porém, que os termos para classificar as relações de afinidade podem ser superpostos ao campo dos *kwóyá kaág*, como já ficou claro na parte anterior.

1. pam — P, IP, Mm, Mim*

O termo acima é usado como termo de referência. O termo *txún* nas suas variações *txún-re* e *txún-ti* (onde *re* = partícula diminutiva; *ti* = partícula aumentativa) é usado como um termo de referência e como vocativo. Alguns informantes utilizam a forma brasileira, papai, limitando-a, porém, ao pai verdadeiro ou genitor.

---

*   P = Pai   iP = irmã do Pai etc.
    I = Irmão   e = esposa
    Im = Irmão da mãe   f = filha
    M = Marido   fF = filha do Filho etc.
    m = mãe   F = filho

Tanto o termo *pam* quanto o termo *txún* admitem o uso das categorias *kumrendy* e *kaág*, desde que se queira marcar a distância ou a posição específica daquele *pam* em relação a um dado Ego masculino ou feminino. Entretanto, é possível também usar o termo descritivo *nipeitxó* para se referir ao genitor em oposição a outras pessoas classificadas como *pam*. Essa forma pode ser traduzida como "aquele que me fez", já que *nipetxe* = fazer e *txó* = partícula indicadora de ação. O uso deste último termo enfatiza um aspecto "substantivo" das relações entre pai e filho, do mesmo modo que o uso do termo *pam* pode sublinhar os aspectos sociológicos da mesma relação. Quando morre um *pam*, usa-se a partícula *pinrog* logo após o termo. Essa partícula é traduzida pelos Apinayé como indicativa de falecimento. Além dessas formas, os Apinayé usam o termo *me-papam* (nosso pai) para se referirem ao Sol ou, modernamente, a Deus. É possível ainda usar o termo *tõ-re* para genitor, indicando afeição. No caso de Ego feminino, usa-se o termo correspondente para irmão, *kambû*.

2. nã —
O termo é usado como referência. O termo *dyil* é usado como vocativo e como referência nas suas várias formas, desde que se adicionem as partículas *ti, re, preké* (= velha), *kumrendy* ou *kaág*, no caso de se desejar indicar um aspecto físico ou a posição social da pessoa assim designada em relação a um Ego masculino ou feminino. Do mesmo modo que ocorre com o termo anterior, pode-se usar a expressão *kator-txô* (onde *katóro* = sair; *idkatóro* = eu saio; *txô* = partícula que indica ação), que significa "aquela de onde eu saí", para indicar a *genetrix* e assim sublinhar relações de substância com uma determinada *nã*. Quando a *nã* morre, usa-se o termo *pabotxói-ti*.

3. tõ — I, Fm, FP, FIM, FIP

4. tõdy — i, fm, fP, fim, fIP
O termo é usado como referência e como vocativo nas suas formas *ti* e *re*, indicativas, como nos outros casos, de tamanho físico; ou com a categoria *kumrendy* ou *kaág*, indicativas de distância social. Pode-se igualmente usar as partículas *preke* ou *prin* para indicar, respectivamente, velho ou novo. A forma *kambû* é usada por Ego feminino e a forma *pigkwá* por Ego masculino como vocativo. O termo *pinrog* é adicionado após essas formas para indicar que a "irmã" ou irmão estão mortos. Usam-se também as expressões *kro-ti* e *kro-re* para, respectivamente, irmão mais velho e irmão mais moço.

5. krá — f, FI, fF (Ego masculino); Fi, fi, F, f (Ego feminino)
O termo é usado como vocativo e como referência. É possível usar também as formas *akatxóiti* e *akantê-re* para distinguir um *krá* do sexo feminino de um *krá* do sexo masculino.

6. geti (ngeti) — PP, Pm, iM, MiP
O termo é usado como vocativo e como referência. Pode-se usar também a expressão *krã-tum* quando uma pessoa situada nesta posição passou seus nomes para um dado Ego masculino. Então, o termo recíproco passa a ser *krã-dúw* (vide Cap. III). Quando um *geti* morre, usa-se o termo *pinrog* depois do primeiro termo. Atualmente esses dois termos são usados como sinônimos, exceto quando se pressiona o informante para estabelecer a diferença indicada acima. Alguns informantes usam a forma brasileira *vovô* para traduzir esse termo e muitas vezes o utilizam.

O SISTEMA DE RELAÇÕES

7. tui (tukatui) — mm, mP, elm

O termo é usado como vocativo e como referência. Tal como ocorre com os outros termos, é possível usar as partículas *pre, ge, prin, ti* e *re* para indicar diferenças ou especificar uma determinada *tui*. Do mesmo modo, pode-se utilizar as categorias *kaág* ou *kumrendy* para indicar proximidade social. Quando, entretanto, uma *tui* passa seus nomes para uma menina situada na categoria *tamtxúa* (que será especificada genealogicamente a seguir), não há mudança de termos, como no caso anterior, do termo nº 6. Quando uma *tui* morre, usa-se o termo *pinrog* após a categoria descrita acima.

8. tamtxúa — iF, FF, ff, Ff, ff, fi, Fie, fie (Ego masculino); FF, Ft, ff, fF, FI, Fi, FiM, fim (Ego feminino).

O termo é usado como vocativo e como referência. Do mesmo modo que ocorre com o termo nº 5, é possível distinguir os sexos, usando-se a expressão *partxóite* para um *tamtxúa* de sexo feminino e *apare* para um *tamtxúa* de sexo masculino. Esse termo admite a partícula *pinrog* quando a pessoa que ocupa essa definição morreu e está sendo referida.

TERMOS DE AFINIDADE

9. imbré-geti — Pe (referência). PM (idem, Ego feminino)
O termo *tukóyá* é usado para a mesma posição como vocativo.

10. papam-geti (referência e vocativo) — me

11. iprom (referência e vocativo) — esposa

12. papany (referência e vocativo) — irmã da esposa, mulher do irmão.

249

13. **Imbré** (referência) — esposa do Irmão. O termo *imbói* é usado como vocativo.
14. **idpienhon-ti** — marido da irmã. O termo *tukó* é usado como vocativo.
15. **txóiti** — eF, el (Ego feminino)
16. **tukó-ti** (referência) — marido da filha
17. **idpien** — marido
18. **ponmre-geti** — mãe do marido
19. **ponmre** — irmã do marido

3. ANÁLISE DOS TERMOS

Algumas características dos termos assinalados acima podem ser imediatamente percebidas. A primeira é que, com exceção de alguns termos para os parentes afins, eles admitem o uso de partículas indicadoras de relações sociais específicas (*re, ti, prin, kumrendy, kaág, prege* — ou *preke*). Isso indica que esses termos podem ser usados de modo indiscriminado e monoliticamente para classificar pessoas e relações sociais que escapam o campo dos parentes *kumrendy*. E essa foi uma das razões por que são chamados esses termos de "categorias para os parentes consanguíneos". Pois, de fato, eles se referem tanto a pessoas relacionadas a um dado Ego por meio de laços primários (como é o caso, por exemplo, dos avós maternos), quanto a pessoas cujos laços com um dado Ego são longínquos e difíceis de serem traçados com precisão. O segundo ponto é que o uso desses termos não corresponde a grupos sociais ou alinhamentos de pessoas no terreno, mas a classe e campos de relações. E como tal eles transcendem grupos sociais específicos. De fato, pode-se dizer que os termos são instrumentos de integração de campos sociais diversos, daí a sua forma de sistema. O terceiro ponto é que os termos para a geração imediatamente superior a Ego se caracteriza por ser do tipo fusão bifurcada (*bifurcate merging*), um elemento básico e necessário dos sistemas que distinguem os parentes cruzados dos parentes paralelos (cf. Lounsbury, 1964: 387).

Geração	Masculino		Feminino	
	Cruzado	Paralelo		Cruzado
2	geti			tui
1		pam	nã	
0	?	tõ	tõdy	?
-1		krã		
-2		tamtxúa		

Assim sendo, os tios cruzados são diferenciados dos tios paralelos e dos genitores e são equacionados aos avós maternos e paternos. Vejamos como os oito primeiros termos descritos nas páginas anteriores podem ser ordenados num diagrama.

O diagrama anterior, que foi idealizado por Lave para os Krikati (cf. Lave, 1967: 207), mostra as características indicadas acima de modo preciso. A terminologia Apinayé pode ser basicamente ordenada em termos do eixo cruzado/paralelo ao passo que sexo e geração não são coordenadas importantes na definição de algumas posições. Observa-se também, como ocorre com o diagrama de Lave, que os primos cruzados estão sem definição no esquema. Isso se deve ao fato de vários informantes Apinayé solucionarem essas posições com termos que variam segundo vários fatores. Voltarei a esse problema mais adiante. Por enquanto é conveniente assinalar apenas por que não iniciei a análise do sistema de termos tomando esse fato como crucial.

Embora os primos cruzados tenham sido o ponto focal para várias análises de sistemas de relações de Tylor a Rivers, não há nada de especial em relação a essas posições para que elas sejam assim tomadas, especialmente em sistemas onde não existe matrimônio prescritivo (cf. Maybury-Lewis, 1967: 214). Entre os Jê do Norte, o problema de uma definição para os primos cruzados surge com relativa nitidez, pois são estas as únicas posições genealógicas que variam de tribo para tribo e dentro da mesma tribo, como é o caso dos Krikati e dos Apinayé. Deixe-me tornar claro esses pontos. Todas as sociedades Jê do Norte possuem o mesmo repertório de termos que variam apenas dialetalmente, segundo o grupo. Assim, os oito termos descritos acima podem ser usados sem problemas para definir as mesmas posições genealógicas entre os Krahô, Krikati, Kayapó, Gaviões e Canela (cf. Nimuendaju, 1946: 104; Crocker, 1962; Keesing, s.d.). Mas os Kayapó definem os primos cruzados de modo a produzir equações de tipo Omaha, isto é, os primos cruzados matrilaterais são classificados como *nã* e *geti*; ao passo que os primos cruzados patrilaterais são classificados como *tamtxúa*. Entre os Gaviões e Krahô, essas posições são definidas de modo a produzir uma terminologia com feições Crow, isto é, os primos cruzados matrilaterais são chamados de *krá* e os primos cruzados patrilaterais são chamados de *pam* e *tui* (cf. Laraia & DaMatta, 1967: 108 para os Gaviões; e Melatti, 1967: 72 e 1970: 197). Entre os Krikati, existem variações terminológicas para essas mesmas posições, exceto quando se tomam os primos cruzados em função da transmissão de nomes (cf. Lave, 1967: 197). Aliás, variações para essas posições em conjunção com a transmissão de nomes são também encontradas entre os Krahô, como já observou Melatti (cf. 1967: 75).

O SISTEMA DE RELAÇÕES

O fenômeno da variação dos termos para primos cruzados, portanto, não é fora do comum entre esses sistemas.[8] Além disso, convém acentuar que são somente esses termos que variam e são permutados de modo inverso entre os Jê do Norte. Assim sendo, os Kayapó têm uma terminologia de primos do tipo Omaha; ao passo que os Timbira possuem uma terminologia com feições Crow. Ora, se são os termos para primos cruzados que variam, é possível assinalar que eles não são fundamentais para o entendimento da natureza dos sistemas terminológicos dos Jê do Norte. Em outras palavras, os termos para primos cruzados são as partes variantes dessas terminologias. As invariantes são as equações indicadas no diagrama da página 265. O problema então é interpretar essas equações que não variam entre todas as sociedades Jê do Norte, e depois procurar uma explicação para os usos alternados de termos para os primos cruzados.

Eu já indiquei que, entre os Apinayé, a passagem entre os sexos é equivalente a uma passagem entre gerações. Assim, no esquema da página 265, nota-se que os pais *pam* e *nã*, bem como os seus irmãos cruzados (isto é, os tios cruzados de um dado Ego), são designados por um só termo, diferente daqueles usados para os pais e irmãos paralelos dos pais. Além disso, tios cruzados e avós estão localizados numa área especial do sistema social Apinayé. As razões sociológicas e ideológicas para essa distinção são as seguintes:

---

[8] Essas variações terminológicas são também encontradas fora da área Jê, em outros sistemas de relações classificados como Crow-Omaha. Assim, dizem Schneider e Roberts na sua reanálise do sistema Zuni: "(...) em pontos cruciais a terminologia Zuni é enganadora; ela não é nem um tipo Crow nítido, nem é um tipo de terminologia de geração sem ambiguidades *em virtude de permitir termos alternados para os primos cruzados*" (1956: 15). E Sol Tax, falando de certas sociedades de outra área, diz: "(...) os Wintun e os Pomo têm a terminologia Omaha também, mas os mais Setentrionais dos últimos *têm uma terminologia de um tipo muito peculiar — intermediária entre Omaha e Crow*" (1937: 6; grifos meus). O mesmo ocorre com os Cochite, recentemente estudados por Robin Fox (1967). Infelizmente não é possível comparar todos estes sistemas neste livro, mas é possível que o fenômeno de usos de termos alternativos para os primos cruzados seja bastante geral em sistemas Crow-Omaha. Mais adiante voltaremos a esse problema, oferecendo uma solução a partir do material Apinayé.

1. A família nuclear é independente. Pode-se mesmo dizer que a família nuclear é o único grupo social claramente discernível no sistema social Apinayé. Além disso, a família nuclear possui roças e muitas vezes casas, sendo a unidade fundamental de cooperação econômica e reprodução social. Por outro lado, esse grupo — como já mostrei no Cap. II — é marcado por uma série de práticas sociais que sublinham não só a sua unidade social como também as relações entre os seus membros. Daí as práticas e a ideologia correspondente encontrada em conjunção com a família nuclear serem baseadas em relações de substância. Essas características sociais encontram ampla expressão nos termos assinalados acima, pois como se observa, os Apinayé usam para os seus genitores termos que descrevem virtualmente essas relações biológicas, fazendo uma distinção entre pais sociais e pais biológicos e, portanto, separando os genitores dos seus irmãos do mesmo sexo (vide termos 1 e 2).

2. Outra razão é a regra de residência uxorilocal, que provoca a separação dos irmãos cruzados. Essa regra de residência, por outro lado, faz com que as mulheres fiquem automaticamente organizadas em torno de uma casa (de onde não saem), mas coloca problemas para os homens, obrigados a se separarem com o casamento. Como corolário, a regra de residência reforça os laços entre duas irmãs, separando-as de seus irmãos do sexo masculino, afastados com o casamento. A ênfase entre irmãos paralelos, *vis-à-vis*, irmãos cruzados, é assim mais uma vez sublinhada. A expressão disto é sua manifestação no sistema de comportamento vigente entre os membros de uma família nuclear. Assim, os Apinayé dizem que entre pai (genitor) e filho há relações de grande intimidade e pouco constrangimento, o mesmo ocorrendo entre os irmãos. Mas entre as pessoas do sexo oposto (mãe/filho; irmão/irmã; pai/filha) há sempre respeito e distância social, isto é, relações marcadas por

piâm. Realmente, as relações entre pai e filhos do mesmo sexo é ainda mais claramente reforçada com a existência da instituição dos pais adotivos, ou dos arranjadores de nomes que, então, passam a ter controle jurídico (ou autoridade) sobre seus filhos adotivos (vide Cap. III). Assim sendo, as relações entre genitores e filhos (e muito especialmente entre pai-filho e mãe-filha) ficam vazias de conteúdo jurídico e podem ser expressas como relações simétricas, relações entre pessoas do mesmo sexo. É o que acontece para o Ego masculino entre os Apinayé (cf. termo nº 1). Assim um homem chama seu pai de *tõ-re*, mas isso não significa que esse homem irá suceder seu pai em algum cargo social como membro de algum grupo comum (como seria o caso num sistema de descendência paralela), mas porque entre filhos e genitor não existem distâncias já que a autoridade sobre criança foi transferida para um pai adotivo, responsável por ela nas disputas e conflitos fora de casa.

Além disso, o sistema de relações é marcado, entre os Apinayé, pela noção de substância comum que existe entre os membros da família nuclear. Assim, é possível para os índios falarem em sangue mais próximo ou mais distante quando eles se referem aos próprios filhos ou aos filhos de suas irmãs. Parece, pois, que a distinção entre irmãos paralelos e irmãos cruzados pode ser também explicada através de uma linguagem biológica, tal como ela é concebida entre os Apinayé, desde que se observem os seguintes fatos:

> a) Que os Apinayé fazem uma diferenciação axiomática entre os sexos e que um dos traços distintivos mais apontados é o fato de a mulher ter mais sangue que o homem. Daí sua fraqueza, sua lentidão e fragilidade física. É isso que explica a dieta alimentar dos jovens iniciandos, obrigados a comer certos animais, cuja carne é bastante tostada (para evitar o sangue). Assim procedendo, eles ficam mais leves e se trans-

formam em melhores corredores. Simbolicamente, os laços entre eles e o mundo feminino da periferia da aldeia é cortado. Eles ficam, assim, prontos a penetrar no mundo dos homens após a iniciação.

b) No plano do sistema de relações, a consequência disso é a seguinte: quando se passa de irmão do mesmo sexo para um irmão do sexo oposto, está se passando também de um indivíduo igual para um indivíduo estruturalmente diferente. Daí a justificativa do uso de termos como *tamtxúa* para os filhos da irmã (ou do irmão, no caso do Ego feminino) e para os filhos dos filhos. Em outras palavras, duas pessoas que têm o mesmo sexo ocupam a mesma posição estrutural no sistema e, assim, estabelecem as mesmas relações; ao passo que pessoas de sexo oposto estabelecem relações que são equivalentes a uma passagem entre gerações.

Tudo isso leva a uma separação da família nuclear do resto da parentela, bem como a uma separação dos parentes cruzados e dos parentes paralelos. De fato, pode-se dizer que todas as pessoas situadas fora da família nuclear e do grupo primário de substância são, real ou potencialmente, um parente cruzado, isto é, um parente cerimonial. Assim, os irmãos paralelos dos genitores são idealmente os pais adotivos e os arranjadores de nomes para os filhos dos seus irmãos do mesmo sexo. E os avós e tios cruzados (irmãos cruzados dos genitores de um dado Ego) são os nominadores reais ou potenciais destas crianças. É então possível dizer que a família nuclear marca um campo de relações sociais que é ampliado por pessoas do mesmo sexo dos pais e, finalmente, que os irmãos de sexo cruzado dos pais, bem como seus pais, marcam um outro campo de relações sociais.

O SISTEMA DE RELAÇÕES

Num esquema, pode-se visualizar essas relações do seguinte modo:

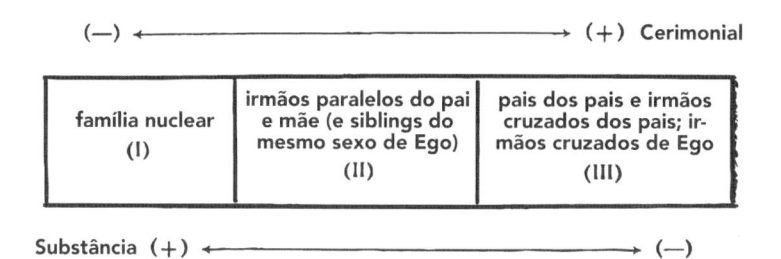

(—) ←——————————————————→ (+) Cerimonial

família nuclear (I)	irmãos paralelos do pai e mãe (e siblings do mesmo sexo de Ego) (II)	pais dos pais e irmãos cruzados dos pais; irmãos cruzados de Ego (III)

Substância (+) ←——————————————————→ (—)

O leitor há de notar que esse diagrama é outra variante do esquema apresentado na figura da página 244. Aqui também temos três áreas ou dimensões de contrastes marcados. Mas as esferas I e II podem ser tomadas como mais próximas em termos das relações de substância, fato que se reflete na terminologia de referência, pois os Apinayé não distinguem (no sistema de referência) os genitores dos *pater* ou pais adotivos (arranjadores de nomes). Assim sendo, é possível dizer que essa área é marcada por uma ideologia que é um prolongamento daquela vigente com mais vigor na área I. Quando se atinge a área III, porém, dos *geti-tui-re/tamtxúa*, o sangue é considerado fraco para ser tomado como um elemento fundamental na justificativa do comportamento social. Do ponto de vista desta dimensão, portanto, essas relações podem ser tomadas como marginais ou periféricas. Elas marcam os limites teóricos da parentela de um dado Ego no que diz respeito às relações sociais que são ali formadas e que possuem efetividade social. Mas se isso é correto em termos das relações de substância, em termos da dimensão cerimonial essas pessoas (ou posições) são fundamentais, pois são elas as nominadoras reais ou potenciais de um dado Ego masculino ou feminino. Assim, quando as relações de sangue tornam-se inoperantes, há uma volta ou retorno dessas categorias marginais na forma de parentes cerimoniais. Realmente, quando os Apinayé procuram explicar por que o uso de termos Crow (ou Omaha) para os primos cruzados patri ou matrilaterais, eles falam que "Esses parentes voltam" ou que "Eles estão voltando". No plano sociológico, é assim que pretendemos explicar essas afirmativas, pois há realmente uma volta, mas em termos de relações cerimoniais.

O sistema de relações Apinayé, então, pode ser visto como encapsulado num ciclo, onde há uma troca de substância por laços cerimoniais. É através deste mecanismo que o sistema social Apinayé gera os seus grupos cerimoniais e, como consequência, reintegra os homens da sua sociedade em grupos sociais mais inclusivos.

Visto num plano ideal, portanto, o dualismo do sistema se manifesta também claramente no sistema de classificação de pessoas e relações sociais, pois quando o sangue deixa de ser o elemento básico na classificação, as relações passam a ser potencialmente cerimoniais. E esse dimensionamento cria um conjunto de laços sociais de natureza diferente, mas todos essenciais na formação e na definição da *pessoa* Apinayé.

Resumindo, é possível dizer que o sistema de relações Apinayé é marcado por duas áreas:

Esfera Doméstica	Esfera Cerimonial
Família Nuclear (um grupo social).	Classes de pessoas e relações sociais.
Substância (sangue), elemento interno e biológico.	Cerimonial — trocas, nomes, decorações: elementos externos e sociais.
Relações marcadas pelo mesmo sexo.	Relações marcadas por diferenças de sexo e geração.
Possibilidade de estabelecer gradações entre relações e grupos sociais.	Impossibilidade de estabelecer gradações entre grupos e pessoas.

O SISTEMA DE RELAÇÕES

pam-nã/krá

Limites dados pelas relações que circundam a família nuclear.

geti-tui/tamtxúa

Limites são indeterminados, podendo incluir todo o grupo--local.

De modo simplificado, portanto, pode-se dizer que as equações terminológicas *tios cruzados = avós maternos e paternos* estão em correspondência direta com a regra de residência uxorilocal e com diferenciações ideológicas ou simbólicas entre homem e mulher. Aliás, neste contexto, é interessante observar que, na terminologia de afinidades, as posições irmão da mulher e pai da mulher são identificadas no sistema de referência, já que essas posições são ocupadas pelos homens que possuem controle do grupo dos afins quando Ego masculino se casa. Essas são as pessoas para quem Ego masculino deve trabalhar e executar serviços, especialmente para o seu sogro (*imbré-geti*), que permanece na casa. Já os afins que têm o mesmo sexo da esposa são diferenciados dela, mas identificados com o termo *papany* (que tem a forma *papan-geti* para a mãe da esposa). Os Apinayé, consistentemente com a ênfase na família nuclear, já indicada, separam a esposa da cunhada, embora os filhos desta última sejam chamados de *krá*. De modo coerente com essa ênfase, o marido é chamado pelo sogro de *tukó-ti* e o recíproco deste termo é *tukóyá*, o que revela a integração de um homem no grupo dos afins. As relações entre as pessoas que ocupam as posições mencionadas acima, com exceção da mulher (*iprom*), são marcadas por *piâm*, que alcança o seu ponto extremo nas relações entre o marido e os pais da sua esposa, e entre o marido e o seu cunhado. Essas separações, em termos de respeito e vergonha, marcam separações entre famílias nucleares e indicam transformações dos afins em parentes próximos, um mecanismo frequente no sistema de classificação dos Apinayé.

As relações de afinidade podem ser então definidas através de dois modos básicos. O primeiro é quando um homem é recém-casado e vai morar com sua esposa. Nesta fase ele ainda está mal integrado na casa dos seus afins e assim utiliza todas as regras que colocam essas pessoas como separadas dele. É nesta fase que começa a transformação dessas pessoas "distantes" em pessoas "próximas". Com a vinda dos seus filhos e com a saída dos seus cunhados do grupo dos afins, Ego masculino vai ganhando uma posição de comando cada vez maior dentro desse grupo. Então, ele está suficientemente orientado para essas pessoas para considerá-las como parentes *kumrendy*, pois o seu sangue já está misturado com o de sua mulher. Num certo sentido, os afins são relações que passam pelo seguinte processo: (a) são completamente estranhos e as relações iniciais são marcadas por trocas de serviços sexuais (entre marido e mulher), por força de trabalho que o marido coloca à disposição do grupo em que casou. Essas relações iniciais são, substancialmente, uma continuação mais sistemática e cotidiana do próprio cerimonial de casamento, quando uma primeira troca é estabelecida entre os dois grupos domésticos, pois o ritual de casamento Apinayé é sublinhado por uma troca de um gigantesco bolo de carne pela esposa (cf. Nimuendaju, 1956: 62). E (b) quando essas relações de troca passam a ser consubstanciadas pelos filhos do casal, que representam a sua união e a mistura do seu sangue. Assim, vai-se de relações tipicamente cerimoniais para relações de sangue, um processo que de certo modo reverte o que ocorre quando um homem Apinayé é incorporado a grupos cerimoniais e à vida política da aldeia, depois que recebe nomes e um amigo formal.

4. O PROBLEMA DOS TERMOS PARA OS PRIMOS CRUZADOS

Até agora, a análise esteve concentrada nas partes do sistema de relações Apinayé que eu resolvi chamar de "invariantes". Isto é, aquele conjunto de termos para os quais não há discrepâncias entre os informantes, termos que concordam com algumas correções menores e óbvias com os dados apresentados por Nimuendaju (1939: 110; 1956: 141, 142), e que são cognatos dos termos utilizados pelas outras sociedades Jê do Norte. Vejamos, entretanto, com detalhes, a área do sistema de relações Apinayé onde as condições mencionadas acima não são obtidas. Essa área, como já acentuamos anteriormente, é a dos primos cruzados matri e patrilaterais.

Na versão americana do livro sobre os Apinayé, publicada em 1939, Nimuendaju apresenta um sistema para primos cruzados totalmente discrepante (1939: 110. Veja-se também Maybury-Lewis, 1960). De fato, o sistema não é só fora do comum, como também admite várias possibilidades terminológicas, todas problemáticas. Vejamos quais são os termos apresentados por Nimuendaju:

flm = **idpigkwá** (= **itõdy**, vide termo nº 4)
Flm = **krã-tum** (ou **geti**, vide termo nº 6)
fiP = **tui-re**
FiP = **krã-tum**

As duas primeiras posições podem ser alternadamente chamadas de *tamtxúa*, o mesmo ocorrendo com as duas segundas.

Esse sistema segue um padrão típico dos Jê do Norte, pois os termos promovem e indicam uma união ou identificação de posições situadas em gerações diferentes. Mas os dois primeiros termos não são coerentes com os seus recíprocos. Assim, se Ego masculino ou o Ego feminino chama seu Flm de *krã-tum*, ele deveria chamar o seu FiP de *tamtxúa*. Mas tal, como vemos, não ocorre. Por outro lado, se ele chama sua fiP de *tui-re*, ele deveria chamar sua flm de *tamtxúa*. Mas isso, como igualmente se nota, não ocorre. Além disso, Nimuendaju não produz nenhum mapa genealógico da tribo e não revela como colheu esses termos. Os Apinayé, quando falei sobre esse assunto, indicaram que Nimuendaju somente trabalhou com o chefe da aldeia de Bacaba (hoje, São José), com o velho conselheiro da mesma aldeia e com sua filha, tal como ele mesmo indica na introdução do seu livro (1956: 13; 1939: 16).

Em 1956, quando Nimuendaju publicou a versão brasileira do mesmo livro, uma versão "revista, anotada e corrigida" (1956: viii), os termos para os primos cruzados são definidos de modo mais simples e mais claramente. De fato, nesta edição temos:

flm = **tui-re**   fiP = **tamtxúa**
                e
Flm = **krã-tum**   FiP = **tamtxúa**

Essa "solução", portanto, não possui termos alternativos ou discrepantes. Ela segue um padrão "Omaha", sendo muito próxima da terminologia encontrada entre os Kayapó por Terence Turner (1966: 452ss). As equações para os primos cruzados matrilaterais apresentam algumas dificuldades, já que temos dois "siblings" sendo designados por termos que, na primeira e segunda geração ascendente, são usados para relações de afinidade, pois elm, mm, Pm = *tui-re* e PP, Pm e MiP = *geti* (*krã-tum*). Mas embora essas equações sejam discrepantes, elas não são totalmente fora do comum na América do Sul,[9] pois um sistema terminológico semelhante

---

[9] Maybury-Lewis (1960a: 208) chama a atenção para o mesmo problema na sua análise do sistema terminológico Apinayé.

O SISTEMA DE RELAÇÕES

é encontrado entre os Sirionó da Bolívia (cf. Holmberg, 1960: 53). Realmente, esse padrão terminológico seria coerente com a identificação sociológica entre genitor-filho, genitrix-filha encontrado entre os Apinayé e que expressa a unidade da família nuclear dentro do kindred bilateral. Essas equações seriam, assim, como já apontou Terence Turner, indicativas da integração dos maridos na casa dos seus afins (cf. Turner, 1966). Deste modo, em vez de os Apinayé usarem o termo *nã* para a posição fIm, eles usariam o termo *tui-re*, dando mais ênfase ainda que os Kayapó na unidade da família nuclear.[10]

Essa, porém, como veremos a seguir, não é a única solução encontrada entre os Apinayé para essas posições genealógicas. Mas, pode-se sugerir, ela é uma solução plausível, desde que se considere o papel das famílias nucleares na sociedade Apinayé e a identificação social entre pai (genitor) — filho como uma função da regra de residência uxorilocal e da consequente integração dos homens na casa dos seus afins. Aliás, é assim que Turner explica de modo satisfatório a feição Omaha dos termos para primos cruzados entre os Kayapó (cf. Turner, 1966).

Em 27 "soluções" para primos cruzados colhidas através de genealogias ou por meio de entrevistas com homens e mulheres Apinayé, oito são soluções que seguem um padrão Omaha, tal como ocorre entre os Kayapó. Assim sendo, nestas oito "soluções", fiP e FiP = *tamtxúa* e fIm — *nã*, FIm = *geti*. O problema, porém, é que

---

[10] Numa análise ainda não publicada do sistema terminológico Inca, Lounsbury tenta explicar essas equações postulando uma regra de "descendência paralela" que seria aplicada em sistema como o dos Inca e os Jê do Norte que ele chama de "complementary Crow-Omaha". Creio que a caracterização geral destes sistemas é correta, mas tenho que discordar de Lounsbury quando ele postula tal regra de descendência paralela para os Apinayé. Como vemos, essas equações podem ser satisfatoriamente explicadas como resultados da interação entre famílias nucleares em sistemas onde não existem grupos formados por tal tipo de descendência. O problema com análises formais é tomar terminologias como códigos e construir regras com aparente valor sociológico a partir de termos, quando pode ser muito bem o caso de termos serem apenas resultados de instituições mais básicas. Assim, pode-se ter duas ou mais terminologias Omaha provocadas por instituições inteiramente diversas, mas isso não pode ser levado em conta pelas regras do Prof. Lounsbury (cf. Lounsbury, 1964).

existem igualmente oito soluções de tipo Crow, obtidas através das mesmas técnicas. Três em que a terminologia de primos cruzados é havaiana (eles são identificados com os irmãos e, em consequência, com os primos paralelos matri e patrilaterais) e quatro soluções totalmente discrepantes e fora do comum, geralmente colhidas por missionários do Summer Institute of Linguistics. As três soluções restantes, destes 27 casos, são indeterminadas, implicando a possibilidade de termos Crow ou Omaha para as mesmas posições genealógicas.

Numa perspectiva tipológica, pode-se dizer que os Apinayé constituem um grupo anômalo ou que eles estão sofrendo os efeitos de mudança social. A primeira sugestão eu elimino porque, como já indiquei linhas atrás, as variações são apenas nos termos para os primos cruzados. A segunda é importante, ainda que não seja crucial (pelas mesmas razões indicadas acima), e será levada em consideração mais adiante. Mas o problema central parece ser o de explicar a possibilidade destas soluções aparentemente desconcertantes. Para tanto, eu gostaria de recapitular alguns argumentos, chamando a atenção para mais alguns pontos básicos.

a) Como já revelei, as equações invariantes nos sistemas de relações dos Jê do Norte são as seguintes:

MiP = PP = Pm = Im = *geti*

recíproco = **tamtxúa**

elm = mm = mP = iP = *tui*

Sobre esses termos, não há dúvidas entre os Apinayé, e todos os informantes produzem a mesma terminologia para as posições indicadas acima. Isso é bem uma indicação da sua importância para o sistema.

O SISTEMA DE RELAÇÕES

b) Do ponto de vista formal, essas equações certamente indicam todas as possibilidades terminológicas encontradas entre os Jê do Norte. De fato, elas são tipicamente "complementary Crow-Omaha", como diz Lounsbury (1964a). Isso porque, como se observa facilmente, elas já trazem uma identificação de posições situadas em duas gerações diferentes, tal como ocorre com a terminologia para afins (onde eI e Pe = *imbré* e *imbré-geti*, o Ego masculino e *ponmre* e *ponmre-geti* para mi e mM, o Ego feminino). Assim sendo, os termos *geti/tui* (e seus cognatos entre os outros Jê do Norte) possuem várias possibilidades "geradoras".[11] De um lado, elas podem "gerar" *nã* ou *tui*; de outro, podem gerar *pã* e *geti* e, como consequência, seus recíprocos. Como no diagrama abaixo:

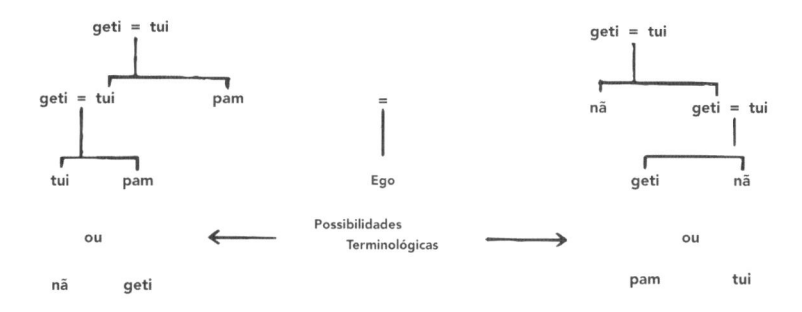

```
        geti = tui                                    geti = tui
       ┌─────┴─────┐                                 ┌────┴────┐
  geti = tui     pam          =                      nã      geti = tui
  ┌───┴───┐                                                  ┌───┴───┐
 tui     pam                 Ego                            geti     nã

  ou          ←   Possibilidades   →                         ou
                  Terminológicas
 nã      geti                                               pam     tui
```

---

[11] É curioso e importante observar que, de algum modo, nós retemos as equações avós — tios, mas apenas no que diz respeito ao comportamento, observando distinções terminológicas entre as gerações. Mas, segundo Lounsbury, na sociedade Romana e Germânica, havia equações terminológicas exatamente iguais às do Jê do Norte, a saber: Im = *avunculus* = diminutivo de *avus* = grandfather "or that a man's sister's children were, like his daughter's children and his son's children, *nepos* and *neptis*" (1964: 375). Lounsbury, portanto, conclui dizendo que o sistema de relações Romano e Germânico era Omaha. Mas é possível desenvolver para esses sistemas o mesmo modelo de possibilidades alternadas a partir das identificações tios = avós que ocorrem entre os Jê do Norte, indicando soluções Crow ou Omaha como resultados terminológicos para os primos cruzados. Isso seria especialmente interessante desde que se leve em conta a bilateralidade que finalmente dominou os sistemas europeus.

Em outras palavras, dado o fato de todos os *geti* e todas as *tui* serem posições potencialmente importantes na esfera cerimonial, elas são classificadas sem distinção. Assim sendo, obtém-se uma identificação entre gerações que têm a *possibilidade intrínseca de produzir termos para primos com uma feição Crow ou Omaha*. Isso mostra que as equações invariantes (e cruciais) dos sistemas de relações dos Jê do Norte já indicam a possibilidade de uma solução Crow ou Omaha para os primos cruzados.

c) O problema dos primos cruzados, e sua classificação entre os Jê do Norte, é o de explicar por que os Kayapó fixaram essas posições genealógicas dentro de um padrão Omaha e por que algumas sociedades Timbira de Leste (vg. Krahô, Gaviões e Canela) fixaram as mesmas posições num padrão Crow. Para esclarecer essa importante questão, a terminologia Apinayé, com todas as suas discrepâncias e dificuldades, está numa posição privilegiada. Isso porque, como vemos, os Apinayé oscilam entre termos Crow e Omaha. Vejamos inicialmente as variações Apinayé.

No campo, enquanto colhíamos esses termos, ficou claro em pelo menos três entrevistas que essas variações poderiam ser produzidas segundo a ênfase colocada pelo informante em certas relações. Assim, por exemplo, quando estava entrevistando um dos meus informantes sobre os nomes, ele disse que as relações entre nominador-nominado eram como as relações entre irmãos do mesmo sexo. Eles eram idênticos socialmente porque tinham o mesmo nome. Pois bem, quando após essa observação eu indaguei sobre os termos para os primos cruzados, perguntando como o seu *krã-dúw* chamava os seus filhos, obtive sem maiores problemas (como geral-

O SISTEMA DE RELAÇÕES

mente não acontece nesta área entre os Apinayé) uma classificação de primos cruzados de tipo Crow. Posteriormente repeti essa mesma experiência com dois outros informantes, obtendo o mesmo resultado. Mas se em outra ocasião eu perguntasse à mesma pessoa os termos para as mesmas posições abstratamente, isto é, sem mencionar os nomes, a resposta era totalmente diferente.

Parece, pois, plausível dizer que as soluções para primos cruzados do tipo Crow são soluções em que os informantes estão tomando como base uma relação social em detrimento de outras. Caso a focalização seja os nomes, a solução é a mesma da solução Krahô e Gaviões. Poder-se-ia dizer, porém, que isso é uma coincidência, caso o mesmo não ocorresse com os Krikati e com os Krahô, onde há casos de mulheres produzindo soluções Omaha, desde que as suas relações com sua nominadora sejam extremamente importantes. Quando isso acontece, a irmã do pai, que é a nominadora para o Ego feminino, passa a se identificar estruturalmente com o Ego e, em consequência, o Ego feminino chama os filhos de iP de "filhos", produzindo um desequilíbrio terminológico de tipo Omaha. Por isso, conclui Melatti, "A feição Omaha surge apenas em casos concretos de transmissão de nomes pela irmã do pai, permanecendo a terminologia de tipo Crow inalterada quanto aos descendentes dos demais irmãos do pai" (Melatti, ms. 1; 22). Esse exemplo é significativo para o tipo de argumento que estou tentando desenvolver aqui porque ele indica que, mesmo numa sociedade onde as variações dos termos para primos cruzados são mínimas, elas podem ocorrer devido às possibilidades do sistema institucional. Em outras palavras, quando há um desequilíbrio no sistema de instituições e uma delas é privilegiada, o sistema terminológico acusa essa mudança com o uso de outros termos. Mas a possibilidade de produzir um sistema de primos cruzados de tipo Crow ou Omaha está sempre presente.

O caso dos Krikati é ainda mais importante para a etnografia dos Apinayé, no que diz respeito à variação mencionada acima. Isso porque entre os membros desta sociedade só é possível fixar os termos para primos cruzados quando se introduzem as relações entre os nominadores e nominados. Fora disso, os Krikati oscilam entre vários termos, tal como acontece com os Apinayé (cf. Lave, 1967: Cap. 6 e 7).

Parece, pois, que entre os Timbira de Leste a nominação e a passagem dos nomes tendem a produzir resultados terminológicos do tipo Crow e isso pode ser explicado pela estrutura da nominação destas sociedades, onde o irmão da mãe é sempre tomado como o nominador preferencial e onde existe ênfase maior ou menor na reciprocidade e a passagem dos nomes se dá entre irmãos de sexo cruzado. Assim, entre os Canela e Krikati, por exemplo, se eu dou meus nomes para o filho da minha irmã, ela deverá dar os seus nomes para minha filha (cf. Nimuendaju, 1946: 77; Keesing, s.d.; e Lave, 1967). A fixação dos termos para primos cruzados nestes grupos, assim, parece ser uma resultante de vários fatores, entre os quais: (a) a função dos nomes como instrumentos de classificação social para os homens, entre os Timbira (cf. Cap. III); (b) o papel do Im como elemento crucial na transmissão de nomes para os homens, em detrimento de outras posições que podem também transmitir nomes mas não o fazem com a mesma frequência (vide Melatti, ms 1 e 2); e, como consequência, (c) uma maior integração das famílias nucleares nas famílias extensas matrilocais. Só existem variações quando há uma desproporcionada ênfase no nominador, como ocorre em alguns casos de transmissão de nomes para mulheres entre os Krahô.

O teste para essa explicação das variações em função de relações institucionais tomadas como proeminentes é dado pela variação dos termos Apinayé na sua feição Omaha e pelo caso dos Kayapó, onde uma feição Omaha é constante. Neste último grupo, a feição Omaha do sistema de relações é explicada pela integração dos maridos na casa dos seus afins, pela consequente proeminência da família nuclear (cf. Turner, 1966) e, eu acrescentaria, pelo papel do pai adotivo como um elemento básico na classificação dos homens daquela sociedade. Mas deixe-me repetir em outras palavras e sumariamente o que já adiantei no Cap. III em relação aos Kayapó. Entre os Timbira e os Apinayé, as relações nominador-nominado são públicas ou cerimoniais. Elas criam estruturas e grupos sociais bem definidos. Mas, entre os Kayapó, as relações nominador-nominado são individuais. Elas criam laços individuais, privados. Assim sendo, não é um *geti* (ou um transmissor de nomes) que incorpora um jovem nos grupos públicos mais importantes da sociedade Kayapó (os grupos masculinos que ficam localizados na Casa dos Homens), mas uma figura que assume o papel e é chamado de pai (*pam kaág*), isto é, um *pai adotivo*. A mediação entre o doméstico e o cerimonial é feita, portanto, por um *pai simbólico*, em oposição a *um genitor* e a *um geti*. Assim sendo, a classificação dos primos cruzados é realizada tomando-se por base a relação entre *pai adotivo-filho* e sua consequente identificação estrutural. Do mesmo modo que entre os Krahô nem todos são nominados por um Im, mas todos utilizam uma solução Crow; entre os Kayapó o pater é separado do genitor, mas a terminologia e a classificação das relações sociais é feita como se fosse ele a figura pública principal. Assim sendo, os Kayapó classificam os fiP e FiP como "sobrinhos-netos" (= *tamtxúa*) e os flm e Flm como, respectivamente, mãe (= *nã*) e "irmão da mãe-avô" *(geti)*. A fixação de uma feição Omaha, portanto, depende da preeminência simbólica e sociológica de uma relação social; ou melhor, da projeção de um papel social desempenhado dentro da família nuclear como um elemento crucial na esfera pública. Assim, entre os Kayapó, um pater é quem faz a mediação entre o público e o privado; ao passo que entre os Timbira é um nominador.

Os termos Omaha obtidos entre os Apinayé podem ser submetidos ao mesmo tipo de explicação, como vimos páginas atrás quando apresentamos os termos apresentados por Curt Nimuendaju. Seria possível então sugerir que a variação dos termos para primos cruzados entre os Apinayé seria uma resultante de dois fatores:

1. Da nominação que nesta sociedade tem um caráter peculiar, parecendo ser uma perfeita síntese de instituições Kayapó e Timbira de Leste.[12] Isso porque, como vimos no Cap. III, a nominação Apinayé, embora estabeleça uma ligação entre um *geti* (o nominador) e um *tamtxúa* (o nominado), também coloca uma ênfase nos parentes paralelos (verdadeiros, falsos ou putativos) dos genitores. E são esses chamados "pais adotivos" que vão buscar o nome para a criança e não os seus próprios pais. Além disso, esses pais adotivos são responsáveis juridicamente pela criança. Ora, essas duas relações remetem, respectivamente, aos Timbira de Leste (quando se trata dos nomes) e aos Kayapó, quando se salientam os pais adotivos (arranjadores de nomes e protetores jurídicos das crianças). É então legítimo postular que as variações encontradas entre os Apinayé sejam motivadas por uma ênfase ora nos transmissores de nomes, ora nos pais adotivos. Se a primeira relação é proeminente ou sublinhada, então seria possível prever um resultado Crow para a classificação dos primos cruzados. Se ocorre uma saliência da segunda relação, então seria possível prever uma terminologia do tipo Omaha.

---

[12] Isso é coerente com a posição geográfica da tribo, situada entre os Timbira de Leste e os Kayapó a oeste do rio Tocantins.

2. O segundo fator é um corolário do primeiro. Se, realmente, os Apinayé podem dar ênfase tanto ao nominador quanto ao pater ou ao genitor, então as variações são decorrentes da importância e do equilíbrio de todas essas relações *vis-à-vis* uma das outras. Neste sentido, pode-se dizer que a previsão do resultado terminológico é impossível de ser dado *a priori*, mas seria possível o seu estabelecimento quando se sabe como cada relação é vista e considerada por um dado Ego. Mas, embora isso seja uma tarefa viável de um ponto de vista teórico, ela é extremamente difícil de ser testada com relações reais, dados os problemas demográficos e os arranjos sociais decorrentes da vida social Apinayé. Aliás, talvez sejam exatamente esses fatores os responsáveis pela flexibilidade do sistema terminológico Apinayé.

Em conclusão, é possível dizer que as variações encontradas para os primos cruzados entre os Apinayé não são anomalias. Pelo contrário, elas parecem ser plenamente plausíveis dentro do quadro etnográfico dos Jê do Norte. Assim, foi possível sugerir explicações tomando as instituições e relações vigentes em cada uma dessas sociedades e revelando como os Apinayé podem oscilar entre soluções aparentemente opostas. O tipo de terminologia resultante, assim, não indica sistemas sociais diversos, ou discrepâncias num mesmo sistema, mas ênfase em certas relações sociais e certas instituições, todas elas presentes nas sociedades Jê do Norte e entre os Apinayé.

5. CONCLUSÕES

O sistema de relações Apinayé pode ser interpretado tomando-se como base a dicotomia doméstico ou privado versus público ou cerimonial. Os termos usados para os *kwóyá* podem ser conceitualizados numa matriz binária, onde o par *geti-tui* e seu recíproco *tamtxúa* estão em oposição ao par *pam-nã* e seu recíproco *krá*. Os primeiros termos marcam relações e uma área cerimonial. Os segundos, relações cujo paradigma é dado por uma substância comum, o sangue. Mas numa perspectiva total, isto é, como sistema terminológico, todas essas categorias podem ser vistas e analisadas como instrumentos de ligação entre os domínios básicos da sociedade Apinayé.

O sistema de relações Apinayé, portanto, pode ser visto como um mecanismo capaz de resolver as tensões entre os domínios público e privado. Alguns termos, como vimos, estão centralizados em relações de substância; outros, em relações cerimoniais, mas, enquanto formam um sistema, eles constituem um *continuum*, uma linguagem. E é essa linguagem que permite aos Apinayé a tradução de várias relações sociais, bem como a ligação conceitual e classificatória de domínios que estão radicalmente separados da vida cotidiana.

CAPÍTULO V

O SISTEMA POLÍTICO

NOS CAPÍTULOS ANTERIORES, APRESENTEI O CONJUNTO DE NORmas ou regras que servem como matriz para a sociedade Apinayé. Isso não significa que tratei exaustivamente de todas as regras e indica apenas que procurei revelar o mínimo que um "estrangeiro" precisa saber para adquirir competência no universo desses indígenas. Tendo em mente as regras que comandam a vida diária Apinayé, bem como aquelas que formam os seus grupos cerimoniais e promovem sua continuidade como grupo, pode-se dizer que é possível navegar naquela cultura com certa segurança.[1]

Nos capítulos anteriores, portanto, foram poucas as ocasiões em que procurei tratar das dificuldades da *aplicação* destas regras em situações dadas na vida real. Por exemplo, quando falei da vida cotidiana Apinayé, mencionei a família nuclear e os grupos residenciais (bem como suas ideologias) como elementos básicos de seu entendimento como unidades sociais, mas não especifiquei como esses grupos se organizavam no terreno, como eles se comunicavam entre si e como eles poderiam operar com agências capazes de influenciar o comportamento de pessoas situadas em famílias nucleares e grupos residenciais diferentes.

---

[1] Como se observa, estamos seguindo aqui a formulação hoje clássica de Goodenough (1964).

É exatamente esse tipo de problema que desejo abordar neste capítulo. Pretendo, pois, concluir este livro abordando alguns aspectos da aplicação dessas regras e como elas, por conseguinte, são manipuladas, estendidas, contraídas e reformuladas para atingirem certos fins. Minha justificativa para denominar esse tipo de estudo de "sistema político", portanto, não é nada original, nem fora do comum, pois "política" nada mais é do que o estudo de temas como "controle de conflitos", "competição", "disputas" e outros processos disjuntivos da vida social e nós sabemos que o ponto central dessas descontinuidades entre grupos e indivíduos jaz precisamente nos problemas decorrentes da aplicação de normas, regras ou ideais culturais e processos e situações engendradas pela prática social.

De fato, regras de comportamento são necessariamente menos flexíveis do que as situações que elas classificam. Assim como em Linguística, existem problemas em dizer se uma frase é ou não gramatical, sendo portanto necessário obter consenso entre os gramáticos para estabilizar certas formas como corretas e outras como incorretas; e nós sabemos que muitas dessas decisões são arbitrárias (daí as discussões entre os gramáticos). Num sistema cultural existe o mesmo problema. Mas aqui os gramáticos são os grupos que detêm o poder, e o sistema de regras culturais com suas respectivas aplicações em casos ambíguos ou difíceis é chamado de jurisprudência.

Nesta perspectiva, portanto, *poder* e *autoridade* nada mais são do que a capacidade de um indivíduo ou grupo de decidir não só sobre quais são os tipos de comportamento indesejáveis ou não gramaticais, mas, e isso é importante, de mudar as próprias regras do jogo social. Em ambos os casos, a ação é realizada sobre os modos de aplicar códigos culturais a situações reais. Deste modo, poder e autoridade remetem diretamente à coletividade ou a aspectos públicos das ações sociais. Além disso, o problema crucial parece ser o problema de *legitimar* essas decisões. Pois, num certo sentido, legitimar, como aponta Friedrich, coloca duas ordens de problemas: "(1) a lógica das relações entre poder e norma e (2) a aceitabilidade ou popularidade das próprias normas" (1968: 244). Do meu ponto de vista, o primeiro problema é, na realidade, o problema de todo sistema social, e o estudo dessas relações entre poder e norma é o que eu chamo de sistema político. O segundo, por outro lado, decorre do primeiro. Pois aqui trata-se de convencer, ou forçar uma população a aceitar as relações que foram estabelecidas em primeiro lugar. E isso, como se sabe, só pode ser realizado quando o grupo que tomou a decisão inicial possui os meios de exercer sobre a sociedade a coerção necessária para fazer com que ela aceite a sua decisão.

Neste capítulo, então, vou apresentar primeiramente os grupos que possuem o poder político na sociedade Apinayé. Vale dizer, os grupos (e os indivíduos que lideram esses grupos) que, por força de sua posição na estrutura da sociedade Apinayé, podem decidir sobre certas ações sociais e dizer quando elas são "corretas" ou "incorretas", sendo a medida aqui obviamente o interesse do grupo, tomado como o interesse coletivo. Nesta parte, o meu objetivo principal será mostrar os princípios de organização e composição desses grupos, tentando isolar as suas propriedades mais salientes e invariantes. Em seguida, vou passar ao estudo das agências capazes de exercer coerção social de modo direto. Será meu interesse, então, falar do chefe Apinayé e discutir o seu poder, qualificando a sua posição no meio da tribo. Finalmente, desejo discutir o que pode ser chamado de "disputa pelo poder". Isto é, como os grupos que competem pelo controle dos negócios públicos da aldeia se relacionam entre si no plano político. E quais são os instrumentos utilizados pelos grupos que estão fora do poder, a oposição. Nesta parte será meu objetivo revelar o processo político da sociedade Apinayé, ou seja: como o poder político fica ameaçado e quais são os instrumentos que constituem essa ameaça.

1. OS SEGMENTOS RESIDENCIAIS E O SISTEMA POLÍTICO

Nós já vimos que os Apinayé (como os Timbira em geral) podem ser contrastados com os Xavante-Xerente e com os Kayapó como grupos que não possuem uma instituição capaz de canalizar a sua vida política. Realmente, enquanto os Xavante e os Kayapó possuem instituições que organizam os homens em grupos mais ou menos compactos, como as linhagens e clãs patrilineares (Xavante) e a Casa dos Homens (Kayapó), os Apinayé e os outros não possuem nada semelhante. Muito ao contrário, os seus grupos essencialmente masculinos, como as classes de idade e os grupos da praça ou de nomes, são destinados muito mais a exercerem um papel integrador. Esses são grupos que aparecem especialmente durante os cerimoniais de iniciação e suas funções são francamente comunitárias. Com isso eu pretendo dizer que esses grupos estão orientados em ideais e em comportamento para os valores coletivos. Entre os Apinayé, por exemplo, os homens ficam reunidos nas metades *Kolti* e *Kolre*, mas esses grupos, como vimos no Cap. III, são concebidos como complementares. Assim a divisão, além de ser total, é uma divisão orientada para os aspectos cósmicos da sociedade Apinayé. Quando reunidos nessas metades, a ênfase não cai nas divisões estabelecidas através da vida diária e tendo em vista alinhamentos de pessoas reunidas para o exercício de alguma tarefa prática. Ao contrário, a divisão dos homens em metades remete aos aspectos transcendentes da ordem social Apinayé, unindo esses grupos a uma série de oposições que são fundamentais na ordenação do universo desses índios. Assim sendo, essas divisões são elementos que, para usar os termos de Victor Turner, criam *comunidade* e não *estrutura* e/ou *hierarquia* social (cf. Turner, 1969; [1974]). Além disso, esses alinhamentos são temporários. Após os rituais eles se dissolvem e os seus membros retornam ao mundo da periferia e do cotidiano onde recomeçam as suas tarefas diárias.

Na vida diária, cada homem está relacionado a uma família nuclear de origem ou de casamento (ou a ambas, dependendo de sua situação matrimonial) e são esses os grupos de residência permanente entre os Apinayé. Ao contrário dos Kayapó, que podem sempre ir à Casa dos Homens e lá discutir suas diferenças políticas de modo formal ou informal diariamente, os Apinayé só podem exercer essas atividades quando um líder convoca uma reunião dos homens, mas isso só é realizado em certos momentos críticos de sua vida social. Enquanto os Kayapó, portanto, possuem uma instituição que serve como mediadora entre a vida doméstica e a vida política e cerimonial, os Apinayé não possuem um instrumento permanente para essa ligação. Assim, entre eles, são os segmentos residenciais que tendem a exercer o papel que entre os Xavante e os Kayapó é atualizado respectivamente pelos clãs e linhagens e pela Casa dos Homens.

Esses segmentos residenciais são formados por famílias nucleares que estão ligadas entre si através do casamento matrilocal e através das relações entre os pais e uma filha. Em geral, como veremos a seguir, eles são grupos formados *ad hoc* e dependentes da harmonia entre as filhas e seus maridos que transferiram sua residência para aquela parte do círculo da aldeia. Como consequência, os limites desses grupos são difusos e sua noção de unidade é dada muito mais por sua oposição a outros grupos de mesma magnitude do que por sua organização intrínseca. O sistema familial Apinayé é bilateral, e se esses grupos tendem a assumir um feitio matrilocal, isso se deve à regra de residência uxorilocal que separa os homens do seu grupo natal. Assim sendo, cada homem fica ligado a pelo menos dois grupos residenciais, o que contribui para uma não definição precisa dos limites desses segmentos. Isso, por outro lado, significa que eles não funcionam como unidades primariamente corporadas, embora exista essa possibilidade, como veremos mais adiante.

De um ponto de vista formal, os Apinayé têm dificuldades em reconhecer esses grupos como unidades de ação coletiva e como instrumentos capazes de exercer coerção social. Realmente, quando da minha primeira estada na aldeia, foi com dificuldade que consegui descobrir a organização desses segmentos como fator importante da vida política da tribo. Isso porque, quando perguntados sobre o seu sistema político, os índios sempre se referem à estrutura formal que legitima e sustenta as suas instituições de controle social. Assim, foram muitos os informantes que mencionaram o chefe (*Paí-ti*) ou capitão e seus auxiliares, bem como o conselheiro (*Kapel-txún*) da tribo, e poucos foram os índios que apresentaram uma visão mais realística da base do poder do *paí-ti*. Como os segmentos residenciais são realmente elementos da vida cotidiana, eles eram pouco mencionados como grupos com funções políticas. E os índios preferiram falar sobre as funções do chefe abstratamente do que nos conflitos em que o chefe de uma das aldeias viu-se envolvido.

Num plano formal, a estrutura política Apinayé é bastante simples. A unidade política fundamental é a aldeia que possui um chefe e um conselheiro. Ao primeiro cabe a coordenação da força de trabalho da comunidade em benefício coletivo, a liquidação de disputas e outros processos disjuntivos. Ao segundo cabe a tarefa muito mais simbólica do que instrumental, de orientar a comunidade para os seus aspectos coletivos. Assim, o conselheiro é uma peça básica dos rituais, pois ele chama as pessoas das casas e durante os rituais orienta os participantes em como se deve realizar certas partes da cerimônia para a qual existem dúvidas ou esquecimento. Como consequência, os Apinayé dizem que o conselheiro deve ser um *pinget*, isto é, um velho (ou um homem com netos), porque ele tem que necessariamente ser um bom conhecedor das tradições da tribo. Em São José, aldeia para a qual eu tenho mais dados em relação ao sistema político, o conselheiro era realmente um velho, mas eu suspeito que outros homens do mesmo status poderiam substituí-lo nesta função. Assim foi que presenciei em mais de duas ocasiões o Velho Estevão ser substituído por outro velho antes da realização de cerimônias de nominação e danças comunais.

Dada a importância do conselheiro como uma espécie de arquivo nacional vivo, é evidente que suas relações com o chefe devem ser harmoniosas e cordiais, ainda que ele não tenha nenhuma autoridade para resolver disputas de modo direto. Isso porque o conselheiro pode, suspendendo sua cooperação, retirar uma importante peça da vida coletiva da tribo que é do interesse do chefe preservar. Em São José isso ocorreu quando da chefia do Toim, mas atualmente chefe e conselheiro são pai e filho e suas relações são tão boas quanto as que existiam entre Matúk e Nicolau Velho, o chefe e conselheiro do tempo de Nimuendaju. Falando com os Apinayé sobre esses dois papéis sociais, a impressão é a de que eles os tomam como complementares. O conselheiro é uma espécie de judiciário simbólico, repositório que é das legendas e das tradições históricas da tribo; ao passo que o chefe é um executivo e um miniministro do planejamento, sempre procurando coordenar os homens da aldeia para propósitos coletivos e controlando as suas disputas.

Além desses dois papéis, o chefe tem dois ou mais auxiliares, chamados de *paí-ti-*"pẽb". Esses são seus homens de confiança e o papel é modernamente traduzido como "soldado do chefe" ou como "secretário do chefe". Em São José, o chefe conta com dois desses homens. Suas funções são as de serem os olhos e ouvidos do chefe em outras áreas da aldeia, pois assim ele pode ficar sabendo de tudo que está se passando fora do seu segmento residencial. A escolha desses homens não depende de conhecimento especial das tradições da tribo, nem de idade (como é o caso do conselheiro), mas da confiança e das suas relações com o chefe. Assim, em São José, um dos auxiliares é um índio criado entre os Krahô que o chefe considera seu *krã-txúa* (companheiro, amigo. Esse título é usado pelos que são iniciados juntos). Seus irmãos não foram convidados a exercer esse papel porque idealmente a chefia não deve ser contaminada por laços familiares, pois o chefe deve ser impessoal, e porque os irmãos do chefe são pessoas desligadas ou muito novas para participarem integralmente nos negócios políticos da aldeia. Assim sendo, o critério que dita essa escolha não é o de parentesco, mas o rendimento do escolhido como um homem leal e alerta para os problemas e as conversas que podem dificultar o governo da aldeia. É por isso que os auxiliares devem sempre estar situados em casas (e em segmentos residenciais) distantes daquele do chefe, como revela o desenho da página seguinte (Figura 13), feito pelo chefe da aldeia de São José em 1966.

Como se observa, sua concepção do sistema político da aldeia é plenamente consistente com o que está exposto acima. Assim, o conselheiro está ligado à praça da aldeia, indicando sua transcendência dos assuntos entre grupos e indivíduos. Ao passo que os auxiliares do chefe estão situados em posições quase que opostas no plano das casas. Aldeias hoje desaparecidas, como Botica e Cocal, também possuíam auxiliares. E dada a composição do sistema político Apinayé, essas figuras são fundamentais como "ouvidos e olhos" do chefe porque sem boas informações é praticamente impossível governar uma aldeia Apinayé. Mais adiante, quando falarmos da oposição, isso ficará mais claro.

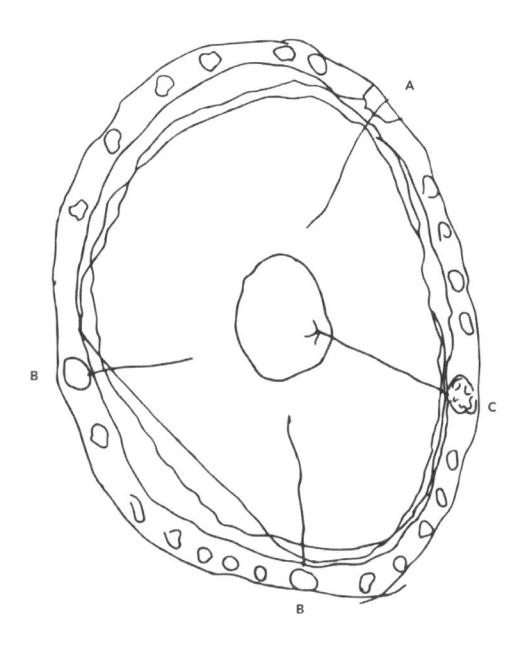

Fig. 13 — Diagrama de uma aldeia com ênfase pelo desenhista Apinayé nas posições do chefe (A), dos seus auxiliares (B) e do conselheiro (C).
As linhas revelam as conexões entre eles.

Num plano formal, portanto, os Apinayé tendem apenas a mencionar esses papéis, como se eles estivessem soltos na sua estrutura social. Pouco se diz sobre o que está por trás do chefe, ou seja: a fonte do seu poder e do seu prestígio. E neste plano os Apinayé apenas dizem que o "chefe deve ser bom", "ele deve ajudar os outros indistintamente", "ele deve saber dar bons conselhos" etc.

Entretanto, depois de algum tempo na aldeia, não é difícil descobrir que a fonte do poder do chefe é o seu segmento residencial e o modo como ele reativa laços sociais com pessoas situadas fora desses segmentos. Os Apinayé com quem falei desse assunto (e eles incluem a maioria dos homens adultos da aldeia de São José e Mariazinha) usam como critério fundamental para a definição do apoio político a quantidade de pessoas que pertencem ao segmento residencial do líder. Assim, eles se referem ao número de *kwóyá* (parentes) que o chefe tem em seu grupo residencial e somente depois especificam essas relações de modo mais preciso. Por exemplo, é possível que um Apinayé mencione um jovem cunhado como parte de um segmento residencial e como um dos homens que dá apoio ao seu líder em casos de disputas, mas, quando pressionados, eles podem especificar as relações do jovem com o segmento dizendo que afinal o homem está casado há pouco tempo e que ele pode muito bem ficar no meio da luta, desejando que ela acabe logo; em vez de tomar um partido definitivo. Esta situação, como se pode adivinhar pelo que já foi apresentado sobre o sistema de relações (vide Cap. IV), é bastante comum e faz parte da estrutura do sistema político Apinayé.

De um modo geral, os segmentos residenciais operam como grupo de cooperação econômica, como unidades de socialização e como grupos de pressão social e política, numa palavra, como facções políticas.[2] Uma vez que um desses segmentos está estruturado, eles podem também operar como unidades de exogamia, havendo uma tendência ao casamento com outros segmentos residenciais. Neste capítulo, porém, estou interessado em apresentar esses segmentos como facções políticas.

2. OS SEGMENTOS RESIDENCIAIS COMO FACÇÕES

Quando os Apinayé falam dos seus segmentos residenciais, eles se referem em português às "famílias" da aldeia. Assim, eles di-

---

[2] A caracterização destes segmentos residenciais como facções é plenamente coerente com o estudo de Ralph Nichols (1965), a respeito destas unidades sociais.

zem que existem três famílias (ou "grandes famílias") na aldeia de São José. A família da Velha Joana Kokôti (muitas vezes chamada de "família do Chiquinho Grebaú"), a do Pedro Viado (também chamada de "família do Velho Estevão" ou do Grossinho, Chefe da Aldeia) e a do Toim, líder da facção que se opõe ao chefe constituído. Essas definições, porém, como pode suspeitar o leitor familiarizado com o uso da palavra "família" no Brasil Central, não são exclusivas. Deste modo, é possível segregar dentro desses segmentos algumas pessoas que têm prestígio e, referindo-se a elas, indicar a composição daquela facção. Por exemplo, quando alguns informantes falam da família do Toim, muitas vezes especificam as "famílias" de Pedro Xavito e a do Velho Dionísio, como peças importantes deste segmento residencial. Em outras ocasiões, eles mencionam apenas a família do Grossinho ou do Estevão em oposição a do Toim, marcando com isso as duas facções que mais têm lutado pelo governo desta aldeia. Realmente, em 1962, quando o faciosismo era aparentemente menos virulento, muito mais pessoas eram mencionadas como chefes de grandes famílias do que em 1967, quando o faciosismo se tornou mais acentuado. Pode-se então dizer que esses segmentos residenciais tendem a ser reduzidos (e melhor qualificados) e/ou ampliados segundo a polarização política decorrente da vida social dos Apinayé. O mesmo fenômeno ocorre também na aldeia de Mariazinha, onde, em 1962, o grupo estava sendo liderado de modo inquestionável pelo falecido chefe Zezinho. Mas em 1967, quando retornei àquela aldeia, ouvia-se o nome da "família do Júlio" e da "família do Zezinho" como duas facções prontas a entrarem em conflito, tal como acontece em São José. E isso apesar das relações de parentesco entre Zezinho e Júlio, que são de *krã-tum/tamtxúa*. As facções, então, tal como ocorre com a classificação das relações sociais, só podem ser delimitadas ou definidas com precisão de modo contextual. Abstratamente isso é muito difícil de ser realizado dada a sua organização e as regras que comandam o casamento e a composição das residências entre os Apinayé.

Essa polarização, porém, é decorrente das pressões colocadas sobre o chefe de uma aldeia por um grupo que com ele disputa o poder político. Assim sendo, existe sempre um grupo com o poder e outro que pretende o poder, e são esses dois segmentos que estão em oposição. Os outros segmentos residenciais, caso eles existam, se distribuem ao longo dos dois grupos que abertamente disputam o governo da aldeia.[3] Vejamos como essa situação se configura em São José.

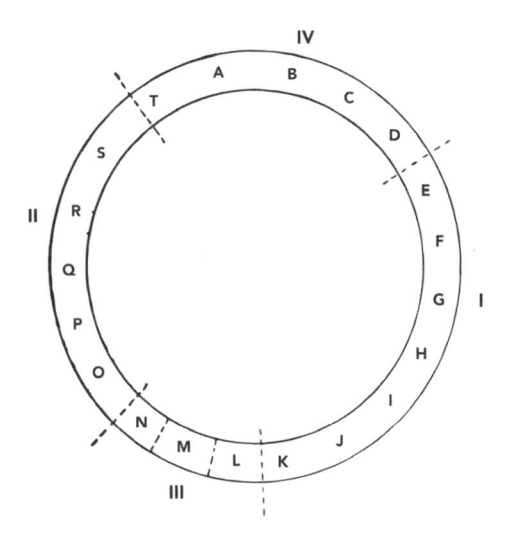

Fig. 14 — Segmentos residenciais em São José, 1967. As letras correspondem às que marcam todos os outros diagramas assim assinalados.

---

[3] O mesmo mecanismo ocorria igualmente na antiga aldeia Botica (Gato Preto), onde o chefe Pebkôbo disputava a chefia com outro índio, seu irmão classificatório. Segundo o Velho Estevão, que me forneceu essas informações, o outro nunca conseguiu o poder porque ele anunciava a todos os outros que queria ser o chefe. Na antiga aldeia do Cocal, contou-me Pedro Viado que havia um chefe chamado Feliciano Katíre, o qual possuía a maior família do local (= maior segmento residencial); mas o chefe velho era um tal de Grekrú-ti, tio do meu informante. Quando o chefe velho morreu, Feliciano entrou e a aldeia continuou com dois grupos residenciais disputando o poder. Mais adiante vou falar do mesmo fenômeno em Bacaba (hoje São José).

Na figura anterior são reproduzidos num diagrama os segmentos residenciais existentes na aldeia de São José. As letras correspondem às residências assinaladas na Figura 3 (p. 88). Resolvi representar a aldeia dentro de um diagrama circular simplesmente para facilitar a exposição, pois como se sabe a aldeia não tem precisamente essa forma.

O segmento formado pelos grupos domésticos E, F, G, H, I, J e K forma um grupo compacto do ponto de vista político. Esse é o segmento do chefe atual desta aldeia, residente em F. Em franca oposição a esse segmento, temos o grupo formado pelas casas O, P, Q, R e S. Do mesmo modo que ocorre com o segmento *I*, esse grupo age sempre como um grupo compacto para propósitos de pressão política e social. Este é o grupo a que pertence Toim, residente no grupo doméstico Q, líder e ex-chefe desta aldeia. O segmento *IV*, formado pelas casas T, A, B, C e D, liga-se de um lado ao grupo *I* e de outro ao grupo *II*. Seus membros masculinos dizem que este é um grupo que fica no meio. Na realidade, porém, seus laços com o segmento *I* são muito fortes, como será descrito mais adiante. O segmento *III* é composto de dois grupos domésticos (L e N) ocupados por homens que estão alheios aos negócios políticos da aldeia. Embora ambos estejam ligados ao segmento *I*, eu prefiro dizer que eles são inoperantes no sistema político de São José, pois o chefe do grupo doméstico L é um índio considerado como sovina, embriaga-se com facilidade e vive muito mais voltado para os seus próprios interesses. O mesmo pode ser dito com relação a N. O ocupante do grupo doméstico M, porém, está separado porque ele liga-se ao grupo C. As suas relações são de filho-pai, respectivamente. Entretanto, enquanto o grupo doméstico O está muito mais perto da facção *II*, o grupo M liga-se, também, à facção *I*. Foi por essa razão que eu resolvi separar este grupo dos outros por linhas pontilhadas.

De uma maneira geral, portanto, cada um desses grupos corresponde de perto ao que os Apinayé modernos chamam de "famílias grandes" ou "familhões". Ao segmento *I* pertencem o Estêvão, o Pedro Viado e o Grossinho. O líder apontado depende do que se deseja sublinhar. Ao segmento *II*, a família do Toim. Ao *IV*, a família da Maria Joana ou a do Chiquinho Grabaú (residente no grupo doméstico T). E o segmento *III* corresponde a três famílias.

Enquanto os segmentos *I* e *II* estão francamente envolvidos em apontar seus defeitos mútuos, o que é feito com muita virtuosidade por meio de fuxicos, os segmentos *III* e especialmente *IV* tendem a agir como unidades de mediação e controle do processo político. Mais adiante voltaremos a esse problema com mais detalhes e de modo abstrato. Agora é fundamental que se passe a uma descrição da composição de cada um desses segmentos.

Em São José existem, ao todo, trinta e dois homens politicamente ativos, isto é, homens casados e com filhos, considerados iniciados[4] e, portanto, intitulados a ter completa responsabilidade numa série de áreas que interessam diretamente à coletividade. Esses são homens que devotam grande parte de seu tempo à construção ou renovação de casa, ao trabalho nas roças, à caça e à coleta de babaçu e que têm o dever básico de prover sua mulher e seus filhos (bem como outros parentes) de alimento. São eles igualmente que decidem sobre os casos de conflitos, de roubos, de defloramento, ferimentos causados por brigas, adultério etc. Não só porque estão diretamente implicados nessas ações, mas porque têm os seus filhos ou netos envolvidos nelas. Numa palavra, são esses homens que têm que decidir sobre a aplicação das regras e códigos culturais

---

[4] Como já indiquei no Cap. III, os modernos Apinayé não realizam mais os seus clássicos rituais de iniciação. Assim, um homem politicamente ativo é, em geral, um homem casado e que tem direito a ter uma roça e uma casa (ou um lugar para sua família nuclear dentro de uma casa).

O SISTEMA POLÍTICO

que guiam a vida social Apinayé aos casos concretos onde esses códigos ou regras servem como instrumento de classificação. Sua função, para usar um termo bíblico, é a de separar o joio do trigo: isto é, as ações consideradas como legítimas daquelas que são tomadas como impróprias, inadequadas ou imorais. Eles formam os alicerces do sistema político e da ordem jurídica da aldeia de São José e é sobre eles que repousa a paz ou a turbulência social daquela aldeia. Isso não significa que as mulheres Apinayé fiquem totalmente passivas em casos de disputas. Muito ao contrário, tudo indica que as mulheres têm um papel fundamental em pelo menos dois estágios do processo político. Um deles é o de romper o sigilo de certas informações consideradas como deprimentes para certos homens ou grupos. Isso é realizado através de fuxicos que se espalham do ribeirão e roças, onde as mulheres se reúnem para buscar água, lavar suas parcas roupas ou para o plantio ou colheita de alguns vegetais, até a aldeia. O outro é servir como elementos que podem apelar para seus maridos, irmãos e filhos no sentido de evitar conflitos. O papel das mulheres Apinayé, deste modo, não é passivo. Embora seja muito difícil determinar com precisão seu lugar no sistema político da aldeia, pode-se dizer que elas também têm certas tarefas a cumprir, especialmente como unidades de distribuição de informações semioficiais, modo pelo qual eu estou definindo preliminarmente os fuxicos.

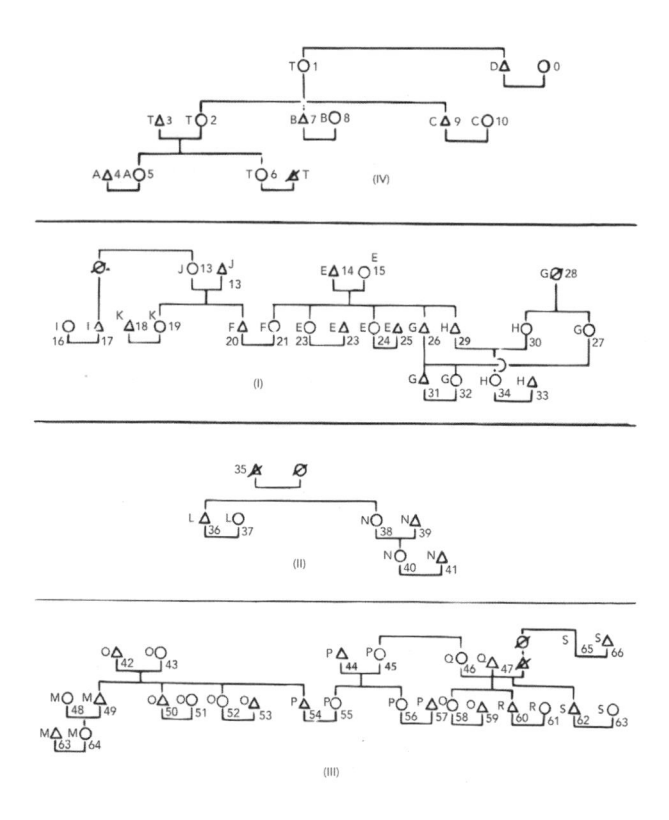

Fig. 15 — Distribuição genealogica dos segmentos residenciais da aldeia genealógicaem 1967-1970.

Na figura acima estão relacionados todos os segmentos residenciais distribuídos segundo suas relações mais importantes, isto é, as relações que os próprios Apinayé destacam como básicas na definição das ligações entre os membros destes grupos residenciais. Isso é um ponto importante porque, como já assinalei no Cap. IV, são numerosos os casos em que uma pessoa pode se relacionar a outra através de duas ou três relações, e o que ocorre nestes casos é que uma dessas relações tende a ser tomada como básica dependendo do contexto. Assim sendo, esses diagramas genealógicos não são representações de todas as relações dos membros dos segmentos residenciais uns com os outros, mas apenas daquelas tomadas como básicas pelos próprios informantes. Cada posição destes diagramas tem uma letra e um número. O número corresponde a um nome, geralmente mencionado no texto. A letra corresponde ao grupo doméstico da pessoa e é a mesma dos outros diagramas.

Um estudo da composição desses segmentos residenciais revela alguns pontos importantes:

a) Alguns dos casamentos indicados nestes grupos não seguem a regra matrilocal. É o que ocorre, por exemplo, com o casamento de 7 e 8 (do grupo doméstico B); 9 e 10 (do grupo doméstico C); de 36 e 37 (do grupo doméstico L); de 50 e 51 (do grupo doméstico O); de 60 e 61 (do grupo doméstico R) e 62 e 67 (do grupo doméstico S). Esses casos foram apontados por mim, quando das minhas entrevistas com os Apinayé, e não causaram surpresas. A explicação para eles é de duas ordens: em alguns, a mulher veio de outra aldeia, não tendo seus pais residido em São José, como ocorre com 61, 10 e 37. Em outros, a situação foi explicada porque os pais não queriam que o filho saísse de casa, e assim realizaram o casamento com mulheres que não possuíam família na aldeia. Como se observa, isso é a contrapartida da explicação anterior. É possível que esses casamentos estejam relacionados a uma tendência à atomização dos grupos domésticos e a um gradual aumento das lutas faccionais de São José, mas eu não tenho dados suficientes para sustentar essa suspeita.

b) Nas gerações ascendentes, dos líderes desses segmentos residenciais, essas discrepâncias não são tão aparentes, mas elas também existem. Isso se deve ao fato de que muitos homens que hoje moram em São José vieram de outras aldeias, hoje extintas. Alguns, como o Dionísio (42, grupo doméstico O), por exemplo, vieram para São José já casados e assim se estabeleceram com suas esposas numa determinada posição na periferia da aldeia, já criando laços com outras casas. Essas pessoas mudaram muitas vezes de residência e a razão para esses reagrupamentos residenciais sempre foi causada por disputas ou mal-estar numa determinada parte da aldeia. Um dos fatores responsáveis por isso é o divórcio; outro fator é o alinhamento do homem com pessoas de outra facção. Assim, por exemplo, o homem 7 (do grupo doméstico B) deixou de morar na casa do seu sogro (44, grupo doméstico P) porque esteve implicado numa disputa com o Toim (47, grupo doméstico Q). Assim sendo, ele e sua esposa saíram daquela área da aldeia para uma casa próxima à casa da mãe de 8. O mesmo ocorreu com o Estevão (12, grupo doméstico J), que é irmão de 66 (grupo doméstico S), mas que depois de uma disputa por causa de uma criação de porcos do primeiro resolveu mudar-se para a casa onde hoje reside. Muitas vezes, esses desentendimentos ocasionam a mudança de todo um grupo residencial de uma parte para outra do circulo da aldeia, ou mesmo de uma para outra aldeia. Em 1963 uma família mudou-se para Mariazinha porque a esposa era acusada de ser feiticeira. E em 1967-68 o grupo doméstico I (16 e 17) deixou a facção II para ir realinhar-se junto a facção I. Como todos podem facilmente traçar relações de parentesco com quase todos, essas mudanças são relativamente fáceis de serem realizadas. Trata-se apenas de sublinhar uma relação com uma pessoa ou com um grupo e, concomitantemente, desligar-se do grupo do qual se quer sair. É por isso que os Apinayé falam em relações que "ficam próximas" ou que "ficam distantes", segundo as situações. Agora que estamos localizando homens e suas ações num contexto específico, do sistema político, é possível entender melhor como a estrutura do sistema de relações faculta e é parte desses arranjos e deslocamentos de grupos e de indivíduos dentro do sistema social Apinayé. E isso, como já observamos nos capítulos anteriores, é uma possibilidade do modo bilateral de traçar relações, bem como da independência das famílias nucleares em cada grupo residencial.

O poder de cada um desses segmentos parece residir concretamente em duas ordens de fatores. O primeiro é o poder e o prestígio do seu líder e isso é claramente definido pelos Apinayé como a capacidade de um homem de reter os seus genros em sua casa (ou nas casas próximas), formando um segmento residencial harmônico. É o que ocorre com o grupo centralizado ao redor do Pedro Viado (14, grupo doméstico E). Pedro Viado, como figura humana, não é muito impressionante. É um homem magro e tímido, com grande aparência de sertanejo, pois seu pai era um brasileiro do interior que se casou com uma índia Apinayé no Cocal. Mas graças aos casamentos realizados por seus filhos e filhas, e a sua capacidade de conduzir o grupo doméstico com um mínimo de atritos, ele manteve organizada toda a sua parentela. Assim sendo, Pedro Viado é apontado como um homem forte, que opera nos bastidores da aldeia, graças ao número de homens que pode contar no segmento residencial formado por ele. Lá estão não só o chefe da aldeia (20, grupo doméstico F) como também o conselheiro da tribo (12, grupo doméstico J), além dos seus filhos e filhas, casadas e com filhos, sinal de matrimônios estáveis. Como já indicamos, isso não quer dizer que esse segmento seja sempre associado ao nome de Pedro Viado. Na realidade, o nome do Velho Estêvão (12, grupo doméstico J) também aparece como seu líder, e, mais recentemente, o nome do Grossinho (20, grupo doméstico F) tende a ser mais e mais mencionado como o seu chefe. O papel de Pedro Viado parece ser o de cimentar essas alianças de modo a evitar os atritos tão frequentes, especialmente entre sogro/genro e entre cunhados. O papel do Velho Estevão e do Grossinho, por outro lado, é muito mais direto do ponto de vista político, pois são esses homens que sempre tomam a iniciativa de coordenar a força de trabalho e resolver as disputas. É por isso que o primeiro é conselheiro e o outro chefe da aldeia de São José.

O segmento II, ao contrário, teve na sua formação muito mais oscilações. Essas oscilações são concretamente definidas pela entrada e saída de homens para dentro e fora do grupo, motivadas por casamento e por divórcios. Realmente é impressionante descobrir que todas as mulheres associadas a esse segmento já se divorciaram pelo menos duas vezes nos últimos oito anos. Assim, 55 e 56 (grupo doméstico P) já foram casadas com vários homens e são consideradas na aldeia como mulheres instáveis. Eu não creio que esses fatores sejam realmente básicos na definição dessa unidade social. Divórcios ocorrem em todos os segmentos residenciais da aldeia de São José mais ou menos na mesma frequência, e a instabilidade feminina é parte por definição da mulher como categoria para todos os homens Apinayé. Antes, eu suspeito que a instabilidade deste segmento residencial seja motivada pelas demandas que os seus membros mais velhos impõem sobre os seus afins mais recentes. E é assim que se pode caracterizar as relações de 44 e 45 (grupo doméstico P) com 54 e 57 do mesmo grupo. Do mesmo modo, as relações de 46 e 47 com seus afins sempre foram marcadas por atritos e reclamações, todas elas tomando a forma de acusações sobre o marido das filhas de "preguiçoso", mau caçador etc. Filomena (46), por exemplo, é sempre apontada como uma mulher difícil e bastante exigente. Ela não só exige que os seus afins fiquem totalmente voltados para o seu segmento, como também interfere em todos os assuntos das famílias nucleares de seus filhos. Foi assim que vi Filomena punir sua filha, porque ela havia batido num dos seus *tamtxúa*. E foi ela quem impediu que Vicente (62, grupo doméstico S) saísse da aldeia quando ele assassinou o Joãozinho (casado com 6, grupo doméstico T). Pode-se dizer, portanto, que neste segmento falta a capacidade de harmonização encontrada no segmento I. Conhecendo bem todos os líderes de grupos domésticos deste segmento, eu gostaria de sugerir que a falta de harmonização encontrada ali é motivada porque existem pelo menos três líderes potenciais para esse grupo, a saber: o Dionísio (42, grupo doméstico O), Pedro Xavito (44, grupo doméstico P) e finalmente Toim (47, grupo doméstico Q), que aspira a voltar a ser chefe da aldeia. Assim, enquanto no segmento I Pedro Viado sai da cena imediatamente prática, deixando ao Grossinho a tarefa de coordenar as atividades do grupo, no segmento II esse tipo de conduta parece ser obtido com maiores problemas. No segmento I existe apenas um líder inquestionável (Grossinho) e dois velhos (Pedro Viado e Estevão) que não interferem nas suas ações e decisões de modo a provocar problemas. Mas no segmento II há três velhos (Dionísio, Toim e Xavito) sempre apontados como homens fortes. Além disso, a esposa de Toim é igualmente apontada como uma espécie de sublíder que tem um grande papel nos bastidores deste grupo. Assim é que muitos Apinayé dizem que o facciosismo existente em São José assume formas virulentas por causa da Filomena, que sempre está provocando as disputas com os seus infindáveis fuxicos. E isso não é tudo. Existem também três homens maduros neste mesmo segmento que têm personalidades fortes: Vicente (62, grupo doméstico S), Permino (60, grupo doméstico R) e Romão (54, grupo doméstico P). Todos os três sempre se viram implicados em vários conflitos (especialmente aqueles relacionados a roubo e bebida), e o Vicente teve sua reputação fortemente ampliada desde 1962 até quando assassinou o Joãozinho em 1966.

Esses dados, portanto, nos levam a considerar que os segmentos dependem da maneira como um grupo de homens maduros é organizado. Caso essa organização seja baseada em solidariedade e, concomitantemente, num mínimo de atritos entre os seus interesses, o segmento pode operar muito bem como um elemento capaz de exercer pressões políticas. É claro que o fator estrutural aqui é a regra de residência matrilocal (que separa os homens dos seus grupos natais) e a relativa independência das famílias nucleares. O primeiro fator faz com que existam dificuldades na coordenação de segmentos onde existem vários líderes potenciais. É o que ocorre no caso do segmento II. O segundo, que age em consonância com o primeiro, traz a possibilidade de um homem desligar-se do grupo residencial desde que considere que seus afins mais velhos não o estejam tratando bem. Isso pode ser realizado por meio de divórcio ou por meio de um realinhamento residencial. Quando um homem consegue harmonizar a regra de residência com suas próprias ambições políticas, então o segmento residencial pode operar muito bem como um grupo de pressão. É o que parece ocorrer com o segmento I, onde uma verdadeira divisão de trabalho (ou de papéis, para ser mais preciso) une num conjunto o velho com o homem maduro. Assim, Estevão é o conselheiro da tribo, Pedro Viado é o centralizador de vários laços sociais e Grossinho é o líder político do grupo.

Esse fator é importante porque entre os outros grupos Jê nós sabemos como a residência uxorilocal impõe certas constrições no sistema político e nos alinhamentos masculinos. Cada grupo desenvolveu certas soluções para esse problema. Entre os Xavante, os homens procuram manter a unidade do grupo de sibling casando com duas irmãs (cf. Maybury-Lewis, 1967: 88). Com isto eles evitam que suas patrilinhagens se quebrem com o casamento matrilocal. Entre os Kayapó existe a mesma tendência de dispersão, mas os homens são reunidos na Casa dos Homens. Entre os Apinayé, como talvez seja o caso dos outros Timbira, a unidade básica não é um grupo de homens já organizado, mas as relações entre homens que estão relacionados por afinidade e que podem controlar suas famílias nucleares. São essas relações, cujo ponto crucial são os elos entre genro/sogro-cunhado, que servem de base na composição dos segmentos residenciais e, consequentemente, na formação e manutenção das suas unidades políticas fundamentais.

3. O CHEFE E AS INTER-RELAÇÕES ENTRE SEGMENTOS RESIDENCIAIS

No início deste capítulo, quando fiz uma descrição da chefia Apinayé no plano formal, reproduzi algumas opiniões dos Apinayé sobre o papel do chefe e quais eram as suas tarefas principais. O chefe de uma aldeia é sempre visto como um homem que deve separar disputas, liquidar fuxicos e feitiçaria; numa palavra, coordenar e harmonizar a vida social da comunidade. O problema seguinte, então, é o de saber como o chefe pode atingir esses fins, manifestamente relacionados com o papel que desempenha numa aldeia.

A esse tipo de pergunta, os Apinayé respondem que o chefe só pode governar com a ajuda dos seus parentes. Sem ajuda dos seus *kwóyá*, o chefe torna-se impotente do ponto de vista político. Aparentemente esse tipo de resposta é coerente e plenamente satisfatório, até que se leve em consideração a natureza do sistema de relações Apinayé. Quando se observa que esse sistema permite traçar relações de modo bilateral, que ele não permite a formação de grupos discretos de parentes e que, como consequência, ele possui uma grande flexibilidade, o problema fica muito mais complicado. Porque, como observei inúmeras vezes, todos os Apinayé adultos podem, de um modo geral e sem muito esforço, traçar relações com todos os outros.

Para que esse problema seja então compreendido, o que vale dizer: para que se obtenha uma visão aproximada do modo pelo qual os Apinayé lançam mão do seu sistema de relações como um recurso político, é preciso distinguir alguns aspectos importantes do sistema. O primeiro é que ele (como temos salientado no decorrer deste trabalho) opera em dois planos distintos. Um desses planos é puramente formal. É neste nível que os líderes de segmentos residenciais (ou quaisquer homens maduros) podem dizer que são parentes de todos os outros e demonstrar genealogicamente essas relações. O sistema de relações Apinayé faculta esse tipo de demonstração que, na realidade, não é muito diferente da demonstração ou prova de relações de parentesco na nossa própria sociedade. Em algumas áreas do Brasil, por exemplo, é comum num encontro entre duas pessoas totalmente desconhecidas a procura de laços de parentesco e, consequentemente, a busca de uma "infraestrutura" social para ativar de modo mais concreto uma relação social ainda tênue. Nessas situações, os parceiros procuram *parentes-pivot*, isto é, pessoas em geral situadas nas gerações ascendentes que servem como foco para o alinhamento de um grupo (preciso ou difuso) de pessoas. Muitas vezes ocorre que o parente encontrado para fazer tal mediação é uma pessoa esquecida ou pouco utilizada na vida cotidiana, mas nas circunstâncias do encontro, ele é útil para obter uma racionalização e, assim, para solidificar tal relacionamento. O mesmo ocorre entre os Apinayé. Mas, num caso e no outro, isso não significa que a relação obtida seja instrumental em termos sociais ou políticos. Quero dizer com isso que o *parente-pivot* pode desconhecer uma das partes que através dele está traçando a relação, ou mesmo tomar aquela pessoa como um parente "distante" ou um não parente. Assim sendo, o melhor modo de descrever tais tipos de relacionamentos é começar admitindo que tais sistemas sempre permitem o relacionamento de todos com todos, de uma maneira ou de outra. E, em seguida, verificar quais são as relações que são sempre ativadas dentro deste quadro geral de teias de parentesco. Quando isso é realizado, descobre-se que dois informantes não só podem estar em franca dissonância quando se trata de saber como eles se relacionam entre si, como também acontece que muitas vezes a relação de parentesco é usada apenas em certos contextos e para certos propósitos específicos.

Entre os Apinayé, quando eu perguntava se todos eram parentes, a resposta e a demonstração eram sempre positivas. Mas quando eu perguntava quem realmente poderia ajudar a um dado informante, a resposta restringia um número formidável de pessoas. São essas pessoas, como vimos no capítulo anterior, que os Apinayé subclassificam como *kwóyá kumrendy* e o seu número é reduzido. Assim, num contexto geral, onde o ponto focal era a solidariedade de todo o grupo local, todos eram parentes. Mas, quando o contexto era determinado apenas pelas variáveis "suporte político" ou "troca de comida", esse número ficava reduzido aos membros do grupo doméstico ou de um segmento residencial. Realmente, a residência num certo local está fortemente relacionada ao casamento, e o casamento, como vimos no Cap. IV, é uma área que permite a transformação e a passagem de uma pessoa de uma categoria distante (*kwóyá ket* e/ou *kaág*) a uma categoria próxima (*kwóyá kumrendy*). Daí a importância básica que tem um chefe ou líder de um segmento residencial. Pois tudo indica que é por suas ações que o grupo pode manter-se unido e operar como uma unidade de trabalho, apoio político e trocas, mesmo quando se sabe que sua composição é de homens vindos de outros grupos residenciais.

De um modo simplificado, portanto, pode-se dizer que os segmentos residenciais agem como grupos capazes de provocar a união efetiva de vários grupos domésticos. E, como consequência, uma transferência de lealdades de um para outro segmento residencial quando o casamento se torna estável e quando os homens são bem tratados pelos seus afins. Mas, deve-se notar, os laços anteriores ao casamento nunca são totalmente terminados. O que existe é uma mudança de ênfase e não uma segregação de relações sociais. Em outras palavras, os Apinayé possuem um conjunto de laços sociais que são selecionados e sublinhados em certas situações. Alguns desses laços são definidos prescritivamente e são sublinhados segundo regras explícitas. Tal é o que acontece nas relações entre pais e filhos e, especialmente, nas relações entre nominador/nominado, pois quando uma relação é enfatizada, a outra é colocada num plano secundário. Mas além dessas *relações marcadas*, isto é, relações que trazem consigo uma importante mensagem cultural e ideológica, os Apinayé possuem muitas outras que são totalmente dependentes de fatores contingenciais. Os termos usados para essas relações são os mesmos que os usados para os parentes diretamente ligados a uma dada pessoa, mas a relação pode ser totalmente difusa ou tênue, dependendo das pessoas implicadas. Entre o conjunto dessas relações, um homem seleciona algumas e assim as utiliza como instrumentos básicos de sua vida social. Nesta "seleção", a residência uxorilocal e, concomitantemente com ela, as suas relações com os seus afins são elementos básicos. Deste modo, algumas relações são sublinhadas ou reativadas segundo a posição da pessoa na estrutura social. E essa posição, como temos observado, depende de vários fatores contingenciais. Assim sendo, um homem "esquece" e dá ênfase a certas relações sociais no curso de sua vida, embora em certos momentos ele possa reativá-las e esquecer aquelas que em certo momento de sua vida são sublinhadas.

O papel de um líder de segmento residencial, e especialmente do chefe de uma aldeia, é sublinhar ou reativar constantemente todas as suas relações sociais, não deixando que elas entrem num plano secundário onde por certo serão esquecidas. Esse processo tem dois aspectos. Quando o chefe está ganhando prestígio, ele despende mais energia reativando essas relações sociais secundárias ou terciárias. Isto é, relações com pessoas consideradas "distantes". Mas quando ele está bastante forte muitas pessoas reativam independentemente essas relações. Foi assim que, em São José, o Chefe Grossinho sempre esteve preocupado com todas as suas relações sociais e, nas duas aldeias, muitas pessoas a ele se relacionavam independentemente das minhas perguntas. Depois que o chefe se torna forte, é bom estar ligado a ele. Assim, embora muitos homens pudessem também se relacionar aos membros ou ao líder da facção II, eles davam ênfase às suas relações com o grupo residencial de Grossinho.

O prestígio de um líder, então, depende em grande parte do modo pelo qual ele reativa todas as suas relações sociais; ou melhor, dos modos pelos quais ele procura maximizar essas relações sociais, tornando-as efetivas em termos de suporte político. Existem dois modos fundamentais de realizar essa transformação de laços situados ou considerados "distantes" em relações sociais "próximas" ou efetivas.

Um deles é coordenar a força de trabalho da aldeia de modo a satisfazer todos os grupos domésticos nela interessados e necessitados. Pois os Apinayé reclamam quando um chefe pode utilizar sua liderança apenas para organizar equipes de trabalho para os membros de sua própria parentela ou segmento residencial. Como o chefe está sempre ligado ao segmento residencial que tem o maior número de homens ativos, essa mobilização pode ser realizada independentemente dos outros segmentos de uma mesma aldeia. Assim procedendo, porém, ele leva à polarização automática da aldeia e, como consequência, outros segmentos residenciais organizam as suas próprias equipes ou grupos de trabalho de modo autônomo, minando com isso a sua supervisão da força de trabalho da aldeia, que é do seu interesse orientar. Entretanto, isso acontece inúmeras vezes e, em São José, os membros do segmento residencial II reclamavam várias vezes dessas faltas de imparcialidade por parte do Chefe Grossinho, dizendo que as equipes organizadas para a derrubada e a construção de cercas nas roças nunca eram oferecidas a eles. Grossinho se defendia replicando que isso não era verdade e que se ele não mandava os seus homens para lá era simplesmente porque os membros da facção II nunca iam pedir. É claro que o problema aqui era o de estabelecer laços credor/devedor com os membros da facção II que interessava ao chefe, mas não interessava aos membros da outra facção.

O outro mecanismo é atualizado pelas constantes trocas de comida, especialmente de carne de caça. Com isso, o chefe demonstra sua orientação para certas pessoas e as transforma em parentes legítimos, já que a troca regular de alimento é um dos modos básicos de criar laços afetivos com uma pessoa, como já apontei no Cap. IV.

Esses dois mecanismos dão uma ideia precisa do esforço que um chefe tem que despender a fim de obter o controle completo e efetivo de uma comunidade. De fato, a própria organização do sistema inibe esse tipo de controle político que só pode ser conseguido por meio do uso da força, quando um chefe se torna um tirano. Mas, mesmo quando o chefe organiza um forte grupo de pressão política do seu lado, ele corre o risco de provocar conflitos públicos e, consequentemente, a cisão da aldeia. O processo de cisão de comunidades entre os Apinayé, portanto, liga-se diretamente de um lado aos arranjos motivados pela vida cotidiana; de outro, ao tamanho das aldeias. E por isso é expresso tanto em mitos quanto na memória das histórias das aldeias. Embora os meus dados sejam bastante limitados, visto que é praticamente impossível reconstruir hoje a situação da tribo antes das pressões sofridas pelo contato com a sociedade nacional, eu tendo a crer que não é fora de propósito tomar o aumento demográfico com a consequente multiplicação de teias sociais e de conflitos como um dos fatores-limites do poder de coordenação de um homem e de um grupo. E é precisamente o fator demográfico aquele invocado nos mitos onde se congelam os principais mecanismos do sistema político. Assim, os Apinayé explicam a unidade linguística, cultural e geográfica das sociedades Jê do Norte pela cisão de uma grande aldeia seccionada depois de uma corrida de tora quando os times foram contaminados pelas disputas faccionais. E o mesmo ocorre com o relato semilendário da aldeia chamada de Bonito que se partiu em duas depois das lutas entre seus líderes, Dokô-re (representante do estabelecimento e do abuso no uso da força) e Nindo-pó (seu rival e representante da sagacidade e do exemplo de como proceder quando se deseja efetivamente tomar o poder e liquidar a opressão). Neste mito, Nindo-pó e Dokô-re são contrastados ao longo de um eixo multidimensional. Assim, Dokô-re = mais velho, senioridade, abuso/Nindo-pó = juventude, controle completo das suas emoções. A força dramática da narrativa jaz nos vários episódios em que Dokô-re procura fazer com que Nindo-pó entre na disputa aberta sem estar ainda preparado física e socialmente, isto é, quando ele ainda não havia obtido apoio de todos os membros da sua facção.

Em tempos históricos, porém, há chefes que procederam como tiranos e para tanto usaram os membros do seu segmento residencial como um poderoso grupo que visava a eliminação sumária dos seus rivais. Dois antigos chefes Apinayé são particularmente lembrados por terem procedido assim. Um deles é o Chefe Pedro Corredor ou Pêbkob, da aldeia Botica ou Gato Preto (cf. Nimuendaju, 1956: 11). Esse homem, desde os tempos de Nimuendaju, já estava provocando a saída de alguns grupos domésticos desta aldeia. Assim, muitos foram para Mariazinha e outros (como o Jacinto, grupo doméstico N; Grossinho, grupo doméstico F; Augusto, grupo doméstico L; Pedro Xavito, grupo doméstico P etc.) vieram para São José, então Bacaba. De fato, o final dessa aldeia é considerado trágico: ela terminou por meio de feitiço, o que demonstra bem o grau de mal-estar social que lá existia e era motivado pelo seu chefe e sua facção. Outro chefe que assim procedia era José Dias Matúk, daí as raízes das disputas entre as duas facções hoje existentes em São José, pois o Grossinho representa o grupo que sempre esteve oposto a ele, ao passo que Toim é seu filho.

O poder do chefe, portanto, é limitado pela própria estrutura social. Pois se de um lado um homem constrói o seu prestígio reativando laços sociais, o que permite em certas ocasiões a formação de grupos *ad hoc* de membros ativos, de outro, ele não tem meios de fazer com que os seus seguidores cortem totalmente as suas relações com todos os outros membros da aldeia, nem que eles fiquem totalmente orientados em função do seu próprio grupo. A regra de residência impede tal tipo de orientação, bem como a estrutura do sistema de relações Apinayé, que faculta o relacionamento de todos com todos. E, note-se, isto é reforçado pelas relações cerimoniais. Essas limitações, portanto, interferem de modo direto no modo pelo qual o chefe conduz o processo político entre os Apinayé.

A forma desse processo depende das relações estabelecidas entre os segmentos residenciais. Existem dois mecanismos básicos que governam essas relações entre os Apinayé. O primeiro é a absorção ou fusão de um grupo doméstico ou de um segmento residencial por outro. Isso ocorreu no caso do grupo residencial I quando os membros do grupo doméstico original e mais numeroso (Pedro Viado e seus filhos) conseguiram atrair e absorver membros de outros grupos domésticos individual e coletivamente, isto é, *qua* grupo. Creio, porém, que a fusão é um mecanismo de difícil ocorrência, especialmente se o grupo a ser absorvido é grande. Existe pois um segundo mecanismo, muito mais frequente, que é o de estabelecer uma aliança política de um segmento com outro. Essas alianças estão ocorrendo em São José entre o segmento I e o segmento IV, em contraste com as trocas realizadas entre o grupo IV (do meio) e o segmento residencial II. Embora a aliança seja um mecanismo mais delicado do ponto de vista político, pois ela não permite que o grupo com maior prestígio passe a controlar diretamente o outro, ela traz um segmento para perto do outro pela neutralização política de um deles. Por exemplo: o segmento residencial IV liga-se ao segmento I e ao segmento II por meio de vários laços sociais. De fato, de um ponto de vista estritamente genealógico, o núcleo masculino do segmento IV está muito mais próximo do grupo I do que do grupo II, pois o Camilo (9, grupo doméstico C) e o Paraibano (7, grupo doméstico B) são primos paralelos matrilaterais do Toim, e o homem do grupo doméstico D é *krã-tum* do Toim. As relações desses mesmos homens com os membros do segmento residencial I podem ser também estabelecidas genealogicamente, mas elas são muito mais distantes, implicando em várias pessoas intermediárias.

Se os grupos políticos Apinayé seguissem uma lógica organizatória estritamente baseada no parentesco, não haveria dúvidas de que o segmento IV deveria ser parte ou ser um elemento de apoio para o segmento II. Tal, porém, não acontece. Primeiro, porque já houve sérias desavenças entre um membro do grupo IV (o Paraibano) e um membro do segmento II (o Toim) quando os dois brigaram durante uma festa e o Toim feriu o Paraibano com uma faca. Segundo, porque o grupo do chefe (segmento I) estabeleceu uma forte relação cerimonial com alguns membros deste grupo. Assim, um filho do Paraibano casou-se com uma filha do Pedro Viado (o rapaz é o nº 23 do grupo doméstico E) e lá ele tem vivido sem grandes problemas com seus cunhados e seus sogros desde 1962, quando o casamento foi realizado. Além disso, o chefe da aldeia sempre envia para alguns membros deste segmento comida e coloca à sua disposição a força de trabalho da sua turma. Com isso, esse grupo ficou neutralizado, senão completamente do lado da facção do chefe. Entretanto, membros do segmento residencial IV sempre afirmaram que, em casos de disputa, eles ficam no meio, agindo essencialmente como mediadores entre a facção I e a facção II.

Um problema que pode ser levantado a esta altura é o seguinte: até que ponto essas trocas são feitas com propósitos políticos, isto é, conscientemente orientadas para a obtenção de apoio dos membros do segmento IV? É claro que não posso responder a essa pergunta de modo definitivo. Mas os dados apresentados até agora indicam que elas são realizadas com o propósito implícito de neutralizar esse segmento. E isso se torna claro quando se verifica que um dos auxiliares do chefe é o Alcides (4, grupo doméstico A), que a escolha desse homem é independente de laços de parentesco ou de outras prescrições. Aliás, nessas escolhas, o chefe está plenamente consciente do fator político. Assim, o segundo auxiliar era até cerca de 1967 o Permino (grupo doméstico R), um membro da facção oposta a sua. Mas como esse homem estava constantemente implicado em bebedeiras e lutas, o chefe resolveu destituí-lo do cargo, escolhendo logo em seguida o líder da facção II, o Toim. Inicialmente eu não compreendi bem a razão dessa escolha e imaginei que ela tivesse sido ocasionada por pressões políticas vindas da outra facção, da qual Toim é o líder. Mas logo depois, quando da investidura de Toim no cargo, entendi que a sua escolha havia sido ditada por uma sagaz manobra política por parte do chefe de São José, o que me foi logo depois confirmado pelo próprio chefe. Assim sendo, eu estou convencido de que muitas destas relações são realizadas com o propósito claro de obter um ganho na área política.

O SISTEMA POLÍTICO

De uma maneira geral, então, pode-se dizer que o processo político Apinayé é marcado por atividades muito nítidas. Uma delas, realizada pelo grupo que tem o poder, é a de manter as suas relações com os outros grupos não deixando que elas sejam "esquecidas" ou perturbadas. Isso é realizado por um constante reativamento de relações sociais seja por meio da atribuição de cargos ou por meio de trocas de força de trabalho e de comida. A outra, realizada pelo grupo da "oposição", é a de perturbar essas relações, procurando seccioná-las ou destruí-las. Pois assim como o chefe sabe que o grupo que está no meio pode ficar do seu lado, ele também sabe que esse grupo poderá oscilar para o outro lado, desde que as suas relações com a facção oposta sejam reativadas. É isso, pelo menos, o que se pode depreender das relações entre os segmentos residenciais de São José.

Todos esses fatores imprimem sua marca do estilo Apinayé de resolver disputas e controlar conflitos. Assim, a oratória de um chefe Apinayé é primariamente inspirada numa ênfase na coletividade. Do mesmo modo, um chefe Apinayé é sempre cauteloso na resolução de disputas.

A oratória Apinayé se caracteriza por ser divorciada de emoções. De fato, no nível do discurso, o chefe Apinayé, como os ingleses, separa totalmente seus sentimentos pessoais relacionados ao problema, procurando dominar o seu tom de voz e seus gestos de modo a falar não por si próprio e sua facção, mas representar toda a comunidade e, especialmente, seus valores. Nos discursos que presenciei (e que foram traduzidos por outros índios), o chefe sempre começava muito controladamente falando que todos daquela aldeia eram parentes, que como tais eles não deveriam brigar etc., e os problemas eram introduzidos no discurso, como contraponto dessas assertivas que visavam aos valores da comunidade como um todo. Foi assim que o Grossinho se dirigiu à aldeia quando alguns membros da facção II andaram matando o gado de alguns fazendeiros da região em 1967. E foi do mesmo modo que o Chefe Zezinho orientou uma disputa coletiva relacionada ao defloramento de uma moça em Mariazinha no mesmo ano. Numa palavra, então, a oratória Apinayé não vai diretamente ao assunto em pauta, e opera por meio de circunlóquios estilísticos, tocando nos pontos sensíveis depois que certos valores essenciais da comunidade são bem focalizados. O chefe assim age não só como representante da comunidade, como também como um personagem sobretudo interessado em manter os grupos ao seu lado e não provocar divisões entre eles. Uma oratória do tipo Catilina entre os Apinayé não só colocaria à prova todo o poder do chefe, como também colocaria em risco todas as relações sociais a ele relacionadas de modo tênue, já que os grupos que o suportam não têm limites bem determinados. Assim sendo, o chefe age solidificando e procurando criar *comunidade*. É por isso que os Apinayé falam que o chefe dá "conselhos" e "lições" (*kapenre* = fala) e não ordens.

De modo coerente com esse estilo oratório, a solução de disputas é realizada pelo chefe de modo silencioso. Sempre que possível, ele evita trazer o problema para a aldeia como uma coletividade, certo de que uma vez que o problema se torna público, menores serão as suas possibilidades de controlar os grupos interessados na sua solução. Assim, o chefe deve "matar os fuxicos no nascedouro", e uma das técnicas utilizadas para tanto é a de simplesmente chamar as partes interessadas à casa do chefe e lá dar uma "audiência", como dizem os Apinayé modernos. Chamando apenas o reclamante e a parte ofensora, o chefe isola o problema entre dois homens ou duas mulheres, evitando assim a contaminação do problema por toda a aldeia e por grupos de pessoas fortemente relacionadas às duas partes. Se isso acontece, ele corre o risco de uma polarização coletiva e essa polarização nem sempre pode ser favorável ao seu prestígio. De fato, uma das armas mais poderosas da oposição é justamente a de criar esses problemas e testar constantemente o prestígio e a habilidade do chefe quando ele trabalha na sua solução.

4. O PROCESSO POLÍTICO

Tal como acontece na maioria das sociedades tribais, entre os Apinayé o processo político está relacionado aos problemas da vida cotidiana. Assim sendo, são muitos os casos de furto, adultério ou agressão que podem degenerar num problema que vai atingir a esfera pública da aldeia de modo direto. É por isso que os chefes Apinayé sempre dão ênfase ao seu papel de mediador de disputas e a sua imparcialidade teórica quando estão investidos neste papel. Uma das suas principais preocupações, portanto, é a de sanar de uma vez por todas as insatisfações que existem quando ocorre um conflito entre pessoas na sua aldeia. Como coordenador das forças sociais de sua comunidade, o chefe Apinayé, entretanto, conta apenas com o seu poder de persuasão. Ele não tem uma polícia que possa implementar, com o uso da força, suas decisões. E nem tem exército que possa conter, também pelo uso da força, os grupos que com ele disputam o poder. A sua arma é o "conselho", a oratória e a análise de todos os aspectos de um caso na presença dos interessados. É por isso que os Apinayé dizem que um chefe deve "falar bem". Sua autoridade assim se baseia muito mais no exemplo do que em instituições diretamente ligadas ao seu cargo.

Mas do mesmo modo que o chefe conversa para obter soluções para os conflitos da sua aldeia, a oposição faz o mesmo uso da palavra para propósitos de certo modo contrários aos seus. Assim, todas as conversas que desagradam aos grupos diretamente interessados no poder são classificadas como fuxicos (*me-êdji*, onde *me* = coletivizador e *êdji* = mentira) ou "conversa de mentira".

O ponto de partida para os fuxicos são as áreas de conflito entre duas pessoas ou dois grupos de pessoas cujos interesses estão diametralmente em oposição em relação a um certo elemento, relação ou problema. Se X roubou milho de uma roça de Y e este reclamou ao chefe, isso pode ser uma fonte de fuxico. Se X e Y foram ao chefe e este mandou que X devolvesse a Y o que foi roubado, isso também pode ser uma fonte de fuxico. De fato, essas fontes são ilimitadas e o início do fuxico pode depender de vários fatores, desde a quebra de uma regra social até os comentários sobre as relações entre dois homens. O denominador comum do fuxico é, de fato, a sua capacidade de revelar nitidamente a posição de uma pessoa (ou de um grupo) em relação a um problema. É por isso que os fuxicos estão centralizados em redor de casos onde uma regra social foi rompida e o seu ponto de partida é sempre uma ação que de algum modo se desvia da norma.

Em São José, o ponto central de todos os fuxicos é a história de sua chefia que está relacionada obviamente às duas facções mais poderosas desta aldeia. Nesta comunidade, portanto, os fuxicos operam como argumentos que visam *legitimar* ou *ilegitimar* a capacidade de um grupo e de um homem de serem considerados como representante genuíno daquela comunidade.

a) A História da Chefia em São José

São José é hoje a aldeia que nos tempos de Nimuendaju era chamada de Bacaba, comunidade fortemente governada pelo Chefe José Dias Matúk. Nos tempos de Nimuendaju, as interferências da sociedade regional se faziam sentir externamente. Havia disputas por causa de terras, matança de gado e babaçuais, mas, internamente, os Apinayé se organizavam e resolviam suas disputas de modo livre, sem a interferência de representantes permanentes da sociedade brasileira. Quando Matúk morreu, a chefia passou para o Velho Estêvão, índio vindo da aldeia Cocal e que se mostrou bastante capaz em resolver problemas externos. De fato, foi Estêvão que obteve do Padre Velho (vide Cap. I), em Tocantinópolis, uma divisão de territórios entre índios e os sertanejos, divisão que até hoje tem operado relativamente bem. Entretanto, o Velho Estêvão consolidou o seu poder com a ajuda do primeiro encarregado de Posto que teve os Apinayé, um tal de João Félix. Nestes anos, tudo indica que, embora o Velho Estêvão tenha tido sucesso com os brasileiros, ele não possuía um grupo suficientemente poderoso para apoiar a sua entrada no poder. Pelo que pude averiguar, havia já nesta aldeia duas facções. Uma delas era formada pelos parentes de Matúk e outra pelos parentes do Velho Estêvão. Nos anos quarenta, quando entrou outro encarregado de Posto, um tal de Zé Fábio, a família do Matúk manobrou com este homem no sentido de colocar na chefia o Toim, hoje líder do segmento residencial II e filho de Matúk. Zé Fábio concordou e Toim tomou a chefia de Estêvão. Toim e seu grupo governaram esta aldeia até os anos cinquenta, quando da visita do Iridiano, Chefe da Inspetoria de Goiânia. Nesta ocasião, a facção do Velho Estêvão e Pedro Viado conseguiu tomar a chefia novamente, colocando um dos seus homens no cargo. Foi assim que o Grossinho, filho do Estêvão, passou a ser chefe de São José.

Com isso cristalizou-se, de modo claro, a divisão de interesses entre Grossinho e seu grupo e o grupo Toim. Entretanto, os antecedentes desta cristalização são mais antigos e datam dos tempos de Matúk, quando o antigo chefe mandou matar um dos sobrinhos do Velho Estêvão, um índio chamado Aníbal.

Desta história, contada aqui de modo esquemático, observam-se dois traços importantes. O primeiro é que a divisão faccional é antiga, datando provavelmente da chegada do Velho Estevão do Cocal para uma aldeia fortemente dominada por Matúk e seu grupo. Segundo, as interferências da sociedade brasileira regional no processo político da aldeia. De fato, todas as vezes que mudou a chefia em São José, um grupo procurou um representante do governo brasileiro para legitimar o seu poder. Mas pensar que isso é fator dominante nas lutas políticas entre os Apinayé é um erro. Realmente, um agente do então Serviço de Proteção aos Índios sempre foi chamado a legitimar o homem no cargo de chefe, mas o processo interno não deixou de ser afetado por isso. Essa busca de um elemento externo (representado pelo agente do então Serviço de Proteção aos Índios), para legitimar um grupo no poder, é sintomático dos problemas decorrentes da organização da ordem pública entre os Apinayé. Pois, como vimos, os grupos que controlam o poder nesta sociedade são difusos em sua composição e, como consequência, o poder político tende sempre a oscilar e a ser consolidado com certa dificuldade. Se os grupos que fazem o seu rodízio pelo poder em São José se inclinaram sempre a pedir o apoio de um encarregado do Posto, é porque esses grupos estavam pretendendo resolver um problema crônico, motivado pela estrutura dos grupos políticos desta sociedade.

Por outro lado, se uma cisão de aldeia nunca ocorreu em São José, isso foi certamente motivado pela pressão territorial e pela insegurança da tribo dentro da sociedade regional. Deste modo, o grupo que perdeu a chefia preferiu continuar na aldeia a ter que ocupar um novo sítio, onde não contaria com o "apoio" imediato do Serviço de Proteção aos Índios ou da FUNAI. Mas, é preciso observar, esses dois fatores operaram de modo conjunto, não sendo possível atribuir aos agentes do SPI um poder de decisão em relação à chefia desta aldeia de modo direto. O que eles fizeram foi consolidar uma posição que *de fato* estava prestes a ser decidida com ou sem sua ajuda.

Neste sentido, é possível argumentar que — nesta instância — foram os Apinayé que usaram o SPI e não o contrário. O beneplácito do agente governamental servindo como um mecanismo legitimador de uma disputa faccional que existia na aldeia por algum tempo.

É claro então que, em São José, esses eventos são sempre trazidos à tona todas as vezes que membros da facção I ou II entram em conflito. Fuxicos nascem porque o chefe atual não sabe conduzir uma festa e fuxicos surgem porque Grossinho não sabe resolver bem um caso de indenização entre partes em conflito. Os membros da facção II, o grupo do Toim, indicam claramente que o Grossinho e o seu grupo são usurpadores de poder. "Eles são de fora, são do Cocal", "ele é o chefe por causa do Iridiano", são os comentários mais ouvidos. Por parte da facção I, o grupo do atual chefe, os comentários vão diretamente aos problemas criados durante o período em que o Toim era o chefe. "Ele nunca parava na aldeia", "ele era um bêbado". De fato, sertanejos confirmam que o Toim era um chefe desinteressado dos problemas externos de São José e apontam, sobretudo, sua incapacidade de parlamentar com os brasileiros.

Na sua oposição ao grupo do Grossinho, então, o Toim tem que fazer face não só aos problemas internos da aldeia, como àqueles relacionados ao suporte político, mas também aos problemas externos, especialmente as suas relações com os encarregados do Posto. Internamente, o meio mais utilizado é o fuxico. Vejamos o seu lugar no processo político Apinayé.

b) Os Fuxicos e o Processo Político

Os Apinayé dizem que o fuxico "é amigo ou companheiro do feitiço". Com isso eles dão ênfase especialmente aos processos disjuntivos que atingem as suas comunidades e, neste sentido, feitiço e fuxico são vistos pelos índios como índices de mal-estar social. Em aldeias onde a vida social transcorre com um mínimo de disputas, não há fuxicos e não há feitiço. Do ponto de vista do processo político, ambas as atividades podem ser vistas como modos pelos quais o grupo mais fraco traduz o seu descontentamento e chama a atenção para certos problemas sociais. Por exemplo, quando a filha do chefe Zezinho perdeu uma pulseira de miçangas em São José, alguns índios falaram que a pulseira havia sido roubada e não perdida. Houve, portanto, especulações em torno do possível ladrão, uma ameaça por parte do Zezinho de ir entregar o caso ao chefe de São José, mas depois de alguns dias o fuxico terminou. Entretanto, quando o Vicente (62, grupo doméstico S) matou Joãozinho (grupo doméstico T), o evento foi imediatamente contaminado pelas disputas políticas e o Vicente foi acusado de ter sido um assassino a mando do Toim, pois era ele, na realidade, que não gostava do Joãozinho. A versão da facção do Toim, porém, da qual Vicente faz parte, foi inteiramente diversa. Nela, Joãozinho era apresentado como um feiticeiro que havia tentado várias vezes ter relações sexuais com a mulher do Vicente, além de ter sido a causa da morte de duas filhas do Chiquinho (3, grupo doméstico T). Assumindo a defesa do Chiquinho contra o seu ex-genro (Joãozinho), Toim e seu grupo procuravam não só justificar as ações de um dos seus membros como legítimas, como também colocar o Chiquinho dentro do seu grupo. O mesmo ocorreu quando o Permino brigou com o Santana em uma festa onde ambos estavam bêbados, e o Santana foi ferido a faca pelo Permino. Aqui, o evento trouxe uma onda de fuxicos que logo foram atualizados pelas duas facções.

Uns, os membros da facção I, acusavam o Permino de ser um índio provocador e causador de conflitos; outros (membros da facção II da qual Permino é parte, vide grupo doméstico R, 60) diziam exatamente o contrário, colocando toda a culpa no Santana. Era ele quem havia "mexido" com a mulher do Permino e não o contrário. E mesmo depois que uma indenização foi paga, com a mediação do chefe, o caso ainda é lembrado por uns e outros como um exemplo do mau caráter dos membros do grupo I ou do grupo II.

Mas mesmo situações menos complicadas e graves podem ser imediatamente focalizadas sob o prisma faccional, como foi o caso da morte do cavalo do Estevão. Em 1962, descobriu-se nos arredores da aldeia o cavalo do Estevão e o animal estava morto. Como a causa da morte não foi logo descoberta (sertanejos explicaram depois ao Velho Estevão e aos membros do seu segmento residencial que o cavalo havia morrido por doença e era muito velho), Estevão acusou abertamente o Vicente como o causador da sua morte. A legitimidade da acusação repousava no fato de ele estar convencido de que o Vicente não o suportava e era invejoso. Assim sendo, como não podia prejudicar o Grossinho (seu filho e chefe da aldeia), resolveu matar o seu cavalo. Deste acidente, degenerou um tremendo boato em que se dizia que o Estevão iria mandar matar o Vicente, embora os membros da facção do Toim apontassem, nos seus comentários, que o cavalo não tinha marcas nem de faca, nem de balas. De qualquer modo, os dois grupos ficaram preparados para qualquer eventualidade, mas como o chefe não levou as reclamações do Estevão adiante, depois de algumas semanas, o Estevão estava convencido de que o seu cavalo havia morrido naturalmente. Mas, como ele disse então para mim, o Vicente continuava a ser um "caboclo ruim".

O problema sociológico, então, é o de ter um evento com sua interpretação contaminada pelas disputas faccionais. E isso, como indicam os casos sumariamente apresentados acima, é — obviamente — uma função da natureza do evento e, mais importante que isso, dos seus protagonistas. Em termos do processo político, o papel da oposição é trazer esses problemas para o domínio coletivo, onde eles poderão provocar cisões entre os grupos que dão o seu apoio ao chefe. Assim sendo, no caso descrito acima, o Toim assumiu um papel de vítima, dizendo que era deste modo que sempre agiam os homens do grupo I. Eles acusavam os outros sem saber e viviam procurando fazer fuxico a fim de difamar os membros do seu grupo. O papel do chefe e do seu grupo é o de "matar o fuxico" enquanto ele ainda está imerso na área privada. O seu problema é o de evitar que a conversa se transforme num problema coletivo onde a ação do chefe possa ser questionada por segmentos que não estão disputando o poder. Em 1967, depois do assassinato do Joãozinho, e quando o faccionalismo da aldeia de São José parecia estar bem acentuado, uma das técnicas da oposição (segmento residencial II) era o de matar o gado dos brasileiros. Com isso eles estavam seguros de provocar problemas para o Grossinho, que teve que organizar uma reunião pública para resolver o problema.

Entre os Apinayé, portanto, os fuxicos operam como catalizadores da ação social, como quer Gluckman (1963), mas também são utilizados como poderosas fontes de propaganda contra o chefe da aldeia. Todos os casos onde uma decisão é difícil de ser obtida engendra um fuxico, e este fuxico pode degenerar em uma luta aberta entre partes da aldeia. Como, por outro lado, a estrutura do sistema de relações não permite o estabelecimento de limites entre grupos, esses conflitos podem contaminar toda a aldeia, provocando sua cisão. Daí o cuidado do chefe em eliminar esses fuxicos e fazer com que a vida social retorne a sua antiga regularidade. A vantagem do uso do fuxico reside no seu quase anonimato, pois um fuxico é uma conversa de mentira, isto é, uma informação semiverdadeira e semifalsa; uma conversa sem dono.[5] Isso significa, do

---

[5] O que vale dizer: a matéria do fuxico é a ambiguidade de uma situação social e a dificuldade de se classificarem as ações sociais por ela engendradas. Para um estudo excelente desse ponto —

ponto de vista sociológico, que um fuxico é um assunto que oscila de uma área privada para uma área semipública, onde o seu reconhecimento é apenas potencial. Mas a desvantagem do uso dessa técnica é que, dependendo da posição do chefe e do seu grupo, ela geralmente consolida o poder do chefe. Em aldeias onde o chefe é fraco, como é o caso de Mariazinha, onde o poder era disputado pelo Júlio (um líder forte em ascensão), o falecido Zezinho (então líder em declínio) não podia liquidar nenhum fuxico. Mas numa aldeia onde o chefe é forte, como acontece em São José, os fuxicos servem apenas como exemplos para justificar a má-fé do grupo que está na oposição.

Nesta perspectiva, observa-se nitidamente como os fuxicos fazem parte da estrutura política. De fato, eles são os meios de que dispõem os Apinayé de discutir as inter-relações entre o seu código social e o que ocorre no mundo real. Assim, todas as vezes que existe uma situação onde as regras sociais só podem ser aplicadas com certa dificuldade, um fuxico está pronto para nascer.

Levantar um fuxico, como dizem os Apinayé, é, portanto, um jogo até certo ponto perigoso, pois implica na discussão de situações ambíguas e de difícil classificação. É por isso que o fuxico pode servir como uma arma para a oposição (quando ela testa, por assim dizer, o poder do grupo estabelecido) e também como arma para o grupo que ocupa o poder.

O mesmo ocorre no caso do feitiço (*me-o-txú*), uma atividade que pode trazer poder para o feiticeiro, mas que tem como contrapartida o perigo de provocar a eliminação de tal pessoa. Os Apinayé fazem uma distinção entre fuxico e feitiço e essa distinção é em termos de grau. Assim, os fuxicos são considerados como normais numa aldeia desde que eles não passem de certo ponto: isto é, desde que não transformem a vida social em algo insuportável. Ao

---

curiosamente pouco mencionado pelos antropólogos interessados neste problema (cf. Gluckman, 1963; e Paine, 1967) —, veja-se Allport e Postman, 1947.

passo que o feitiço é uma atividade muito mais perigosa e muito mais grave. Como consequência, é mais fácil ver os fuxicos como elemento do sistema político e das facções que disputam o poder do que a feitiçaria. Entretanto, ambas as atividades expressam a mesma tendência.

De fato, todo o ponto dos fuxicos e dos feitiços é o seu anonimato e a incerteza que cerca tanto os feiticeiros como os fuxicadores. Existe sempre a ideia de que foi uma certa pessoa, mas nunca se sabe ao certo quem foi. Fuxiqueiros são conhecidos porque são pessoas que falam muito e estão sempre prontos a condenar as pessoas da aldeia por suas faltas. Feiticeiros, porém, são muito mais dissimulados. Eles também são revelados por meio de sintomas, mas esses sintomas não surgem com a mesma nitidez. Os Apinayé falam que os feiticeiros são pidões e sovinas. Eles são pessoas que querem tudo receber e nada dar. Assim, quando uma pessoa começa a fazer pedidos absurdos, como, por exemplo, entrar numa casa e pedir muita carne ou presentes valiosos, pode-se suspeitar de que ela é feiticeira. E o corolário aqui é o seguinte: se a pessoa não der, o feiticeiro certamente vai se vingar. Assim sendo, não é clara a associação entre o processo político e o feitiço. Pois muito embora os Apinayé possam apontar com certeza quem são os fuxiqueiros da aldeia, eles têm muito mais dificuldade em indicar os feiticeiros. Em 1967, os fuxiqueiros eram, geralmente, pessoas da facção de Toim, que tinham razões para criar dificuldades contra o grupo do Grossinho. Elas eram invejosas, mas sua ação se conformava de certo modo às ações de todo um segmento residencial.

Mas um feiticeiro é considerado pelos Apinayé como uma pessoa que age solitariamente. Ele tem as suas razões e pode fazer feitiço mesmo contra os seus parentes mais próximos. Quando os índios queriam indicar o modelo de tal tipo de comportamento, citavam o falecido Joãozinho que fez feitiço mesmo contra os parentes de sua mulher, apesar de ter vários filhos e estar assim relacionado com eles. Numa palavra, *o feiticeiro é um indivíduo e não uma pessoa*. Ele age como se o grupo e as relações sociais que o ligam a esse grupo não existissem. Por isso os compromissos sociais não existem para ele. Como consequência, o feiticeiro está sempre pronto a misturar categorias, pedindo para copular com velhas sexualmente indesejáveis ou com mulheres casadas que são fiéis aos seus maridos. A negativa implica em morte por uma doença incurável. Foi o que ocorreu com a Velha Mariquinha, que negou seus favores sexuais ao Joãozinho e estava com uma doença incurável na garganta. De modo coerente com isso, o feiticeiro faz o seu "serviço", como dizem os índios, colocando no corpo da vítima um corpo estranho, isto é, misturando categorias. Assim, ele consegue colocar um pedaço de espinho ou de osso dentro do coração de uma pessoa, ou consegue colocar o *mekaron* (imagem) de uma aranha ou de um sapo dentro da cabeça da pessoa que deseja liquidar. Sabe-se que a pessoa está enfeitiçada porque o processo da doença é irreversível e também porque está atento. Todas as curas são neutralizadas pela sua ação. Assim, sua vítima morre de uma doença que não teve cura, sinal de que ela estava enfeitiçada.

    Uma das diferenças básicas entre fuxicos e feitiço, do ponto de vista político, então, é a de que no feitiço um indivíduo age só e independentemente de todos os interesses e de todos os grupos sociais ao seu redor. De fato, todo o ponto de ser feiticeiro reside na rejeição dos papéis sociais que esses grupos atribuem aos seus membros e que implicam em obrigações e privilégios. O feiticeiro, agindo como um indivíduo, rejeita todos esses papéis e, com isso, a moralidade da comunidade. Neste sentido, ele é o caso extremo de marginalidade. Mas quem faz fuxico tem interesses num grupo social. O seu egoísmo é determinado pelos interesses do grupo do qual faz parte. No caso do feiticeiro, porém, nada o liga a nenhum grupo social.

Como mecanismos sociais, portanto, existe uma diferença entre fuxico e feitiço. Mas visto de um ângulo geral, através de sua ideologia, as duas atividades estão muito próximas. Pois ambas visam aos interesses de um grupo (ou de um indivíduo), em oposição aos interesses da coletividade como um todo. Realmente, a moralidade Apinayé é francamente orientada para a coletividade. Isso é muito claro na definição de um bom homem ou de um bom chefe como uma pessoa que deve dar mais do que receber e, consequentemente, coloca os seus próprios interesses como subordinados aos interesses do grupo. Um homem Apinayé ideal é aquele que está orientado para todos os seus laços sociais, um ideal claramente impossível de ser atingido. Assim sendo, ele vive sempre inibindo os seus interesses pessoais em benefício do grupo. O mito do Sol e da Lua, em seus vários ciclos, é um paradigma de tal procedimento quando focaliza as ações e as motivações do Sol, em oposição às da Lua.

Pois bem, o primeiro momento do rompimento com os valores coletivos é encapsulado no fuxico. O segundo momento, na feitiçaria. Neste sentido é possível entender o refrão Apinayé: "o fuxico e o feitiço são companheiros". É que eles fazem parte de um mesmo *continuum*, que tem como lógica um divórcio crescente dos interesses coletivos. Assim sendo, é possível integrar o feitiço na estrutura política, na medida em que as lutas pelo poder assumem uma feição deletéria aos valores coletivos, isto é, às próprias regras do jogo social. Entretanto, para que esse ponto possa ser demonstrado com nitidez, seria preciso estar numa aldeia onde o processo de cisão fosse iminente. Mas é significativo que, em São José, acusações veladas e muito cuidadosas de feitiçaria caíssem sobre um índio Xerente, membro da facção do chefe (25, grupo doméstico E), e sobre o índio Vicente, membro da facção do Toim. Embora essas acusações não corram explicitamente no plano político, pois os Apinayé negam que um chefe ou um líder de um segmento residencial possa utilizar a feitiçaria para obter ou se manter no poder, ela, não obstante, tem um conteúdo político mais ou menos claro. No caso do Vicente, porque ele é um índio politicamente muito ativo e sempre pronto a influenciar as decisões do Toim. Foi ele quem matou o Joãozinho, e o seu ponto de vista é de que a morte do segundo foi justa, "pois ele era um feiticeiro". Acusar o Vicente de feitiçaria, portanto, corresponde a neutralizar um elemento ativo da outra facção. No caso do Moacyr Xerente, as razões não são tão nítidas do ponto de vista político. É mais acertado dizer que ele é acusado porque é um criador de casos, um homem que sempre teve problemas matrimoniais e que sempre recusou ficar calado quando seus afins se aproveitavam dele. Como Xerente, Moacyr é membro de uma minoria e não tem ninguém para defendê-lo. Mas, por outro lado, pode-se dizer que seus problemas são causados porque Moacyr é um líder potencial. Outro homem também acusado, e significativamente acusado, era o chefe da Aldeia de São José, que também age como curador.

É possível então, embora eu não possa oferecer uma demonstração convincente agora, que as acusações de feitiçaria tenham uma correspondência com o plano político. Em muitos casos elas podem estar divorciadas dele, já que o feiticeiro entre os Apinayé é um caso extremo ou patológico de egoísmo e de tendências antigrupais. Mas é também muito provável que a polarização política possa provocar o uso de recursos sobrenaturais para propósitos políticos, embora isso seja negado pelos Apinayé de São José. Nós sabemos, porém, que tal recurso ocorre entre os Xavante e que nesta tribo o processo é duplo. Isto é, feitiços são usados contra os fortes pelos fracos e contra os fracos pelos grupos que estão no poder (cf. Maybury-Lewis, 1967: 275).

A diferença entre os Xavante e os outros Jê do Norte é que na primeira tribo o processo político é muito mais marcado pelos grupos sociais que conduzem a vida cotidiana. Assim, acusações de feitiçaria entre pessoas relacionadas como afins são frequentes.

UM MUNDO DIVIDIDO

Como o universo social dos Xavante está marcado pela dicotomia parentes/afins, sendo uns concebidos em certo momento como fortes e os outros como fracos (especialmente no início do casamento), e como, além disso, essa dicotomização é motivada pela organização dos Xavante em grupos unilineares de descendência patrilinear, a feitiçaria nesta sociedade pode ser até certo ponto prevista com certa facilidade. Assim, ela sempre cai sobre as pessoas e os grupos que estão em posição oposta; os afins e os grupos (clãs e linhagens) fora do poder. Entre os Jê do Norte, porém, esses grupos são formados por meio de princípios menos claros, já que essas sociedades não possuem grupos unilineares de descendência. Assim sendo, entre os Apinayé, os segmentos residenciais são os grupos políticos por excelência e eles são formados por meio de alianças entre homens que, em virtude do matrimônio matrilocal, vão residir em grupos domésticos próximos ou contíguos. Assim sendo, os limites desses grupos são menos nítidos, bem como a sua área de poder. De modo concomitante com isso, a feitiçaria parece correr livremente, não sendo associada diretamente aos problemas políticos. O único grupo Jê do Norte onde se poderia esperar uma associação semelhante à dos Xavante, entre feitiçaria e o processo político, seria entre os Kayapó. Nesta sociedade o processo é atualizado por grupos masculinos aparentemente bem determinados. Mas mesmo entre os Kayapó a feitiçaria é considerada de modo semelhante ao que descrevemos para os Apinayé (cf. Turner, 1966). Por isso, é possível dizer que a localização destes poderes retaliativos de ordem mágica deve ser correlacionada aos modos pelos quais uma sociedade define o poder de alguns dos seus segmentos. No caso Xavante, o poder político está numa linhagem e num clã, e a linhagem tem limites precisos. O jogo político é realizado por meio de alianças muito claras entre o clã que detém o poder e os clãs que querem compartilhar deste poder. Entre os Apinayé e os Kayapó, entretanto, o poder político é obtido de modo menos claro e, como consequência, é muito menos determinado. Nessas sociedades existe o mesmo problema para os grupos que detêm o poder: os seus segmentos residenciais e as suas turmas masculinas não podem ter limites bem definidos em virtude da natureza do seu sistema de relações bilateral. Em outras palavras, como os grupos que disputam o poder não são bem marcados, os Jê do Norte têm problemas muito sérios de legitimar o grupo que está no poder.

Deste modo, eu gostaria de terminar este capítulo sugerindo que entre os Jê do Norte o poder é livre e suas áreas não são bem marcadas. De modo coerente com isso, o poder mágico é também livre e não cai aprioristicamente numa categoria de pessoas. Ele só pode ser marcado com precisão na medida em que o faccionalismo de uma comunidade se torna igualmente bem marcado. Em ocasiões normais, os feiticeiros são por excelência os marginais e não os afins ou os membros da outra facção. Como os Jê do Norte não podem dicotomizar o seu universo social em "nós e eles", eles também não podem demarcar precisamente quem serão os seus feiticeiros. Isso só pode ser feito de modo gradativo, na medida em que o faccionalismo de uma aldeia degenera e subverte as regras do jogo social. Pois é somente assim que os grupos que disputam o poder ficam totalmente discretos e podem agir em detrimento das relações que todos possuem, em certo sentido, com todos.

Nesta perspectiva, pode-se dizer que a feitiçaria Xavante se aproxima de um verdadeiro *witchcraft*,[6] isto é, uma forma involuntária de malefício, pois basta que uma pessoa seja situada na categoria "eles", para que ela seja suspeita de tal atitude. As acusações de feitiçaria entre os Xavante, assim, confirmam, e como diz Mary Douglas, "enables guilt to be pinned on the source of confusion

---

[6] É evidente que estou usando a distinção clássica entre feitiçaria e bruxaria (*witchcraft*), estabelecida por Evans-Pritchard (1937: 387). De modo sucinto, o feiticeiro é aquele que utiliza recursos mágicos de modo consciente, ao passo que a bruxaria (*witchcraft*) é uma atividade que independe da vontade do seu agente: ela é inconsciente e incontrolada.

and ambiguity" (1966: 106), pois elas ajudam a manter separados "parentes e afins", bem como o "nosso grupo" do grupo que conosco disputa o poder. Neste sentido, pode-se dizer que os Xavante podem legitimar melhor o poder dos seus segmentos políticos, o que deve estar correlacionado com a sua clara formação e limites, por meio de um princípio unilinear. Mas entre os Jê do Norte a situação é mais ou menos inversa. Primeiro, como já apontamos muitas vezes, porque o poder não é dado a grupos não ambíguos, em termos de formação e de limites. Segundo, porque existem problemas mais graves para legitimar esse poder. A história da chefia de São José é uma prova viva deste problema, e eu estou certo de que o mesmo ocorre com os outros Jê do Norte, para os quais se reportam aldeias com dois ou mais chefes. Assim sendo, a feitiçaria corre nas áreas marginais da sociedade, entre pessoas e grupos que estão marginalizados do poder político porque o poder político é difuso. Do mesmo modo que o poder político é difuso, os poderes mágicos também são. Eles estão abertos, por assim dizer, a parentes e aos afins, aos grupos e pessoas que estão no poder e também às pessoas e grupos que estão fora dele.

A localização dos feiticeiros entre os vários grupos Jê, portanto, parece estar correlacionada ao tipo de estrutura social de cada uma dessas sociedades. Quando os grupos dominantes são bem demarcados, também é demarcada a área de onde um feiticeiro deverá sair (Xavante). Mas quando os grupos são mal demarcados os feiticeiros são vistos como pontos extremos da vida comunal. Eles são paradigma da marginalidade do mesmo modo que são as pessoas que se recusam a ser incorporadas na teia de relações sociais daquelas sociedades.

CONCLUSÕES

AS LIÇÕES DO CASO APINAYÉ

Nos capítulos precedentes tentei mostrar como a estrutura social dos Apinayé estava ordenada por meio de certos princípios básicos. De fato, minha descrição da estrutura social Apinayé teve um contraponto, a saber: a relação dialética entre regras sociais (ou aspectos formais e mais conscientes da ordem social Apinayé) e sua aplicação e implicação em termos de certo conjunto de situações sociais concretas. Pois se é sabido que todas as sociedades humanas podem ser interpretadas por meio desta dicotomia, espero ter demonstrado que — no caso Apinayé — os próprios índios distinguem claramente estas faces fundamentais da sua realidade social.

Assim, os Apinayé sempre iniciam suas descrições tomando como referência as oposições *centro/periferia* e/ou *casa/pátio*; distinções que marcam de modo explícito o seu cosmos e se projetam na topografia de suas aldeias. É justamente a partir desta dicotomia fisicamente fundamentada que se pode penetrar em outras oposições binárias mais abstratas e mais relevantes numa interpretação do sistema Apinayé. E aqui é preciso lembrar os contrastes estruturais entre o *público* e o *privado* e a separação que estruturalmente lhe corresponde: aquela entre o *mundo cerimonial* e o *mundo do cotidiano*.

De acordo com a minha interpretação, o mundo social Apinayé seria um mundo dividido por meio dessas oposições críticas.

Mas sua divisão é de um tipo especial. Ela não seria marcada por uma essência historicamente dada onde se toma como ponto de partida uma situação ideal de desigualdade. Muito ao contrário, as oposições Apinayé são complementares e concebidas como absolutas, isto é, sem uma a outra não pode ter significado. Como consequência, os Apinayé (como seus irmãos Jê-Timbira) jamais se referem a um momento inicial marcado pelo mundo doméstico da casa e do cotidiano como sendo mais importante e sobre o qual foi adicionado um segundo mundo secundário ou consequente, o universo da praça, dos cerimoniais e da vida pública. Tal visão processualística (e histórica) é muito adequada e importante para a nossa sociedade, mas para eles deixa de ser relevante. Pois o que interessa ao Apinayé é mostrar a congruência das coisas em suas relações básicas umas com as outras. Não tendo uma ideia de que um grupo, uma pessoa ou uma categoria social nasceu primeiro e é mais importante, eles também não jogam num mundo onde as diferenças implicam em privilégios e na possibilidade de exploração de um homem pelo outro.

O mundo social Apinayé é, pois, um mundo dividido, mas onde as divisões não implicam em privilégios. Ao contrário, nele, dividir é fundamentalmente ordenar de tal modo que o dualismo Apinayé implica numa absoluta igualdade ou simetria de termos. Enquanto o nosso dualismo está sempre fundado numa oposição e numa assimetria (Deus é superior ao seu adversário, o Diabo; do mesmo modo que as classes dominadas são moralmente superiores às classes dominantes; e a mulher, no fundo, é superior ao homem), o dualismo Apinayé é absoluto e em vez de condenar certas categorias sociais, ações, grupos e personagens como inferiores, ele os eleva e os situa como simétricos e críticos para a construção do mundo.

A expressão mais acabada desta mundivisão é o ciclo das aventuras do Sol e da Lua, os dois heróis geradores do universo Timbira e Apinayé. Realmente, nestes universos sociais, Sol e Lua são dois homens que, mantendo relações de amizade formalizada, resolvem descer à Terra para estabelecer a criação. Vem, pois, do *céu* e do *alto* para "corrigir" o mundo e inventá-lo. E assim provocam uma série de episódios onde suas relações dialeticamente engendram não só o seu próprio caráter diferenciado e oposto, como também a natureza oposta e complementar das coisas deste mundo.

Deste modo, as aventuras do Sol e da Lua Apinayé revelam como o Sol fez os animais, mas a Lua complementarmente inventou as onças, as cobras venenosas e os marimbondos. Vendo sua criação, o Sol reclama dizendo que, no futuro, os filhos de ambos iriam ser mortos pela onça, pelas cobras e mordidos pelos marimbondos terríveis que a Lua havia inventado. A Lua, porém, responde hegelianamente que era assim mesmo que as coisas tinham que ser. Pois se não existissem animais como a onça e as cobras venenosas, os homens jamais voltariam para as suas aldeias, já que não teriam medo do mato. Em outras palavras, a Lua responde que, sem traços distintivos significativos e bem salientes, jamais os homens seriam capazes de dividir a natureza da cultura. E mais, o mito implica — pela interação dialética dos seus dois personagens — que a natureza é inventada na medida em que se inventa a cultura. Pois é na medida em que o Sol cria os "animais culturais" (animais que serão presas do homem e ajudarão na sua manutenção enquanto membro de uma sociedade) que a Lua inventa os "animais naturais", isto é, os animais que são competidores dos homens, como a onça (carnívora e caçadora e, ainda, "armada" de dentes e garras. Dona do fogo na mitologia Timbira) e as cobras venenosas.

Em outro episódio, a Lua divide os animais entre si; pois os animais inventados pelo Sol não tinham medo do homem; inventa o trabalho; cria os homens feios, pretos e aleijados e, finalmente, engendra a morte.

Todos esses episódios obedecem aos mesmos princípios de uma "dialética hegeliana nativa", com o Sol estabelecendo um objetivo inicial, a Lua engendrando sua antítese e, num terceiro e último movimento, a Lua desenvolvendo um argumento capaz de sintetizar todo o episódio, fazendo calar as dúvidas e objeções do Sol. É assim que a Lua explica a separação entre animais com medo do homem e animais sem medo do homem (quando anteriormente todos os animais viviam *com* o homem) por meio de argumento do canibalismo. Assim, diz a Lua: se os animais como a paca, o veado, o tatu, o porco, o caititu etc. não têm medo e fogem do homem, eles matariam logo todos os animais e acabariam comendo uns aos outros.

O mesmo argumento é usado para justificar a criação da morte, pois se os homens não morressem como seria possível a substituição de uma geração pela outra? A Lua, deste modo, revela-se a defensora dos mecanismos anti-históricos da sociedade Apinayé. Zelando pelo equilíbrio entre os homens e a natureza, a Lua procura impedir a invenção do *lixo* (ou do resíduo) como categoria social. E nós sabemos que os sistemas historicamente diferenciados com as distinções internas de classes são sistemas onde o *lixo* (humano e cultural) foi finalmente inventado. Em outras palavras, e num outro plano, a Lua impede a consumação da abundância no sistema Apinayé. Ele, assim, revela toda a ingenuidade do Sol, que, no mito em questão, desempenha o papel de um personagem cego pela regularidade e pela certeza. O Sol representa a tranquilidade da natureza, incapaz de questionar-se a si própria; objeto puro e inerte. A Lua é o ser que questiona e por meio deste questionamento introduz distinções e divisões, engendrando uma lógica humana que, na medida em que se estabelece, gera simultaneamente, por meio de um movimento circular e reflexivo, a lógica da natureza.

É por isso que o mito do Sol e da Lua permite deduzir a dialética da complementaridade, fonte de toda a lógica do mundo dividido dos Apinayé. Este mito, pois, codifica — conforme demonstra essa análise superficial — um tipo de dualismo que Lévi-Strauss chamou de diametral, fundado que está em simetrias, como os diâmetros de um círculo. A sociedade Apinayé serve. assim, como um exemplo da operação deste dualismo em vários níveis. Mas como esse "dualismo" se manifesta no mundo das regras e práticas sociais? A pergunta é, sem dúvida, crucial, porque na literatura antropológica o *dualismo* — ou melhor, a *organização dualista* — tem sido abordado com poucos dados a respeito das ideologias nativas. Tendo sido detectado pelo pesquisador, o dualismo não é demonstrado como uma concepção aborígine e isso tem limitado as discussões teóricas a respeito do fenômeno. Aqui, procurei justamente desenvolver a teoria do dualismo *pari passu* às concepções nativas, de tal modo que a ideologia nativa assumiu sempre uma importância crescente neste livro.

No caso dos Jê-Timbira em geral e dos Apinayé em particular, o problema era o de saber como essas sociedades implementavam na sua prática social a estrutura dual manifesta na sua cosmologia, mitologia e ordem cerimonial. O problema, para situá-lo de modo sucinto, resumia-se aos seguintes pontos, todos considerados nos artigos clássicos de Lévi-Strauss de 1952 e 1956 (cf. Lévi-Strauss, 1970):

a) Organizações dualistas devem atualizar-se na prática social por meio de sistemas matrimoniais prescritivos (ou preferenciais) com as primas cruzadas bilaterais. Esta é uma das descobertas de Rivers (1968), ampliada posteriormente por Lévi-Strauss ([1949], 1969).

b) O casamento com a prima cruzada bilateral é o modo mais lógico e mais econômico de implementar na prática social uma organização dualista. A aldeia ficaria dividida em metades e os membros destas metades trocariam suas irmãs. Dada uma regra de residência unilateral e uma regra de descendência unilineal, este sistema seria o mais "simples" e o mais "perfeito".

c) Entre os Timbira, porém, existiam divisões em metades, mas tais metades não regulavam o matrimônio. Por outro lado, o casamento com a prima cruzada era vedado ou proibido. Foi por isso que Lévi-Strauss mencionou no seu artigo de 1952 que os Canela (Timbira) se automistificavam. Postulavam um sistema de metades, mas deveriam casar-se segundo outros princípios. Como os Apinayé descritos por Nimuendaju surgiam com um sistema matrimonial prescritivo a quatro classes (veja Cap. IV), eles serviram para reforçar os palpites e argumentos de Lévi-Strauss. Isto é, os Timbira tinham sistemas de metades, mas tais sistemas não regulavam o matrimônio. Mas, então, o que regulava o matrimônio nestas tribos?

d) Note-se que a pergunta é crucial. Para muitos antropólogos, a prática social de sociedades tribais se atualizam em sistemas matrimoniais que são, de fato, sistemas totais. Isto é, tais sistemas possuem uma face política, econômica, familiar, mítica e cosmológica. De tal modo que estudar estruturalmente uma terminologia de parentesco de um sistema matrimonial preferencial permitira decodificar todo o sistema social de modo totalizante e simultâneo. É precisamente essa a mensagem teórica e metodológica de Claude Lévi-Strauss no seu *Estruturas Elementares do Parentesco* ([1949], 1969), de acordo com as lições de Marcel Mauss (1950).

e) Pois bem. Mas como ficavam tais premissas em termos dos Jê-Timbira? Aqui as sociedades efetivamente tinham um dualismo incompleto? Ou um dualismo mistificador? (como queria Lévi-Strauss). Ou seria possível discernir em outros princípios as raízes do dualismo Jê-Timbira e Apinayé?

Minha resposta neste livro é que as raízes do dualismo Apinayé — que procuro estender aos outros grupos Timbira e Jê — estão fundadas em princípios diferentes. Não é ele um fenômeno associado a um sistema matrimonial exogâmico que necessariamente resulta no casamento com a prima cruzada bilateral e num certo tipo de terminologia de parentesco, mas é um fenômeno associado a uma certa concepção do mundo que procurei tornar explícita neste livro.

Mas como se pode resumir tais resultados? Creio que um dos caminhos possíveis é chamando a atenção para o seguinte.

1. AS RAÍZES DO DUALISMO JÊ-TIMBIRA

Na análise do sistema Apinayé procurei revelar[1] que a raiz do dualismo Apinayé e Timbira estava fundada numa separação radical entre dois tipos de relações sociais: relações concebidas como genéticas ou fisiológicas, implicadas na reprodução física, na produção de alimentos e na vida cotidiana; e nas relações cerimoniais, implicadas na transmissão de status de uma para outra geração, na nominação e na "amizade formalizada" (veja Cap. II e III). A cada

[1] Desenvolvendo uma ideia crucial de Julio Cezar Melatti (1970).

uma dessas relações encontramos uma ideologia correspondente explicitada pelos Apinayé e Timbira.

As relações fisiológicas se desenvolvem a partir de um grupo social definido pelos Apinayé como um grupo de *substância*. A família nuclear é o paradigma de tais elos e a ideia de mistura substancial, de identificação física e de supressão de fronteiras entre categorias tem sua marca ideológica mais patente. De fato, a "couvade" ou as prescrições e precauções alimentares e de comportamento, como coloquei no Cap. II, constituem a melhor demonstração prática destas relações.

Relações de substância, assim, implicam numa *leitura física* ou *fisiologicamente ancorada* das relações sociais na sociedade Apinayé. Ou seja: no uso da linguagem fisiológica Apinayé para definir e ancorar (isto é, justificar e reificar) um certo conjunto de relações individuais. É justamente por meio desta linguagem do corpo que os Apinayé institucionalizam um certo conjunto de elos sociais e, ainda, demarcam uma "região" fundamental do seu sistema social. A lógica das relações deste domínio (ou região) é, pois, a lógica da mistura e da geração física, sendo seus componentes básicos o sangue, o esperma, o suor, a carne e os ossos. E as qualidades essenciais (e sensíveis, diríamos com Lévi-Strauss) dos alimentos, dos líquidos e dos indivíduos.

Já as *relações cerimoniais* são marcadas por laços de troca que se iniciam com a passagem dos nomes de uma pessoa do mesmo sexo para outra, de acordo com regras explícitas, sendo sua ideologia baseada numa lógica dualista, já que os nomes remetem a divisões absolutas dos membros da sociedade Apinayé. Em outras palavras, os nomes — como chamei a atenção no Cap. III — são instrumentos de classificação nas sociedades Timbira e Apinayé. Eles não marcam posições individuais, dividindo grupos sociais e pessoas (como ocorre na nossa sociedade), mas servem como veículos para a transmissão de status de uma para outra geração, pois é através dos nomes que os membros da sociedade Apinayé são incorporados num sistema de metades cerimoniais e, ainda, em um conjunto de papéis rituais. Como as metades e os papéis rituais são absolutamente complementares, pode-se dizer que as relações cerimoniais são relações onde o foco é a reciprocidade e a complementaridade. Relações cerimoniais são, pois, elos que correm num campo explicitamente marcado por uma lógica pública, tendo aspectos jurídicos e políticos. O paradigma aqui não é mais um grupo que opera no mundo cotidiano (família nuclear), mas grupos cerimoniais que são o suporte dos rituais mais importantes da sociedade.

Tomando esses dois conjuntos de relações nas suas inter-relações e de modo comparativo, sugeri que a ideologia que ancorava a família nuclear era a ideia da unidade e da comunicação substantiva; numa palavra, a ideia da *communitas*; enquanto que a ideologia que sustentava as relações estabelecidas por nominação era a ideologia da *estrutura* (cf. Victor Turner, 1969, [1974]). Assim, no campo doméstico (isto é, no domínio da família nuclear), as distinções de sexo e de idade são canceladas por meio de regras de abstinência de alimentos e comportamento (os resguardos); ao passo que, nas relações cerimoniais, o traço distintivo é a separação de papéis rituais fixos e bem demarcados.

A dialética de tais conjuntos de relações vistos de modo abstrato daria conta da dinâmica da vida social Apinayé e, por extensão, da dos outros Jê do Norte. A raiz do dualismo Jê, portanto, seria uma oposição axiomática entre relações fisiológicas e relações cerimoniais. Tal perspectiva permitiria um tratamento adequado do sistema terminológico (cf. Cap. IV) e também uma maior integração teórica dos vários domínios dos sistemas sociais destas sociedades. Visto por este prisma, então, o dualismo dos Jê do Norte não seria tão estranho ou problemático. De fato, essa oposição complementar entre os "formadores do corpo" e os "formadores da máscara social" (ou da *pessoa*), que as sociedades Timbira atualizam com os laços de substância e os laços de nominação, ocorre também na chamada sociedade Ocidental com o contraste entre os parentes e os padrinhos (compadres) e/ou entre os parentes pelo sangue e os parentes pela "lei", isto é, os afins (para este último ponto, veja-se Schneider, 1969).

Pode-se dizer, então, que a sociedade Apinayé enraíza o seu dualismo em duas perspectivas possíveis da sua realidade social. Numa delas, as relações sociais são colocadas em foco por meio de um código fisiológico e, deve-se destacar, tal código permite o estabelecimento de gradações entre os que têm mais substância e os que estão situados no outro polo do *continuum*: isto é, os que não têm substância comum. Na outra, as relações sociais são situadas em termos de um idioma cerimonial que se funda na transmissão de nomes. E aqui, como vimos no Cap. III, os nomes são instrumentos de classificação social: máscaras impessoais que passam de uma para outra geração. Estas perspectivas são complementares e ambas são essenciais para o entendimento da visão do mundo Apinayé. Será, então, importante discernir quais as suas implicações.

2. DUALISMO E DISJUNÇÕES

O universo dual dos Apinayé (e Timbira), portanto, não está ancorado por um sistema de metades exogâmicas, codificado num sistema, terminológico de duas seções — como faziam esperar e até certo ponto prever as teorias correntes (cf. Maybury-Lewis, 1960) —, mas está fundado numa concepção do mundo social, onde — em última análise — existe uma oposição radical entre *natureza* e *cultura*. Assim, não se concebe o mundo humano como contido na natureza, ou como contendo a natureza. Ao contrário, *coisas naturais* e *coisas culturais* se complementam e fornecem dois modos, ainda que opostos, de "ler" o universos humano e não humano.

No mundo Apinayé, como consequência, é possível efetuar uma leitura das relações sociais tomando como ponto de partida a natureza fisiológica destas relações ou tomando como princípio ordenador as relações cerimoniais: que nascem com a troca de nomes e com a troca de bens e/ou serviços. O resultado é a possibilidade de uma visão disjuntiva da realidade social de tal modo que é possível um alto grau de manipulação social e, assim, um alto nível de incerteza no campo político (cf. Cap. V).

Quando os Apinayé ordenam o mundo social por meio das ligações substantivas entre as pessoas (= sangue, suor, carne etc.), penetra-se num universo regido por *gradações*. Existem os que têm o mesmo sangue que eu e os que têm sangue diferente do meu em maior ou menor grau. Deste modo, o *continuum* fisiológico permite uma *hierarquização* de relações sociais conforme nossa sugestão de que ele se situava no eixo de um *dualismo concêntrico* — ou seja, no limite entre a hierarquia e a desigualdade plenas e a simetria absoluta; conforme sugeriu Lévi-Strauss, 1956 (1970). É óbvio que, neste nível e com esta lógica, se pode facilmente institucionalizar um triadismo. No caso dos Apinayé e Timbira, é nesse eixo "natural" que se distribuem algumas relações sociais básicas e as classes de idade podem de fato ficar entre uma hierarquização que é complementada por uma simetria como demonstra o caso Canela.

A conclusão é que no eixo das relações fisiológicas, ou melhor, no plano de uma visão do social onde as relações sociais são definidas por meio do eixo fisiológico, a gradação e a hierarquia encontram seu campo apropriado de manifestação.

É precisamente o oposto a que ocorre com as relações sociais marcadas pela transmissão de nomes. Ou, em outras palavras, quando os Timbira ordenam o seu mundo tomando como ponto de referência as relações cerimoniais. Pois quando isso ocorre, o universo social é colocado em perspectiva, tomando-se como base relações simétricas, de igualdade e identidade. Os nomes, assim, incorporam as pessoas a uma das metades cerimoniais. Não é possível dizer que alguém seja *mais ou menos* membro de um par de metades. Uma pessoa é ou não é membro destes grupos. E esses grupos são vistos como simétricos e como tendo o mesmo peso social. É este, supomos, o nível do universo cerimonial (ou ritual) Timbira, e é aqui que tudo faz sentido, porque aqui tudo é complementar e está em equilíbrio.

Mas seria um erro tomar o universo cerimonial como sendo a *realidade* Apinayé (ou Timbira); do mesmo modo que seria errôneo tomar o mundo dos elos naturais como sua única realidade. E enganoso, ainda, seria postular uma incompatibilidade de raiz entre esses dois mundos. Realmente, se a hierarquia tende a excluir a simetria (conforme acentuou Lévi-Strauss, 1952, 1956, [1970]) e os dois se mantêm num equilíbrio precário, é precisamente esse equilíbrio que promove o dinamismo do mundo social Apinayé (e Timbira).

Um dos resultados mais importantes deste trabalho seria, portanto, o revelar que o mundo dos Jê do Norte é um mundo disjuntivo e que uma ideologia dual permite leituras múltiplas da realidade social. Assim, em vez de consagrar a visão clássica da sociedade tribal como sendo altamente coerente e funcional, nossa pesquisa permite e autoriza uma perspectiva onde uma realidade pode ser interpretada de modo múltiplo. Ora como um todo fundada num *continuum* e obedecendo à lógica do mais ou menos; ora como uma totalidade dividida de modo igual e absoluto, como os diâmetros de um círculo. Viver nestes sistemas é, pois, viver num perene jogo entre uma visão hierarquizada e uma visão simétrica do sistema social. Não parece, pois, difícil entender por que todos os Jê do Norte são capazes de manter um fantástico complexo de rituais, mesmo depois do contato esmagador com frentes pioneiras da sociedade nacional. É que sem este complexo sua vida social perderia certamente muito de sua dinâmica.

Os sistemas Jê-Timbira-Apinayé exemplificam, por outro lado, como ocorre também nas chamadas "sociedades primitivas", um uso de múltiplos códigos, de tal modo que a realidade nunca é um todo acabado onde o "costume é o Rei". Pois tudo indica que mesmo na área do sistema de parentesco, onde a oposição entre genitores (os parentes de substância) e nominadores (os parentes cerimoniais) encontra o seu núcleo, existem manipulações. Foi isso que demonstramos no Cap. V e que agora podemos observar ser um dos elementos básicos destes sistemas sociais.

De fato, os dados Jê do Norte permitem sugerir que os chamados sistemas Crow-Omaha são sistemas de atitudes e de termos baseados na disjunção. De tal modo que eles podem surgir em sociedades com linhagens unilineares e também em sociedades com sistemas bilaterais e onde a descendência se realiza por meio de outros eixos institucionais. Tal é o caso dos Jê do Norte. E aqui os sistemas Crow-Omaha parecem expressar as possibilidades de leituras complementares que o sistema social oferece. Tanto é possível ver as relações sociais baseadas nas relações entre o lado paterno e os filhos, quanto é possível salientar o lado materno, através do nominador. Os Kayapó dão ênfase às relações pai-filhos (adotivos); os Timbira fazem exatamente o oposto, sublinhando os elos entre tio materno e sobrinho (filho da irmã). Mas os Kayapó e Timbira fazem tais jogos de modo inverso, pois na primeira sociedade os nominadores e nominados estabelecem elos de franca e intensa solidariedade, correndo a relação por entre "linhagens patrilineares-simbólicas"; ao passo que entre os Timbira as relações entre filhos e genitores é que intensificam sentimentos de *communitas* (cf. Cap. III, IV).

A sugestão é que os sistemas Crow-Omaha expressam a multiplicidade disjuntiva que possuem os sistemas sociais destas sociedades servindo como instrumento para reunir, num plano terminológico e ideológico, categorias que o sistema separou em outros planos. Refiro-me especialmente à divisão sexual (que obedece à lógica do dualismo concêntrico: homem = centro; mulher = periferia e meninos = espaço intermediário) e à divisão das idades. Assim, em sistemas onde homem e mulher se separam rigidamente e onde as idades separam os pais dos filhos, a passagem da meninice à maturidade é um passo equivalente à saída do mundo feminino e a uma entrada no mundo masculino. Donde, passagem de gerações = separação dos sexos. Isso, conforme procurei mostrar em outro lugar, é o que parece caracterizar tais sistemas, já que neles os homens acabam ficando mais velhos conceitualmente do que suas irmãs. A separação de um irmão e uma irmã (que expressa o momento fundamental da divisão sexual do trabalho) quando o irmão é colocado num grupo de idade para ser iniciado e tem seus laços com sua família natal segregados. A separação dos sexos masculino e feminino é então equivalente a uma mudança no status relativo à idade, de tal modo que os meninos acabam ficando "mais velhos" que as meninas e os homens mais velhos que as mulheres de um ponto de vista simbólico. A consequência é que dois irmãos do mesmo sexo concebem suas relações como sendo mais próximas do que as suas relações com suas irmãs; donde o termo para o filho e a filha da irmã ser o mesmo que usam para seus netos (cf. DaMatta, s.d.).

O que se pode então acrescentar é que os sistemas Crow-Omaha foram sempre vistos como resultados ou expressões de princípios sociais únicos. Os primeiros teóricos os viram como resultados de elos jurídicos determinados pelos sistemas unilineares de descendência. Depois, foram realizadas algumas tentativas para demonstrar que tais sistemas eram produtos de certo tipo de relações matrimoniais. O estudo dos grupos Jê, porém, vem demonstrar que a existência de tais sistemas é possível sem a correlação estabelecida anteriormente. Hoje, sabe-se que é possível a demonstração de que sistemas Crow-Omaha são produtos ou expressões de sistemas marcados por princípios múltiplos, onde relações sociais nunca contaminam o sistema social integralmente.

É precisamente isso que se observa com os Jê do Norte, onde uma relação, que é básica num domínio, não opera com o mesmo peso em outro. De modo que o resultado é um conjunto de elos que se entrecortam com base em vários princípios sociais. Nestas sociedades, das quais os Apinayé são um exemplo, tudo é colocado de novo no lugar, ou totalizado novamente, por meio de uma ideologia da complementaridade e da oposição. Assim, o dualismo pode ser visto como um método que permite unir as partes integrantes de um sistema altamente dividido. Enquanto os teóricos do dualismo preferiram olhar para as suas divisões, e o dualismo realmente tem um nível onde a divisão é realizada, nós preferimos chamar a atenção para o inverso. Assim, em vez de pensar o dualismo como o resultado da *divisão de um em dois*, preferimos pensá-lo — porque talvez seja esse um caminho fecundo — como uma *técnica capaz de fazer de dois um*. E é precisamente isso que parece revelar o estudo do caso Apinayé.

BIBLIOGRAFIA

ALLPORT, Gordon & POSTMAN, Leo. *The Psychology of Rumor*. Nova York: Russel & Russel, 1947.

BAMBERGER, Joan. "Ethnobotanical notes on Simaba in Central Brazil", in *Botanical Museum Leaflets*, 21:2.59-64. Cambridge (Massachusetts): Harvard University, 1965.

BARNES, J.A. "African Models in the New Guinea Highlands" in *Man* (atual *Journal of the Royal Anthropological Institute*), 62:5, Londres, 1962.

BARTH, Frederich. "Models of Social Organization", in *Journal of the Royal Anthropological Institute. Ocasional Papers*. Londres, 1966.

BERGSON. Henri. *The Two Sources of Morality and Religion*, English translation. Nova York: Anchor Books, 1935.

BOHANNAN, Paul. "The Impact of Money on an African Subsistence Economy", in *The Journal of Economic History*,19:491-503, Cambridge: Cambridge University Press, 1959.

CAMPBELL, J.K.. *Honour, Family and Patronage: A Study of Institutions and Moral Values in a Greek Mountain Community*. Oxford: Clarendon Press, 1964.

CASCUDO, Luiz da Câmara. *Dicionário do Folclore Brasileiro*. Rio de Janeiro: Instituto Nacional do Livro, 1962.

CHAGNON, Napoleon. *Yanomamo, the Fierce People*. Nova York: Holt, Rinehart and Winston, 1968.

CROCKER, William. *A Method for Deriving Themes as Applied to Canella Indian Festival Materials*. Ann Arbor: University of Michigan, 1962.

DAMATTA, Roberto. "Notas sobre o contato e a extinção dos índios Gaviões do Médio Rio Tocantins", in *Revista do Museu Paulista*, vol. XIV. São Paulo, 1963.

_____. "Grupos Jê do Tocantins", in *Atas do Simpósio sobre a Biota Amazônica*. Rio de Janeiro: Conselho Nacional de Pesquisas, 1967.

BIBLIOGRAFIA

_____. & LARAIA, Roque de Barros. *Índios e Castanheiros: A empresa extrativa e os índios do Médio Tocantins*. São Paulo: Difusão Europeia do Livro, 1967c.

_____. "Mito e antimito entre os Timbira", in *Mito e Comunicação*. Rio de Janeiro: Tempo Brasileiro, 1970.

_____."Les pressages Apinayé", in *Mélanges Claude Lévi-Strauss*. Pouillon & Maranda (editores). La Haye: Mouton et Cie., 1971.

_____. *Ensaios de Antropologia Estrutural*. Petrópolis: Editora Vozes, 1973.

_____."Quanto custa ser índio no Brasil: considerações sobre o problema da identidade étnica", apresentado no Congresso Internacional de Americanistas (Simpósio sobre Etnicidade e Identidade Étnica, organizado por Roberto Cardoso de Oliveira). México, setembro de 1974.

_____."O sistema de relações Apinayé: Terminologia e Ideologia", in *Dialectical Societies*. David Maybury-Lewis (editor). Cambridge (Massachusetts): Harvard University Press, s.d.

DE VORE, I. & LEE, Richards (editores). *Man the Hunter*. Chicago: Aldine Publishing Company, 1968.

DOUGLAS, Mary. *Purity and Danger: An Analysis of Concepts of Pollution and Taboo*. Nova York & Washington: Frederick A. Praeger, 1966.

EVANS-PRITCHARD, E. E. *Witchcraft Oracles and Magic Among the Azande*. Oxford: Clarendon Press, 1937.

FOCK, Niels. "South American Birth Customs in Theory and Practice" in *Folk*. Copenhagen, 1960.

FORDE, D., 1950, ver Radcliffe-Brown.

FOX, Robin. *Kinship and Marriage*. Baltimore: Penguin Books, 1967a.

_____. *The Keresan Bridge: A Problem in Pueblo Ethnology*. Londres: The Athlone Press, 1967b.

FRIEDRICH, Paul. "The Legitimacy of a Cacique", in *Local-Level Politics: Social and Cultural Perspectives*. Marc Swartz (editor). Chicago: 1968.

GLUCKMAN, Max. "Gossip and Scandal", in *Current Anthropology*, vol. 4, nº. 3. Chicago: Chicago University Press, 1963.

_____. *Politics, Law and Ritual in Tribal Societies*. Chicago: Aldine, 1965.

_____."Inter-hierarchical Roles: Professional and Party Ethics in Tribal Areas in South and Central Africa", in *Local-Level Politics: Social and Cultural Perspectives*. Marc Swartz (editor). Chicago: Aldine, 1968.

GOODENOUGH, Ward. "A Problem in Malayo-Polynesian Social Organization", in *American Anthropologist*, 57:71-83, Arlington: American Anthropological Association, 1955.

_____. "Introduction", in *Explorations in Cultural Anthropology*. Ward Goodenough (editor). Nova York: McGraw-Hill Co., 1964.

_____. "Personal Names and Modes of Address in Two Oceanic Societies", in *Context and Meaning in Cultural Anthropology*. Melford Spiro (editor). Illinois: The Free Press, 1965.

HERTZ, Robert. *Death and the Right Hand*, traduzido por Claudia e Rodney Needham. Illinois: The Free Press, 1960.

HOCART, Arthur Maurice. "Kinship Systems", in *Anthropos: Internationale Zeitschrift für Völkerund Sprachenkunde*, 32:545-551, Sankt Augustin: Nomos Verlag, 1937.

HOLMBERG, Allan. *Nomads of the Long Bow: the Siriono of Eastern Bolivia*. Illinois: Chicago University Press, 1960.

INSTITUTO BRASILEIRO DE GEOGRAFIA E ESTATÍSTICA. *Enciclopédia dos Municípios Brasileiros*. vol. XXXVI, Goiânia, 1958.

KEESING, Roger. "Mota Kinship Terminology and Marriage: a Reexamination", in *The Journal of the Polynesian Society*, vol. 73, nº. 3:294-301, Auckland, 1964.

_____. *Eastern Timbira Kinship: A Reassessment Reassessed*, datiloscrito, s.d.

KROEBER, A.L. "Sistemas classificatórios de parentesco", in *Organização Social*. Rio de Janeiro: Zahar Editores, 1909 [1969].

LARAIA, Roque de Barros, 1967, *Índios e Castanheiros: A empresa extrativa e os índios do Médio Tocantins*. Em colaboração com Roberto Da Matta. São Paulo: Difusão Europeia do Livro.

LAVE, Jean Carter. *Social Taxonomy Among the Krikatí (Jê) of Central Brazil*. Tese de doutorado não publicada. Harvard University, 1967.

LEACH, Edmund Ronald. "Magical Hair", in *Journal of the Royal Anthropological Institute*, 88: 147-164. Londres, 1958.

_____. *Rethinking Anthropology*. Londres: The Athlone Press, 1961. (Tradução brasileira: *Repensando a Antropologia*, Editora Perspectiva, 1974.)

LÉVY-STRAUSS, Claude. "On Manipulated Sociological Models", in *Bijdragen* (*Journal of the Humanities and Social Sciences of Southeast Asia*), 116, Leiden: Brill, 1960.

_____. *Totemism*. Boston: Beacon Press, 1962.

_____. *La pensée sauvage*. Paris: Plon, 1962a.

_____. *Structural Anthropology*. Nova York: Basic Books, 1963.

_____. *The Elementary Structures of Kinship*. Boston: Beacon Press, 1969. (Trad. Vozes, 1976.)

_____. *Antropologia Estrutural*. Rio de Janeiro: Tempo Brasileiro, 1970.

LEVY JR., Marion & FALLERS, L.A. "The Family: Some Comparative Considerations", in *American Anthropologist*, 61:647-651, Arlington: American Anthropological Association, 1959.

LEWIS, I.M.. "Dualism in Somali Notions of Power", in *Journal of the Royal Anthropological Institute*, vol. 93, Part 1. Londres, 1963.

LOUNSBURY, Floyd. "The Formal Analysis of Crow and Omaha-Type Kinship Terminologies", in *Explorations in Cultural Anthropology*. Ward Goodenough (editor). Nova York: McGraw-Hill Book Company, 1964.

_____. "Some Aspects of the Inca Kinship System", conferência apresentada no 36º International Congress of Americanists, Madri: 1964a.

_____. & SCHEFFLER, Harold. *A Study in Structural Semantics: The Siriono Kinship System*. Nova Jersey: Prentice-Hall, Inc., 1971.

LOWIE, Robert. *The Crow Indians*. Nova York: American Museum of Natural History, 1935.

_____. & NIMUENDAJU, Curt. "The Dual Organization of the Ramkókamekra (Canella) of Northern Brazil", in *American Anthropologist*, 39:565-582, Arlington: American Anthropological Association, 1937.

_____. & NIMUENDAJU, Curt. "The Associations of the Serente", in *American Anthropologist*, 41:408-415, Arlington: American Anthropological Association, 1939.

_____. LOWIE, Robert. "American Culture History", in *American Anthropologist*, 42:409-428. Arlington: American Anthropological Association, 1940.

_____. "A Note on the Social Life of the Northern Kayapó", in *American Anthropologist*, 45:633-635, Arlington: American Anthropological Association, 1943.

_____. *Robert H. Lowie Ethnologist: A Personal Record*. Berkeley & Los Angeles: University of California Press, 1959.

LYNCH, Kevin. *The Image of the City*. Cambridge, Mass.: M.I.T. Press, 1960.

MAINE, H.S. *Ancient Law*. Boston: Beacon Press, 1861 [1963].

MAUSS, M.. *The Gift*. Glencoe, Illinois: The Free Press, 1950.

MAYBURY-LEWIS, David. "The Analysis of Dual Organizations: A Methodological Critique", in *Bijdragen* (*Journal of the Humanities and Social Sciences of Southeast Asia*), 116, Leiden: Brill, 1960.

_____. "Parallel Descent and the Apinayé Anomaly", in *Southwestern Journal of Anthropology*, vol. 16:2, Chicago: The University of Chicago Press, 1960a.

_____. "Durkheim on the Relationship Systems", in *Journal for the Scientific Study of Religion*, vol. IV, nº 2, Nova Jersey: Wiley, 1965.

_____. *"Akwê"-Shavante Society*. Oxford: Clarendon Press, 1967.

_____. *Descent, Residence and Ideology in Jê Kinship*. Wenner-Gren Foundation for Anthropological Research, mimeo, Nova York, 1969.

MELATTI, Julio Cezar. *Índios e Criadores: A situação dos Krahô na área pastoril do Tocantins*. Rio de Janeiro: Monografias do Instituto de Ciências Sociais, 1967.

_____. *O sistema social Krahó*. São Paulo: tese de doutoramento apresentada à Universidade de São Paulo, mimeo, 1970.

_____. *O sistema de parentesco dos índios Krahó*. Brasília: Fundação Universidade de Brasília, Antropologia 3, 1973.

MINTZ, Sidney & WOLF, Eric. "An Analysis of Ritual Co-Parenthood (Compadrazgo)", in *Southwestern Journal of Anthropology*, vol. 6 Chicago: The University of Chicago Press, 1950.

MOREIRA NETO, CARLOS. "Relatório sobre a situação atual dos Kayapó", in *Revista de Antropologia*, vol. VIII, nº 1 e 2, São Paulo, 1959.

MURDOCK, G.P. *Social Structure*. Nova York: The MacMillan Company, 1949.

NEEDHAM, Rodney. "Lineal Equations in a Two-Section System: A Problem in the Social Structure of Mota (Banks Island)", in *Journal of the Polynesian Society*, 69:23-30, Auckland, 1960.

_____. *Structure and Sentiment*. Chicago: The University of Chicago Press, 1962.

_____. "Introduction", in Durkheim & Mauss — *Primitive Classification*. Chicago: The University of Chicago Press, 1963.

_____. "The Mota Problem and Its Lessons", in *Journal of the Polynesian Society*, 73:302-314, Auckland, 1964.

NICHOLS, Ralph. "Factions: A Comparative Analysis", in *Political Systems and the Distribution of Power*, A.S.A. Monographs 2. Londres: Tavistock Publications, 1965.

NIMUENDAJU, Curt. *The Apinayé*. Washington D.C.: Catholic University of America, Anthropological Series, nº 8, 1939.

_____. *The Eastern Timbira*. Berkeley: University of California Publications in American Archaeology and Ethnology, vol. 41, 1946.

OLIVEIRA, Roberto Cardoso de. *O índio e o mundo dos brancos: a situação dos Tukúna do Alto Solimões*. São Paulo: Difusão Europeia do Livro, 1964.

PAINE, R. "What is Gossip About: an Alternative Hypothesis", in *Man* (atual *Journal of the Royal Anthropological Institute*), 2:278-285, Londres, 1967.

RADCLIFFE-BROWN, A.R. *Structure and Function in Primitive Society*. Illinois: The Free Press, 1952. Tradução brasileira: *Estrutura e Função na Sociedade Primitiva*. Petrópolis: Editora Vozes, 1973.

RIBEIRO, Darcy. "Línguas e Culturas Indígenas no Brasil", in *Educação e Ciências Sociais* nº 6. Rio de Janeiro: Centro Brasileiro de Pesquisas Educacionais, 1957.

RIVERS, William Halse. *Kinship and Social Organization*. London School of Economics Monographs on Social Anthropology, nº 34. Londres: The Athlone Press, 1968.

RUNCIMAN, Steven. *The Medieval Manichee; A Study of the Christian Dualist Heresy*. Cambridge: Cambridge University Press, 1960.

SCHEFFLER, Harold. Ver Lounsbury, 1971.

SCHNEIDER, David. *American Kinship: A Cultural Account*. Nova Jersey: Prentice-hall, 1969.

_____. & ROBERTS, John. "Zuni Kin Terms", *Note Book, nº 3*, Laboratory of Anthropology, The University of Nebraska, 1956.

STAVENHAGEN, Rodolfo. "Seven Fallacies About Latin America", in *Latin America, Reform or Revolution?*, James Petras & Maurice Zeitlin (editores). Nova York: A Fawcett Premier Book, 1968.

TAX, Sol. "Some Problems of Social Organization", in *Social Anthropology of North American Tribes*. Fred Eggan (editor). Chicago: Chicago University Press, 1937.

TURNER, Terence S. *Social Structure and Political Organization Among the Northern Cayapó*, tese de doutoramento não publicada. Cambridge, Mass.: Harvard University, 1966.

TURNER, Victor. *The Forest of Symbols: Aspects of Ndembu Ritual*. Ithaca: Cornell University Press, 1967.

_____. "Mukanda: The Politics of a Non-Political Ritual", in *Local-Level Politics, Social and Cultural Perspectives*. Marc J. Swartz (editor). Chicago: Aldine, 1968.

_____. *The Ritual Process: Structure and Anti-Structure*. Chicago: Aldine, 1969. Tradução brasileira: *O Processo Ritual*. Petrópolis: Editora Vozes, 1974.

TYLOR, E.B. "On a Method of Investigating the Development of Institutions Applied to Laws of Marriage and Descent", in *Journal of the Royal Anthropological Institute*, vol. 18:245-272, Londres, 1889.

VALVERDE, Orlando. "Geografia Econômica e Social do Babaçu no Meio Norte", in *Revista Brasileira de Geografia*, ano XIX, nº 4, Rio de Janeiro, 1957.

VELHO, Otávio Guilherme. "Análise preliminar de uma frente de expansão da sociedade brasileira", in *Revista do Instituto de Ciências Sociais*, vol. 4, nº 1:27-39, Fortaleza: Universidade Federal do Ceará, 1967.

_____. *Frentes de expansão e estrutura agrária*. Rio de Janeiro: Zahar Editores, 1972.

VIANNA MOOG, Clodomir. *Bandeirantes e Pioneiros*. Porto Alegre: Editora Globo, 1956.

WEBER, Max. *The Theory of Social and Economic Organization*. Illinois: The Free Press, 1947.

_____. *The Sociology of Religion*. Boston: Beacon Press, 1963.

ZUIDEMA, R.T. "Hierarchy in Symmetric Alliance Systems", in *Bijdragen* (*Journal of the Humanities and Social Sciences of Southeast Asia*), 125. Leiden: Brill, 1969.

Impressão e Acabamento:
BARTIRA GRÁFICA